和平共处

团结万岁

啊,

再生的中国,

闪烁的火焰普照亚细亚的心。

——【委内瑞拉】卡洛斯·奥古斯特·利昂《和平之歌》

多少代人以来，我们的人民在这个世界上总是毫无声息。我们不受人注意，我们受人摆布，我们忍饥耐苦。然后我们这些国家提出了要求，我们为了独立而战斗，我们达成了独立的目的。随着独立而来的还有责任。我们对自己负有重任，对这个世界也负有重任，对未来的几代人负有重任。对此，我们无怨无悔。

——苏加诺《亚非大会开幕致辞》

新世界

政法 —— 中国与世界

主办单位
北京大学国家法治战略研究院

主编
强世功

编委会（按姓氏笔画排序）
于　明　华东政法大学法律学院
孔　元　中国社会科学院欧洲研究所
田　雷　华东师范大学法学院
刘　晗　清华大学法学院
陈　颀　中山大学法学院
邵六益　中央民族大学法学院
欧树军　中国人民大学政治学系
章永乐　北京大学法学院
赵晓力　清华大学法学院
强世功　北京大学法学院
魏磊杰　厦门大学法学院

新世界

亚非团结的
中国实践与渊源

著 —— 殷之光

当代世界出版社
THE CONTEMPORARY WORLD PRESS

A New World

Afro-Asian Solidarity and the
PRC's Imagination of global order

总　序

自古以来，中国就以"修身齐家治国平天下"作为最高政治理想。中国人始终致力于建构一整套文明秩序来囊括和整合不同的地理空间和社会风俗，由此形成一套独特的政教体系。革故鼎新，生生不息，天下一家，万物一体。这一切始终构成着中国文明的精神，体现了中国人的核心价值观。由此，中国文明的生成演化过程体现出不断传播、不断吸收和不断上升的过程。用今天时髦的话来说，这个过程也就是不断推动走向全球化、一体化的过程。商周帝国的视野差不多囊括了整个东亚地区，从秦汉以来的丝绸之路到宋代以来南洋贸易圈的逐渐形成，直至明清朝贡贸易体系卷入全球贸易体系中，中国逐渐成为全球化的积极推动者、参与者和建设者。由是观之，辛亥革命以来中国不断探索国家治理体系和治理能力的现代化，到今天"一带一路"倡议和积极参与全球治理，都是中国文明在推动全球化的历史进程中不断自我更新、自我发展、自我提升的内在环节。

在这样的历史时空中,我们不可避免地要面对过去五百年来中国文明秩序和西方文明秩序相互接触、沟通、学习、冲突、征服和更新的历史。就政治而言,这可以看作是西方威斯特伐利亚体系和中国天下体系之间的冲突,这无疑是两种文明秩序之间的冲突。从目前流行的西方中心主义的历史叙述来看,这一冲突过程被描述为西方文明的普适主义不断扩张,将中国天下体系及其背后的文明秩序降格为一种作为文化传统的"地方性知识",将中国从一个文明秩序改造为威斯特伐利亚体系所要求的民族国家,从而纳入到西方文明秩序中,以完成普适主义进程的历史终结。这个过程也是一些人所说的现代化过程,即中国人必须抛弃中国古典天下秩序的文明构想,系统接受西方文明秩序中形成的资本主义经济秩序和民族国家体系的政治秩序,以及由此形成的市场经济、自由人权、民主法治等普适价值,并按照这些普适价值来系统地改造中国。

从这个角度看问题,全球化的历史很容易被理解为西方文明的扩张史。对中国而言,这样的现代化无不打上西方化的烙印,从器物技术、法律制度到政教体系莫不如此。因此,法律移植、法律现代化很容易在"冲击—回应"的框架下沦为西方中心主义的意识形态教条。而与此同时,基于法律地方性想象的"本土资源"论说,也不过是在相反的方向上与西方中心主义的法律全球化叙述构成合谋,以至于法学界虽然一直为"刀制"("法制")与"水治"("法治")

的区分争论不休，但二者似乎分享了对法律的规则化、技术化和中立化的普遍理解。法律主义（legalism）的技术化思路正随着法律共同体的成长在思想意识形态领域日益获得其普遍的正当性，并逐渐渗透到政治和文化思想领域，从而侵蚀着政治和文化思想领域的独立性和自主性。以至于中国文明除了放弃自身的历史传统和价值追求，按照所谓西方普适价值的要求与西方"接轨"之外，不可能有任何正当的前途。

这种西方中心主义背景下的"普适价值论"和"接轨论"不仅造成了对中国文明传统的漠视，而且包含了对西方文明传统的简单化误解。为此，我们必须区分作为过去五百多年真实历史中的"全球化进程"与冷战结束后作为意识形态宣传的"全球化理念"。如果用西方政治哲学中的基调来概括，前者乃是主人的世界，即全球不同文明秩序相互碰撞、相互搏斗、相互征服、相互学习、相互形塑的过程，这构成了全球历史活生生的、动态的政治进程，而后者则是末人的世界，即试图以技术化、中立化因而普遍化的面目出现，试图将西方文明要求变成一项普遍主义的正当性要求，以历史终结的态度拒绝回应当下的历史进程，拒绝思考人类文明未来发展的任何可能性。

由此，全球化在今天展现出前所未有的内在矛盾：一方面全球化正以生机勃勃的历史面貌展现出来，特别是全球秩序因为技术革命、阶级冲突、政治冲突以及文明冲突释放出新的活力，激活了每个文明来构思全球秩序的活力；而另一方面，西方启蒙运动以来形成的普适主义叙事已变成历史终结论的教条，窒息着对全球化进程和人类文明未来的思考。由此，西方启蒙思想正在滋生一种新的迷信，也就是对西方文明秩序中普遍主义叙述的迷信。这不仅无法面对全球化带来的挑战，而且丧失了探索重构全球文明秩序、追求更好生活方式的动力，以至于我们似乎进入了一个追求表面浮华但内心空空荡荡的时代，一个看似自由独立却身陷全球资本主义秩序不能自已、无力自拔的时代。

"启蒙就是从迷信中解放出来。"启蒙运动曾经勇敢地把欧洲人从中世纪基督教神学构想的普适价值和普遍秩序的迷信中解放出来，从而塑造了西方现代文明。而今天能否从西方中心主义的迷信中解放出来，从法律主义的迷信中解放出来，从对法律的技术化理解中解放出来，则意味着我们在全球化陷入经济危机、债务危机、福利社会危机和政治危机的时刻，在西方文明塑造的世界体系因文明冲突和地缘冲突趋于崩塌之际，在西方文明不断引发虚无主义阵痛的时刻，能否重新思考人类文明的未来，重建天下文明秩序。

政教秩序乃是文明秩序的核心。在现代西方文明秩序中，法律乃是建构政教秩序的重要工具。法律不仅建构了国家秩序，而且建构了社会生活秩序，由此产生与之相匹配的价值体系。然而，在现代法律高度发达所推动专业化和技术化的过程中，滋生出一种"法律主义"倾向，其以为通过法律主义的技术化思路可以解决一切社会问题，甚至试图用法律来解决政治问题和文化价值问题。由此，不少法律学人开始弃"政法"而张"法政"，陷入法律规则不断自我繁殖、法律人不断膨胀扩张、制度沦为空转的"恶循环"之中。这恰恰是西方现代文明试图通过技术化手段来推动西方文明普适主义扩张的产物。

"法令滋章，盗贼多有。"试图用法律技术来解决社会问题等于砍"九头蛇"的脑袋。中西古典文明的伟大哲人很早就对"法律主义"提出了警告。我们对法律的理解需要反思技术化的"法律主义"，反思西方普适主义的法治理念，反思西方文明秩序中理解普适主义的路径。这意味着我们不是把法律从政教秩序中抽离出来进行简单的技术化思考，而应当恢复法律的本来面目，将其作为构建社会关系和安排政治秩序的有机纽带，而重新安置在政教秩序和全球文明秩序中。法律需要扎根于政治社会文化生活中，扎根于心灵秩序中，成为政教秩序的一部分，成为人们生活方式的一部分。这意味着我们需要重新思考中国古老的礼法传统和现代的政法传统，中国文明如此，西方文明亦如此。无论礼法还是政法，这些概念可能是来自中国的，而其意义恰恰是普适的。柏拉图和亚里士多德无疑是西方礼法传统的典范，而现代政法传统原本就是西方启蒙思想家开创的。

"法是由事物的性质产生出来的必然关系。"以政法的眼光来思考法律问题，恰恰是恢复到"法"的本来意涵。"天命之谓性，率性之谓道，修道之谓教。""命—性—道—教"的广大世界必然有其内在的"法"，而法律不过是对其内在法则的记载，只有重返这个广大世界中，才能真正找回它本源的活力。这不仅是政法学人的治学路径，也是思考中国文明秩序和重构全球文明秩序的必经之途。唯有对西方政法传统有深刻的理解，才能对中国文明秩序的正当性有更深切的体会，而唯有对中国礼法传统有真正的理解，才能对当代西方文明秩序陷入困境有更真切的感悟。一个成熟的文明秩序就在于能够在"命—性—道—教"的世界中将一套完整普遍的最高理想落实到具体的政教制度、器物技术、日常伦理和生活实践之中。

然而，在全球化的历史进程中，当代中国文明由于受到西方文明的冲击，不仅在价值理想上存在着内在的紧张和冲突，而且在制度、器物、风俗、生活层面都呈现出拼盘特征，虽然丰富多彩但缺乏有机整合。我们不断引进西方各国的"先进制度"，但由于相互不配套，以及与中国社会的张力，其日常运作充满了矛盾、摩擦和不协调，因为每一种技术、制度原本就镶嵌在不同的政教体系和文明秩序中。如果说，近代以来我们在不断"拿来"西方政教法律制度，那么在今后相当长的时间里，我们则面临着如何系统地"消化"这些制度，合理组装，逐渐把这些西方文明中的有益要素吸收在中国文明的有机体中，生长出新的文明秩序。这就意味着我们必须直面全球化，重新以中国文明的天下视角来思考全球秩序，将西方文明所提供的普遍主义吸纳到中国文明对全球秩序的思考和建构中。

全球秩序正处于动荡中。从过往西方中心主义的视角看，全球秩序发展距离"历史终结"似乎只有一步之遥，目前已进入了"最后的斗争"。然而，从中国文明的漫长发展的历史进程看,过去一百多年来的动荡不安不过是中国文明在全球化进程中自我更新的一段插曲。"风物长宜放眼量",对当下西方文明的认识无疑要放在整个西方文明的漫长历史中,而对中国文明未来的理解则更需要放在整个人类文明的历史中来理解。"旧邦新命"的展开,无疑需要中国的政法学人持续推进并贯通古今中西的工作。我们编辑出版《政法:中国与世界》文丛,无疑希望在此伟业中尽微薄之力:鼓励原创思考、精译域外学术、整理政法"国故"、建构研讨平台,将学人的思想火花凝聚成可代代传递的文明火把。

是为序。

丛书编委会

序 言

　　《新世界》是一部视野宽广的著作,副标题"亚非团结的中国实践与渊源"点明了作品的要旨。殷之光将历史溯源与理论论辩融为一体,在多重视野中呈现自己的深刻见解。作者几易其稿,最初的副标题有"中华人民共和国的全球秩序想象"的字样,或许因为新中国的全球理想从未呈现为一个完整的现实秩序,而在为这一理想而奋斗的过程中,第三世界国际主义的形成无疑是推动战后秩序持续变化的动力之一。不过,与其说作者在做新中国的全球秩序想象的溯源工作,不如说是从中国的第三世界国际主义实践出发,以亚非团结为线索,重新叙述战后国际秩序的形成与演变。第三世界国际主义不是一种业已完成的秩序规范,而是持续冲击和改变战后国际秩序的运动。或许这便是作者最终确定现在的副标题的原因。这部著作始终在追问:这一运动的动力、方法、内容和展现于现代世界秩序中的形态是什么?

通过对这一问题的持续追问，这部著作展现了几个鲜明的特点。首先，在方法论上，作者拒绝了静态的规范分析，不是以主权、平等、民族、现代化等概念为叙述框架，而是在第三世界运动对于帝国主义国际体系的持续冲击中，基于第三世界运动的经验，阐释这些价值和概念的新内涵。对于作者而言，所谓现代世界的普遍秩序不过是全球不同力量持续博弈和斗争的阶段性成果。人们的注意力总是被霸权性力量及其合法性宣称所吸引，而较少关注另一进程，即通过对于霸权及其支配策略的冲击，反霸权实践也重塑了普遍规则本身。用作者的话说，"在霸权与反霸权斗争这一漫长的全球史进程中，万隆及其背后第三世界国家的国际主义政治实践，才真正将20世纪的反抗与19世纪的反抗区别开。这种在民族独立运动中形成，但却试图超越民族国家界限、朝向普遍主义世界新秩序的政治主体意识，才真正赋予了20世纪以独特的历史意义。"因此，居于其阐释体系中心位置的第三世界概念并不是一个地理空间概念，而是一个政治范畴，即在殖民地、半殖民地反抗帝国主义的历史经验中形成的自觉的政治运动，以及这一政治运动对发展道路的探索和对全球秩序的设想。所谓亚非团结或第三世界国际主义就是一场规模广阔的政治、经济和文化的去殖民运动，一场重新界定民族独立、主权平等、经济自主和现代化的运动。在这个意义上，作者指出："与其将万隆作为一个转瞬即逝的'时刻'，不如将其视为一个绵延的过程。"这一见解奠定了作者进入20世纪世界秩序的方法论：殖民主义、帝国主义和霸权秩序是旧时代的绵延，只有对于这一秩序的第三世界抵抗及其国际团结才构成了20世纪国际关系的最新力量。因此，我们需要从第三世界斗争的内部经验中、从一种能动的视野中观察世界秩序的演变。

帝国主义不只是一个国际体系，而且是一个渗入各国内部的军事、经济、政治、社会、文化体系，因此，所谓第三世界国际运动的内部经验不可能脱离每一个国家内部争取独立和解放的社会斗争。中国革命和民族解放运动对新国家的追求和塑造也不可能脱离对新世界的追求和塑造。因此，这部著作的第二个方法论特点是将中国革命与亚非团结、民族独立运动和第三世界国际主义视为一个连续的进程，而没有将亚非团结和第三世界国际主义仅仅视为一个国际关系领域的实践。除了将俄国革命和中国革命所推进的争夺阶级"领导权"的斗争引入国际关系，作者也看到了中国革命中的统一战线和民族平等实践在亚非团结和第三世界国际主义运动中的延伸，以及两者之间的互动。对他而言，"三个世界理论"不仅是一种外交思想，而且是"一种在中国革命经验中发展起来的世界观，体现出包含国际平等、多边秩序建设理想的'中国主张'"。

什么是中国革命的经验？如果采用1939年毛泽东在《〈共产党人〉发刊词》中所做的最简洁的归纳，即中国革命的三大法宝：统一战线、武装斗争和党的建设，以及作为党的灵魂的群众路线。在中国革命中，为争取反对帝国主义和国内阶级统治的斗争获得成功，不仅需要革命阶级的力量，还需要超越单纯的阶级边界（国内无产阶级和国外社会主义国家），团结国内一切可以团结的力量，在斗争中形成"中国人民"的政治主体性；在世界范围内，为反对帝国主义霸权秩序，不仅需要社会主义国家同盟，还需要超越意识形态的差异，团结世界上一切可以团结的力量，在斗争中形成"世界人民大团结"。在抗日战争和世界反法西斯战争中如此，在战后国际关系中也是如此。力量对比悬殊的敌我关系正是在这一双重进程中得以逆转。作者专章分析了中国共产党民族政策的形成，尤其是这一政策及其实践中对于自治、民族平等与国家统一的辩证关系的强调，并认为这一承认差异但强调统一的民族政策也为在尊重社会制度和文化差异的前提下形成第三世界团结的国际主义提供了经验。"通过亚非团结运动，新中国很快将革命战争中形成的平等与发展观扩展到了国际关系层面。……以互相尊重与共同发展为基本权利的平等观开始成为'第三世界国际主义'观念中的核心。"因此，"'民族解放'实际上是一场联通内外，超越阶级、族裔、血缘等认同的大同事业。同时，这一普遍政治理想的基础，又建立在一个脚踏实地的具有特殊性的'民族'政治环境中"。

正是基于上述两个方法论特点，作者展示了一种不同于主流冷战史叙述的战后国际关系图景。冷战史研究的经典框架是战后两极国际秩序的形成，在美苏争霸的框架下，论述苏联的解体和美国世界霸权的确立。这一论述将战后持续不断的"热战"和抵抗运动纳入代理人战争的视野，忽略这些局部战争和遍布世界不同国家的、相互发生关联和呼应的抵抗和批判运动对于战后秩序的冲击和重塑。即便是关注第三世界的学者，也或者从战后美国国际霸权地位的视角界定"第三世界"的形成（Odd Westad, *The Global Cold War: Third World Interventions and the Making of Our Times*, Cambridge and New York: Cambridge University Press, 2005），或者将这一构成复杂的运动视为苏联地缘政治考量的后果。（Galia Golan, *Soviet Policies in the Middle East, from World War II to Gorbachev*, Cambridge: Cambridge University Press, 1990）以美国和苏联为首的两大阵营及其对峙对于塑造战后国际关系具有重大的影响，这一点并无疑问，但如果从俄国革命、中国革命等历史进程与遍布世界的反殖民运动的密切联系、相互支持来看，亚非团结和第三世界国际主义并不只是两极争霸的衍生物，而是在反抗霸权的斗争产生的、参与塑造战后国际关系的重要力量。中间地带一旦具有自身的政治能动性，就不再是两极关系中的从属性力量。用两极争霸的模式概括战后国际秩序掩盖了从漫长战争和革命中延伸而来的、发生在广阔的"中间地带"的反霸权斗争，也遮蔽了通过这一斗争而逐步形成的第三世界主体性（即便是未完成的主体性）。"万隆时刻"正是因这一主体性获得自觉表达而被命名的。万隆会议，不结盟运动，遍布世界的反殖民、反侵略的武装斗争和和平抗议，以及围绕中国重返联合国的国际博弈，如此深刻地重塑世界格局。在这一视野中，作为战后世界秩序重建的标志的联合国就不再只是霸权控制的工具，也是国际秩序斗争的场域，尽管其规范性表述没有发生变化，但伴随其内部权力关系的重组，《联合国宪章》所体现的普遍价值因第三世界运动对于霸权操纵的冲击和限制而获得了彰显。

如果战后秩序中的东西两个阵营的对峙构成了"冷战"的框架，那么，包括中国在内的第三世界运动及其与两大阵营内部的反战、反霸权斗争的相互呼应就是促成这一两极关系发生变动的"去冷战"力量。因此，思考冷战的终结应该着眼于20世纪的漫长进程，而不应仅仅将镜头聚焦于美苏媾和的历史片刻。战后秩序应该被描述为冷战与去冷战两种趋势消长起伏的过程，而冷战的终结应被置于这一复杂进程中加以描述。正是在这个意义上，作者指出："在亚非拉地区发生的、以民族主义为基础的国家诞生与帝国消解的历史进程，并不是对17世纪欧洲民族国家体系的简单重复，其历史意义更体现在一种面向未来的、对世界新的平等秩序的政治创造。"民族解放运动对于国际团结和平等秩序的追求（凝聚在"国家要独立、民族要解放、人民要革命"的命题之中）重新界定了民族、独立等概念的内涵，民族斗争同时包含着"超越民族国家，寻找世界普遍主义原则的尝试"。这也正是被后冷战秩序所压抑却从未消亡的未来性。

20世纪诞生了两个新事物，即社会主义国家和第三世界国际主义。这两个新事物是冲击19世纪资本主义和帝国主义秩序的漫长运动的延伸，也清晰地打上了自身时代的烙印。伴随着苏联解体和东欧剧变，作为一个世界体系的社会主义国家趋于解体，而第三世界国际主义对于两极构造的介入和冲击也伴随着"冷战终结"而趋于消散,但这两个相互关联又相互区别的运动对于当代世界秩序的影响却是长远的。如何总结社会主义国家体系的危机和解体?如何分析第三世界运动的内部矛盾和式微?如何分析殖民地世界的民族解放运动与殖民历史的联系,以及独立国家的后殖民境况?这些问题已经有不少重要的研究,但均有待更深入的探索。在霸权体系危机四伏的时代,这部著作提醒我们:这是一份未竟之业,应该从上述两个运动的历史经验内部探索其成败得失,致力于发掘其被压抑的未来性,这一遗产蕴含着立足现实斗争的普遍理想。

汪 晖
2021 年 9 月 14 日

目 录

总　序	1
序　言	8
导　言	1
寻找万隆时代的"共同意志"	5
从去殖民中兴起的新秩序	8
从第三世界独立理解第二次世界大战之后的民族国家秩序	17
以国际主义理解19世纪与20世纪的延续与断裂	26
从全球南方重思历史	35
第一章　万隆时刻	48
被淡忘的文化去殖民	48
"现代"时间及其统治	53
"民族史"的亚非时间	59

第二章　重塑平等　　　　　　　　　　71
　　作为平等基础的自力更生　　　　　75
　　以斗争保卫平等　　　　　　　　　85
　　超越民族中心主义的平等叙事　　　91
　　平等秩序下的世界和平叙事　　　　97

第三章　再造民族　　　　　　　　　　106
　　自治实验与国家整合　　　　　　　113
　　国民革命中的"民族"与"自治"　　124
　　作为世界体系的民族　　　　　　　130
　　从万里长征到第三世界　　　　　　145

第四章　反帝团结　　　　　　　　　　163
　　"民族问题"背后的霸权秩序　　　　165
　　世界革命语境下的民族问题　　　　173
　　作为世界革命一部分的中国革命　　182

第五章　国际主义　　　　　　　　　　210
　　新的爱国主义　　　　　　　　　　215
　　作为反帝斗争的国际主义图景　　　229
　　国际主义与地区霸权　　　　　　　237
　　国际主义时刻的世界体验　　　　　242

余　论　　　　　　　　　　　　　　　269

参考文献　　　　　　　　　　　　　　275

后　记　　　　　　　　　　　　　　　297

导　言

亚洲在黎明……可以不可以说
今天草原在回春，连泥沙
也站得很挺？
……啊，再生的中国，
闪烁的火焰普照亚细亚的心。

——【委内瑞拉】卡洛斯·奥古斯特·利昂《和平之歌》

我们深信没有任何力量能够阻止在亚洲及太平洋区域各民族之间的相互了解，没有任何力量能够抹煞十六万以上的人民的共同意志。……我们热诚地希望在相互尊重、相互协助的良好友谊中，交流彼此的文化成果，促进彼此的经济关系，为确保世界和平、人类文化的进步作出有力的贡献。

——郭沫若，在亚洲及太平洋区域和平会议筹备会议上的祝贺词，1952年6月3日

1949年，参加完在墨西哥举办的美洲大陆和平大会后，委内瑞拉保卫和平委员会总书记、诗人卡洛斯·奥古斯托·

列昂（Carlos Augusto León，1914-1997）写下了一首题为《和平之歌》(canto de paz)的诗。在诗中，他对新生的中华人民共和国表达了热诚的希望。正如当时拉丁美洲许多知识分子一样，卡洛斯对亚洲正在发生的巨大变迁产生了巨大的兴趣。作为英美自由贸易帝国主义全球秩序下的"不发达国家"的一分子，拉丁美洲的知识分子希望从中国与印度这两个过去一百余年间遭受同样命运的亚洲国家的独立中找到启发。[1]

同样，对百废待兴的新中国而言，来自第三世界"被压迫民族"的声音更构成了当时中国人世界秩序想象的重要组成部分。1954年底，抗美援朝战争停战后不久，新中国通过了第一部宪法。新华社记者黄钢用无比自豪的笔调，记录了建国五周年时的情形。在他笔下，新生国家各个角落的各族人民，在劳动之余，被收音机连接在一起，聆听新中国第一个五年计划为这个国家带来的变化。在这场充满着浪漫主义色彩的集体行动中，新中国的劳动者们共同打破了"国外敌人"对"中国人民自己的建设能力"的怀疑，[2] 实践着"为了保卫国际和平和发展人类进步事业而奋斗"的目标。[3] 几个月之后，这一系列记录共和国初期关键时刻的文章被结集成册，以《亚洲的新纪元》为题出版，卡洛斯·奥古斯托·列昂那首歌唱"再生的中国"的《和平之歌》便印在这本小册子的扉页上。

卡洛斯与黄钢这两个素未谋面且在空间上相隔万里的知识分子，被一种对未来世纪的想象连接在了一起。这种想象，更镶嵌在一个宏大的前殖民地与半殖民地的建国运动浪潮中。就在《亚洲的新纪元》出版之后三个月，第一次亚非会议在印度尼西亚的万隆召开，这开启了在此后的十多年里，以亚非合作为主轴的第三世界去殖民与解放运动的高潮时代。在万隆会议精神下，亚非人民团结大会于1957年召开，并成立了亚非人民团结理事会。1960年第二次亚非人民团结大会后，该组织又定名为亚非人民团结组织（Afro-Asian People's Solidarity Organization，AAPSO）。

我们今天对这段历史的记忆被某种失败主义情绪笼罩。自1965年第四届亚非人民团结大会在加纳温尼巴举办起，亚非运动陷入了分裂的境地，地区大国沙文主义不断侵蚀了运动中国际主义与互助的面向。第三世界也从一个追寻政治主体性的自我表述，重新成为"不发达"的代名词。在这时期，受到拉美革命的鼓舞，三大洲主义（Tricontinentalism）开始取得影响。"亚非团结"的想象开始被一个以拉丁美洲为潮流的"亚非拉团结"取代。

从"亚非"到"亚非拉"再到"第三世界"表述的变化背后是一个20世纪以来全球秩序激荡、霸权竞争以及被压迫者反抗与谋求平等斗争的历史进程。本书主要关注的是这一进程在20世纪五六十年代的表现及其深刻意义。中国无疑是这一进程的关键组成部分之一。"亚非团结"是这一时期的潮流。但本文也不希望将其与之后的"亚非拉团结"与三个世界的认识割裂开来。因此，在表述上，本书将这一系列发生在亚、非、拉三洲的民族独立、社会革命、反帝运动,以及国际机构建设的努力统一视为整体性的第三世界独立与团结运动。当然,由于资料和笔者学力的限制,本书讨论的重点还在"亚非团结"上。

实际上,中国在第三世界独立与团结运动实践中形成的"第三世界"认识,与阿尔弗雷德·索维(Alfred Sauvy)在1952年时所使用的"第三世界"(tiers monde)观念有着根本差异。在他1952年的一篇题为《三个世界,一个星球》(*Trois Mondes, Une Planète*)的短文中,索维借用了法国大革命"第三等级"(tiers état)观念,强调了"全球广大不发达地区的人口",为了谋取承认与生计,而"希望成为发达资本主义"的愿望。[4] 索维的"第三世界"概念主要强调资本主义全球秩序边缘地区在经济与社会生活方面的"不发达"(sous-développés)。这个从社会经济角度出发的提法很快被包括诸如乔治·布兰迪尔(Georges Balandier)在内研究殖民地发展问题的知识分子接受。[5] 这种从帝国殖民历史内部生长起来的、对于殖民地经济"发展"问题的讨论,显然无法用来理解第三世界民族独立运动。

第三世界独立与团结运动的历史意义在于,它首次提出以平等为基础与目标的国际和平秩序。它尝试推动以生产而非消费为基础的国际经济合作与贸易关系。它从国际主义互助与平等发展的角度,在殖民地与半殖民地历史经验中,重新界定了现代化以及独立自主观。本书的任务,就是希望能从第三世界历史经验内部,重新理解这场运动的意义,并梳理与之相关的一系列关于"平等"、"民族"、"独立"与

"现代化"等观念的内涵。

寻找万隆时代的"共同意志"

如果我们仅孤立地注意这场运动中民族主义的面向，那么亚非民族独立运动的思想内核便似乎与19世纪欧洲拿破仑战争时期欧洲自由主义与民族主义思想家们对民族"霸权地位"的推崇颇为类似。的确，对绝大多数殖民与半殖民地国家而言，如何完成工业化、建立有效政府、提高国民经济能力、消除贫困、改善医疗与教育条件等一系列以国家主权为中心的现代性任务至今还远未完成。但是，如果我们将视野放到20世纪上半叶，特别是第二次世界大战结束之后的二十年中，我们便能发现，在一种强烈的乐观主义热情下，亚非运动切实在尝试突破欧洲/西方中心主义的国际秩序；在旧帝国主义全球秩序的强大威力下，尝试探索被压迫民族通过经济与文化的互助，在前殖民地与半殖民地达到政治独立与社会解放的方法。

万隆时代的亚非合作展现了弱小民族对新世界平等秩序的想象与追求。这种政治实践，给20世纪国际秩序中对"平等"问题的理解带入了新的内涵。简单来说，这种秩序观的内核建立在政治独立、经济自主、平等互助几个基本原则上。这场政治实践包含了独立与解放的双重任务，并融合了国际与国内的两个面向。1945年第二次世界大战结束之后，殖民地与前殖民地地区人民在政治上寻求当代国际法意义上的主权独立仅仅是这场亚非拉解放浪潮的开始。在此之后的亚非人民团结组织，以及1966年成立的亚非拉人民团结组织，则更将这场浪潮推进至更深层次的，通过第三世界国家间互助，谋求政治平等、经济自主权、文化主体性以及国际秩序平等与民主化的解放运动。这场20世纪的亚非人民团结运动不仅是一场权力变革，更是一场文化与经济的"去殖民"。

需要格外强调的是，本书关注的亚非国家之间的"去殖民"实践，通过个人、团体、社会组织以及主权国家等多层面的国际合作与互助，将20世纪初由俄国革命所推进的关于阶级"领导权"（гегемо'ния）的探索重新引入到了国际政治关系中。[6] 这场运动的批判性与反抗色彩毋庸置疑。它突出强调帝国主义全球霸权秩序是经济与文化共同作用的结果——这无疑将葛兰西的理论探索带到了一个新的、国际的，且在西方基督教文化传统之外的政治空间中。除此之外，我们也更需要发掘并理论化这场运动中展露出来的强烈的建设性意图。

在这场全球性的政治合作互助中，文化领导权的意义被放在了极为重要的位置。在这段被萨米尔·阿明（Samir Amin）称作"万隆时代"的时期里，新独立与尚未完全独立的亚非国家正在积极组织并推动文化、政治与经济事务等多方面的跨国合作。[7] 这一创造并传播新的世界观的过程，并非简单地用一种世界观取代另一种世界观的沙文主义行动，而更像是一种葛兰西式的对旧世界观——其中包括"本民族的"与"帝国主义的"——的梳理与改造的愿望。在这其中，最为重要的内容之一便是基于第三世界经验，对20世纪自由帝国主义世界观中"现代化"观念的批判改造，并将之"社会化"。这种"共同意志"成为半殖民地与殖民地新生国家在万隆时代初期协作实践的基础。[8] 包括中国革命者在内的万隆时代的参与者们意识到，只有通过这一行动，在帝国主义霸权秩序宰制下的"弱小民族"才能真正作为政治、经济特别是文化的主体，进入到新世界。合作互助则是通往这一目标最重要的途径。

殖民与半殖民地对霸权的反抗以及对这种反抗的记忆是万隆时代"弱小民族"共同意志的基础。从1955年的万隆会议上那种对新旧两种"殖民主义"的批评背后，我们不仅仅能够从传统的大国强权政治（power politics）层面上，看到主导了19世纪与试图主导20世纪的两种西方霸权秩序的交割，也可以发现20世纪世界霸权秩序形成过程中的复杂冲突。然而，在这种霸权政治叙事背后，还另有一条历史线索鲜为人注意。这条线索以对霸权秩序的反抗为主题，从19世纪初便不断对世界霸权秩序做出回应。

通过亚非团结运动，新中国很快将革命战争中形成的平等与发展观扩展到了国际关系层面。在根据地时期形成的诸如生产自救、社会各部门互助协作以及争取革命战争中的文化领导权等，在1949年之后很快转化为中华人民共和国对外交往时的基本指导精神。很快，一种建立在"同吃同住同劳动"实践上、以互相尊重与共同发展为基本权利的平等观开始成为"第三世界国际主义"观念中的核心。也正是在这一争取"平等发展"与"互相尊重"的斗争过程中,"第三世界"认同才逐渐成形。也只有在"组织起来""团结起来"之后,弱小国家在冷战时期美苏霸权竞争这一现实政治的角力场中,才能真正做到抗衡霸权。

在第二次世界大战结束之后的二十多年里,以第三世界民族独立运动(national independence)与国际主义(internationalism)合作为表现形式的平等政治尝试,真正意义上确立了20世纪的独特历史价值。通过梳理新中国初期的"第三世界国际主义"观的构成、实践及其理论基础,我们可以进一步追问今天影响我们理解世界、理解自我的零和强者逻辑是否是一种无可替代的唯一真理。因此,我们对这段历史的审视,其意义更是希望借此来反观今天理解世界方法的局限性,以及这种零和博弈世界观的生成机理。

从去殖民中兴起的新秩序

如何在霸权竞争的秩序观之外,重新理解亚非世界的意义?20世纪50年代的世界正处在一个关键的交界点。随着第二次世界大战的结束,一个旧的殖民秩序正在迅速消解,新的秩序正在形成。万隆会议则是这个漫长过程中一个极具标志性的事件。而即便是对万隆精神极具同情的研究者们而言,亚非团结运动也难免被视为一种"革命浪漫主义",且最终不得不被"新国际秩序形成过程中的实力政治(realpolitik)"所吞噬。[9] 研究者们将万隆作为20世纪的一个分水岭,并称之为"前无古人后无来者的意志的联合时刻(moment of unity of purpose)"。[10] 这种将万隆视为去殖民历史中一个特定"时刻"的看法,基本上笼罩了我们今天对20世纪第三世界亚非拉地区不结盟运动的历史与政治讨论。

正如万隆会议的秘书长若斯兰·阿卜杜贾尼(Roeslan Abdulgani)所说,万隆会议的目的在于"设定当今国际关系的标准与议程"。[11] 从这个角度出发,万隆会议作为一个历史瞬间,其积极意义似乎仅仅是经验性的。这种描述的假设是这样的:第二次世界大战之后新近独立的国家,以地方性经验为基准,对国际关系的普遍规则(universal norms)进行本土化(localisation)改造,并以此希望制定一种新的秩序原则。由于在万隆会议上,那29个意识形态与社会制度差距巨大的国家之间确实形成了某种共识,因此,万隆会议本身便成为这一政治理想的出发点以及唯一实证案例。但是,这些参与到不结盟运动的亚非拉国家不久又陷入冲突与分裂的境地。因此,有学者认为,万隆会议也自然被视为一个地区间合作的失败尝试。[12]

当然,从国际关系史研究的现实主义(realism)角度出发,这种理解也不无道理。毕竟,在之前与之后的国际关系实践中,我们并未看到那种在万隆会议上表现出来的、令人欢欣鼓舞的乐观主义景象。一些亚非团结运动的国家,今天或者仍旧深陷内乱,或者重新回归到摩根索所说的那种"你争我夺的各民族国家间为权利而争斗"的境地中。[13] 然而,我们不能从结果导向的立场出发,否定整个亚非团结运动,并忽视其实践中所蕴含的开创性价值。

在本书的讨论中,笔者希望强调,普遍秩序的形成本身便是一个全球史的动态过程,是一种压迫与被压迫关系之间缠斗的阶段性结果。在此过程中,我们一方面应当注意阿瑞吉所描述的那种来自"起支配作用的国家"所行使的"霸权职能",及其对世界体系秩序的支配欲望。[14] 同时也应当注意反霸权的实践、对霸权本身及其支配策略的重塑。在此基础上,我们可以发现,对霸权的反抗这一行动本身,便已经不自觉地将被压迫者推向了塑造"普遍规则"的历史进程中。

从这个角度出发,我们再来审视这个人类历史上最为密集的一次国家新生时刻。韦杰·帕拉夏德(Vijay Prashad)将万隆精神(Bandung Spirit)的基本诉求概括为:"被殖民世界崛起,并要求在世界事务中获得空间……且希望作为独立参与者。"并且,这种精神还体现了被压迫者对"经济上的从属关系(economic subordination)"以及"文化上的压迫(cultural suppression)"这两种帝国主义秩序的反抗。[15] 的确,20世纪的重要独特意义之一是,在反抗过程中政治主体性意识的形成。当然,这一表述也未能囊括20世纪民族独立运动的全部独特意义。与其将万隆作为一个转瞬即逝的"时刻",不如将其视为一个绵延的过程。在霸权与反霸权斗争这一漫长的全球史进程中,万隆及其背后第三世界国家的国际主义政治实践,才真正将20世纪的反抗与19世纪的反抗区别开。这种在民族独立运动中形成，但却试图超越民族国家界限、朝向普遍主义世界新秩序的政治主体意识，才真正赋予了20世纪以独特的历史意义。

除了历史观的壁垒之外，研究者们用以理解20世纪第三世界民族独立运动的理论工具也存在本质主义的色彩。对于许多从冷战国际关系史角度介入这一时期的研究者来说，"实力政治"无疑是一个最受重视的切入点。我们熟悉的国际关系史叙事，一般通过大国竞争模式去理解这一时期的第三世界民族独立运动。在这套历史叙事中，20世纪的格局被美、苏、英、法这少数几个大国，在一个战争同盟中，通过在德黑兰、雅尔塔以及波兹坦等地召开的国际会议，自上而下地确定了下来。而设计这种战后秩序的大国之间，早在德国正式投降之前，关系便已经破裂，这便为之后发生在两个意识形态阵营之间的那场"冷战"埋下了隐患。[16] 正如大国通过制度设计的方式影响了20世纪国际秩序的走向一样，在大国之间发生的这场被称为"冷战"的实力政治冲突，也毫无悬念地被默认为是左右了整个世界命运的主线。

在这种兴起于冷战结束后美国的"冷战史研究"中，充满着倒叙式的历史逻辑。大量研究的基本问题意识，集中在回答"美国为什么赢得了冷战"和"苏联为什么输掉了冷战"这类议题上。在这种问题意识的影响下，研究本身也成为在美苏争霸这一基本框架下，从战略史的角度出发，意图为苏联解体和美国世界霸权的形成提供解释。也有史家希望通过陆续解密的英文及俄文档案，还原在冷战背景下的诸多

"事件"的"历史事实"。在这种理论眼光的影响下，在20世纪后半叶占据重要地位的第三世界国家，则被放在了冷战史研究的附属位置上。在这种历史叙事中，广大亚非拉地区发生的反抗运动，或者被彻底埋没，或者被作为"美苏争霸"这一主线中的协奏。在这些地区发生的战争，也都被自然而然地看作是"代理人战争"（proxy war）。这类在第二次世界大战之后世界各个角落里此起彼伏的"热战"，甚至在这种仅仅关心霸权政治消长起伏的历史脉络里被遗忘。而恰恰也是这种遗忘，才使得这场几乎左右了整个20世纪后半叶的秩序变迁，被简化为一种只在认识层面上存在的"冷战"。

这种历史叙事模式却忽略了一个笼罩在其自身之上的历史问题，即冷战史研究作为一个后冷战时代意识形态产物的事实。在这一模式下，我们非但无法看到"两个阵营"内部对广大第三世界反抗及民族独立运动在政治认识上的差异，更无法看到这种反抗本身对塑造这个新世界秩序产生的关键作用，以及在这过程中透露出的那种不同于苏联及美国霸权主义的国际主义政治想象模式。这就使得我们无法真正理解第二次世界大战结束后形成的20世纪国际秩序与19世纪欧洲中心的国际体系之间的本质性差异，以及在20世纪国际秩序构成中，平等政治理想所扮演的现实作用。而作为20世纪国家政治主体的"人民"，则更是在这种仍旧以大国实力政治为基础的叙事中缺席。

应当看到，冷战史研究与美国外交政策分析关系密切，因此，其"古为今用"的目的意识从一开始便萦绕着冷战史研究的学术机制。除了几个重要的美国冷战史研究中心及智囊机构之外，欧洲各个大学及智囊机构所进行的冷战史研究，也具有明确的目的意识，从本国本地区外交史及外交战略发展眼光出发，以期为当代国家或国家联盟的外交政策提供意见和理论基础。而在冷战史研究起步较晚的中国，这一以本国本地区为中心，对于外交政策进行研究讨论的问题意识似乎还不甚明确。在为数不多的讨论中国冷战时期与周边国家关系的研究作品中，对于新中国外交政策，特别是毛泽东时期外交思想的研究，还多停留在"冷战在亚洲"这样的视野之中。[17]而对于中国在20世纪中叶第三世界国家民族独立运动及反对霸权主义政治中的作用，以及其独特的战略思想的考察，却略显欠缺。

此外，对于第三世界"意义"的讨论还受到方法论的局限。20世纪90年代，随着冷战结束而兴起的冷战史研究，其研究者多来自国际关系与政治科学背景，而其研究方法及问题意识也更多产生于国际关系理论内部。并且，随着冷战结束，以实用主义为基础的国际政治活动开始成为常态。以现实主义为理论的国际关系分析框架又进一步对20世纪中期在国际主义精神引领下产生的一系列内政与外交活动进行重述。在很长一段时间里，不少涉及第三世界去殖民民族独立的讨论更多局限在弗莱德·哈勒代（Fred Halliday）所描述的那种两极竞争（Bipolar contest）的范式之中。[18]这种现实主义理解模式的最大的局限在于，其对政治活动及其深远影响本身做出了前提性的限定。它首先假设,在国际活动中,国家作为行为主体,其首要目标是"寻找能够驾驭对方的机会"。[19] 其次,决定国家生存与安全的基本条件来自国家本身的军事与物质实力,以及地缘政治层面与其他国家的同盟关系。[20]

当然,我们也看到,在西方的新冷战史研究中,也出现了对这种两极观定见的批判。布鲁斯·康明斯(Bruce Cumings)甚至将推崇采用多语种档案材料的新冷战史研究揶揄为"正统加档案"(Orthodoxy plus archives)的研究。[21] 而在这个基础上,诸如托尼·史密斯(Tony Smith)便提出,需要真正打破这种历史观上的成见,从第三世界角度出发,讨论这些国际关系的"次要参与者"(minor actors)在战后国际关系行程中的作用。然而,即便是在被托尼·史密斯称为"边缘中心框架"(Pericentric Framework)的冷战历史叙事中,这些来自国际秩序"边缘"的"次要参与者"对国际秩序构成的作用似乎也仅仅停留在"麻烦制造者"的层面。在一个新现实主义的基本逻辑的预设下,强权仍旧是秩序的制定者,差别在于,在托尼·史密斯的"边缘中心框架"中,原本自上而下制定秩序的强国,由于需要回应弱小国家的对抗活动,因此不得不对制定出的秩序进行调整。[22] 尽管相比原先那种"新冷战史"研究新瓶当中装的"旧酒"来说,这种类似于冲击—反应—再回应的模式,更能体现战后国际秩序行程中的历史与政治动态,但是,其背后的逻辑的假设仍旧将第三世界视为现代化进程与国际新秩序形成历史中的

"后进"或"孩童"(minor)。[23] 第三世界在反抗过程中形成的政治主体性，以及对战后世界新秩序及其平等话语主动塑造的过程，则仍旧未能在这一逻辑框架中得到很好的体现。

讨论第三世界的另一个方法论上的局限来自于后殖民主义对地方性问题的那种强调。这种"去殖民"的叙事面向19世纪的殖民主义霸权，讲述了一个在亚洲、非洲以及加勒比、南美洲等地的"帝国秩序瓦解"(dissolution of empires) 的历史。然而，无论是从政治事件史还是文化史角度切入，诸多对第三世界国家"去殖民"经验的讨论似乎并未能真正对"美苏争霸"这一冷战叙事主线背后的核心范式提出挑战。[24] 因此，第三世界的独立运动，或者被视为一种与旧殖民民主协商或是斗争的结果；[25] 或者被理解为一种试图建设"不受西方干涉的"区域联盟的企图。[26] 从理论上，第三世界去殖民运动还被看作是一种对"第三条道路"的追求。然而，这种从身份政治认同角度出发，强调非西方的地方主义历史叙事，以此来反对西方中心主义(Eurocentrism) 的批判，却从根本上消解了超越碎片化认同、构建政治共同体的可能性。[27] 当然，这类研究极大程度地展现了冷战时期在"美苏争霸"主线之外的政治丰富性。但是，我们也发现，这些来自第三世界的去殖民实践，仍被视为碎片化的历史经验，在"两个阵营""两种意识形态"二元对立的脉络中，被置于渺小的从属角落。

当然，不可否认，第二次世界大战结束之后，美苏两个大国之间的实力政治冲突的确在很大程度上影响了冷战时期的诸多关键事件的走向。这也就是为什么文安立（Odd Arne Westad）能够将"第三世界"的形成直接视为战后美国在国际上霸权地位确立的结果。[28] 共产主义阵营，特别是苏联与第三世界的联系，经常也会基于强烈的寻求传统地缘政治安全的考量。[29] 的确，第二次世界大战所带来的欧洲霸权地位的衰弱、共产主义国际秩序的兴起，以及美国在政治行动与政治话语方面有意识地与欧洲旧殖民秩序的切割，都无可避免地将第三世界的命运推到了这种霸权主义政治博弈的现场。甚至第三世界不结盟运动本身的出现及其内部的冲突矛盾，也显现出地缘政治对这场运动参与者们的重要性。[30] 然而，我们也同样不能否认，在这种现代史叙事模式下，"西方"之外的广大第三世界国家从19世纪便开始的追寻自身现代化路径的政治实践及其去殖民和反帝经验在全球秩序形成过程中的重要价值完全被湮没。而在这套被压抑的历史叙事中，我们更无从发现第三世界在这漫长的斗争中形成的政治主体性意识，及其对战后世界新秩序的想象方法。因此，在理解万隆会议以及整个第三世界反帝独立运动的历史时，我们必须深入讨论这一历史进程中体现的实力政治与建设新世界的政治理想之间的密切关系。在本书中，这种辩证关系则具体表现为建设"新中国"的任务与建设"新世界"的理想之间的交响。从这个基础出发形成的一整套对世界知识的认识与叙述，则进一步生长出了一套新中国独特的"认识世界"并试图"改造世界"的普遍性观念与方法。

从第三世界独立理解第二次世界大战之后的民族国家秩序

如果希望以第三世界独立运动为主线,来重新梳理19—20世纪的全球史进程,并进一步理解第三世界民族独立运动为20世纪带来的独特价值,那么,我们除了需要将普遍主义的形成视为一种霸权与反霸权互动的历史结果之外,还需要将第三世界这个概念本身历史化。斯塔夫里雅诺斯(L. S. Stavrianos)曾经从全球史的角度出发,将第三世界理解为一种不平等的经济上的依附关系。在他看来,第三世界既不是一组国家,也不是一组统计标准,而是一种"支配的宗主国中心与依附的外缘地区之间的不平等关系"。它包含了"那些在不平等的条件下参与最终形成全球性市场经济的国家和地区"。这些地区"在过去是殖民地,今天是新殖民地式的'独立'国"。[31] 由于作为世界"中心"的宗主国与作为边缘的"依附"地区之间的相互关系是变化的,因此在历史进程中对于第三世界的所指也在不断变化。从这个意义上,本书不希望简单地从地缘政治的角度出发,将"第三世界"看作是一个固定的地理区域;也不希望从发展经济学的角度,以国民经济发展程度作为衡量其"第三世界"处境的标准。而希望从20世纪霸权与反霸权辩证关系出发,将第三世界视为一种斗争动态,展现这种"第三世界"的国际主义认同是如何在"从殖民主义的统治下独立起来",并且"还在继续为完全独立而奋斗"[32]的历史进程。第三世界的主体性，便在这样一种争取平等世界秩序的进程中得以确立。

本书所关注的核心是新中国时期以反帝反殖民为出发点而建立起的国际主义认同话语。在现有冷战史研究中，对国际主义及其外交实践的讨论通常是以国家对外政策为基础的。国际主义话语也进而被视为服务于国家利益的对外"宣传"，甚至是干涉主义的同义词。[33]为了避免落入这一窠臼，本书会重点考察国际主义话语在中国国内政治实践中的作用。同时，本书还强调，在这种国际主义话语中表现出的平等政治理想，自19世纪末期以来便成为中国寻求普遍主义世界秩序，并在这一语境中进行自我改造的一条重要线索。因此，本书的讨论还会进一步触及新中国成立之前，中国共产党在根据地与解放区，以国际主义话语为基础进行的社会调动与政治实践。我们会发现，在这一进程中，阿拉伯世界的斗争作为第二次世界大战之后反帝运动的重要组成部分，受到了极大关注。通过新闻报道、政治运动、文艺作品，甚至贸易活动，中国与阿拉伯世界的国际主义联系，也像中国与亚非拉其他地区的国际主义联系一样，深入到了中国人的日常生活中，成为普通中国人对"人类解放"政治理想的真实体验。由这种国际主义共同体所创造的政治体验创造了一种具有普遍意义的使命感，为"中国"这一刚刚经历过民族独立与内战的古老政治共同体，提供了一个整合了城乡、地域、民族、职业，甚至阶级差异，面向未来与全世界的新理想。这种面向人类共同体的国际主义政治实践，还使得从"旧中国"走向"新中国"这一政治体验,最终得以与从"旧世界"通往"新世界"这一朝向未来的普遍主义理想之间产生了有机联系,并为新中国社会经济建设,以及参与到这个建设中的普通人,提供了一种超越一国一民利益的神圣意义。

然而今天,无论是在对冷战外交史还是新中国政治史的讨论中,这种面向未来的神圣感,其价值都未能得到很好的梳理。在以往对中国20世纪,特别是1945年"冷战"开始之后的革命史、政治史的讨论中,国际主义与民族革命之间的联系往往被理解为一种在国际共产主义运动历程中,苏联霸权"干涉主义"的一个代名词,或者是"民族主义"概念逆向建构(back-construction)的结果。[34] 入江昭曾经对"国际主义"作出过著名的定义,在他看来,国际主义"是一种观念(idea)、一个(政治)运动(movement),抑或是一种制度(institution)"。其目的是试图通过"国家间合作与互动(cross-national cooperation and interchange)"来达到改变"国与国之间关系"的目的。[35] 这一认识的一个基本理论前提,建立在对于"民族国家"(nation-state)特别是其背后"民族主义"观念普遍性历史的认可上。这种假设建立在欧洲近代史的基础上,从经验层面上默认"民族主义"对全球历史的解释能力,将民族主义视为普遍的"政治原则",且认为其普遍性"毫无疑问"。[36] 作为一种"政治原则",民族主义强调政治与民族的单位之间的一致性。在这种对近代民族国家构成形式的理解中,我们可以看到一种强烈的韦伯式原则。国家（nation）被视为民族的政治单位。作为一种高度集中的机构，国家通过高度的专业分工实现其维持秩序的意志。[37] 对韦伯而言，从现象上看，"近代国家"是一种社会权利关系的制度化、系统化的产物。[38] 其基础是武力。其存在则又依赖于"被支配者"对支配者所声称的"权威"的顺从。[39] 以此为前提，在西方知识分子对民族主义问题的讨论中，这种韦伯式国家权威及其组织形式都从未受到过质疑。盖尔纳甚至明确强调，"在没有国家的情况下，不会出现民族主义问题"。[40]

对于非西方地区来说，这种民族主义的产生，及其与国家权力的整合，却有着截然不同的历史。本尼迪克特·安德森通过对东南亚民族独立运动及地区冲突的考察，阐述了民族主义在全球范围内的历史展开过程，及其在现代国家形成中扮演的作用。[41] 在他对民族主义问题的经典叙述中，民族这一政治身份的想象与一种以资本主义全球化为基础的现代化进程联系密切。他指出，随着殖民主义全球化的进程，在欧洲/西方之外，真正意义上的现代国家的诞生都有着浓厚的民族独立色彩。第二次世界大战之后包括中国革命在内的每一次"成功的革命"，都是"用民族来自我界定的"。[42] 换句话说，通过对非西方世界现代历史进程的考察，本尼迪克特·安德森给出了一个与欧洲经验全然不同的先有民族（或者更准确地说是民族主义运动）后有国家的历史线索。本尼迪克特·安德森对西方历史中心主义的批判，丰富了我们对现代世界秩序构成的理解，也有力地证明，意识形态是理解现代民族独立运动进程中国家形成的重要基础。

后殖民理论家们对这种现代性叙事的批判则更进一步。他们不满足于通过非西方历史经验去打破西方历史中心主义。在查特吉看来，本尼迪克特·安德森与盖尔纳的讨论仍然无法摆脱一种理论的西方中心主义。他指出，两者都受制于社会决定论，将资本主义生产方式的出现视为民族主义"形成"的先决条件。[43] 因此，查特吉的讨论试图从另一个角度阐释民族主义在前殖民地展开的历史。对本尼迪克特·安德森来说，自20世纪70年代开始，在非西方国家内，特别是从前被认为是社会主义国家阵营内部发生的军事冲突，无疑是"民族主义时代"世界秩序的自然表现，也是"民族属性"（nation-ness）作为这个时代政治生活最具普遍性价值的体现。[44] 而对查特吉来说，这种冲突的出现，并非"民族主义"从西方历史中继承下来的原罪；而是在去殖民的历史中，非西方国家的民族独立运动，强行终结了殖民地历史发展中，内生的现代化可能（forced closure of possibilities）。[45] 这一过程，打断了原本非西方世界内部漫长的历史发展逻辑。由此诞生的国家，变成了一种"虚假的妥协"（false resolution）的结果。查特吉认为，民族主义仅仅是一种在西方历史中生长起来的现代国家整合性力量。欧洲/西方中心主义，则是这种普遍性观念的认识论前提。因此，我们不但无法用这种西方中心的民族主义原则去想象一个更具普遍意义的世界秩序，甚至在理解19—20世纪全球秩序构成时也捉襟见肘。

查特吉将民族主义视为非西方世界历史发展过程中的外来物。这一判断的危险性在于将非西方世界的历史本质化。民族主义在非西方世界的诞生与发展是一个动态过程。这种动态也构成了全球现代化历史的多样性。20世纪的中国革命，通过国际主义的政治实践，将一个在欧洲历史中诞生且作为分离性力量的"民族主义"，改造成一种面向未来的整合性力量。在第二次世界大战之后的世界新秩序的构成过程中，作为一种对霸权主义的暴力反抗，第三世界民族独立运动又在政治上保障了国际舞台中国家"不分大小、贫富、强弱"一律平等的基本原则。[46] 在这一前提下，第三世界的团结与和平运动，则又进一步凸显了在民族独立运动背后那种潜在的面向未来的"世界人民大团结"理想。经由第三世界民族独立运动实践改造的"民族主义"，以及在这个过程中出现的新国家，更应当被视为一个走向世界新秩序的历史阶段，而非对欧洲历史中"民族国家"秩序的简单重复。

随着19世纪殖民帝国主义的进一步扩张，欧洲的普遍主义世界观面临着重要的问题：已知世界变得更加多样，殖民者之间的竞争，以及它们对不同地区的殖民统治方式也变得更加复杂，原先那套在欧洲内部发展出来的解释世界的理论则变得愈加不完美。凯杜里（Elie Kedourie）指出，当勒南使用一系列在欧洲社会历史语境下发展起来的区别民族的各种不同标准去理解欧洲之外的世界时，便无法真正处理普遍存在的多样性。[47] 勒南发现，宗教、语言、人种等种种客观条件，都不足以用来解释"民族"这一认同集体的存在。

因此，在其1882年索邦大学发表的著名演讲《什么是民族？》（Qu'est-ce Qu'une Nation?）中，勒南最终只能将这种普遍的多样性诉诸为"自由意志"的结果。在他看来，民族（nation）归根结底是一种"道德良知"（conscience morale）。[48]凯杜里对民族主义的思想史梳理，为我们揭示了其背后深刻的康德主义起源。这种在欧洲/西方历史与政治语境下的民族主义，虽然作为一种社会组织话语，其逻辑动力却基于个人主义。在佩里·安德森对国际主义观念的简要思想史考察中我们发现，欧洲建立在其狭义民族主义观基础上对国际和平秩序的想象同样带有这种康德主义色彩。佩里·安德森指出，在18世纪诞生的现代民族主义情感，带有浓重的宗教反叛色彩。这种欧洲中心的民族主义观勾勒出了一种建立在理性主义之上、旨在对抗暴君与迷信的社会组织形式。[49]

在逻辑上，西方中心主义视野下的民族主义假设了理性、个人、城邦/国家三者之间隐含的结构性关系。这种关系强调，具有理性的个人通过自由意志组成现代国家。这种现代国家并不主动参与国际秩序的建设，而仅仅被动地对外来挑战做出回应。在这种国家观基础上形成的国际主义，不但无法超越国家对自身利益/意志的追求，更成为其自身精神的毁灭者。受到民族国家秩序观限制的国际主义充满矛盾。这种矛盾不仅可以在斯大林的"一国建成社会主义"理论对共产国际运动的毁灭性打击中发现，也能存在于今天作为美国世界霸权代名词的"国际社会共识"里。[50]

除了一些个例（如凯杜里）之外，上述对民族主义与国

导言 *23*

际主义之间关系的讨论均建立在20世纪冷战末期国际共产主义运动受挫、民族主义浪潮重新兴起的历史经验之上。它们是对冷战国际秩序及其变迁的历史性与理论反思的产物。在这些理论反思中，对"民族主义"历史及其构成规律的普遍信仰根深蒂固，进而在理解欧洲/西方之外的民族独立运动历史时，我们也难免做出削足适履式的判断。殖民历史叙事首先假定了一种本质化了的"外来"力量，与一部同样静态的"本土"历史。殖民现代化进程被想象为"外来"力量对"本土"历史的摧毁，以及对"本土"社会的改造。相应地，去殖民则被视为是"本土"新兴精英对"外来"帝国主义秩序的反抗。[51] 在查特吉对尼赫鲁的民族主义观念的分析中，他甚至将这种反抗的历程称为"被动的革命"（passive revolution）。[52] 然而，第三世界的民族革命进程和任务充满复杂性。民族解放不仅包含了对"外来"霸权秩序的抵御，也包含了反抗"本土"社会内生霸权，并改造"本土"社会的革命现代化任务。在这种反抗过程中，非西方世界内部的多样性历史资源也被调动起来，不但回应了来自西方的政治与理论霸权，同时也梳理并推进了那些原本可能属于"本土"的思想资源。解放因此也就不仅仅是一场政治实践，更是一场理论实践与社会现代化改造。

19世纪以来殖民主义全球化的历史，可以被理解为是一种（以西方为中心的）世界观的普遍化过程。其本质是一场去中心化的实践。在这一过程中，一个重要的现象是多种普遍主义之间的交锋与互动。对广大非西方地区来说，19世纪开始逐渐形成的世界秩序是导致这种多种普遍主义交锋的历史前提。而真正能体现反抗的历史价值的，还是在去殖民反抗过程中产生的对民族独立后未来世界的种种政治想象。无论是20世纪第三世界国际主义的兴起，还是冷战末期开始的世界性的对民族国家的复归，再到20世纪末期新自由主义全球化的短暂兴盛，以及时至今日以种种面貌出现的对新自由主义全球化不平等秩序的回应，都应当被看作是世界秩序变迁动态中一种历史性的结果，而非对某种西方中心的普遍主义的逻辑确证。

在第三世界民族独立运动中，大量"传统"与"地方性"的思想资源被积极调动起来，并在这个政治互动过程中，获得了新的普遍/全球性价值。在这一创造新世界的过程中，恰恰是以国际主义为前提的政治运动，才能将原本发生在每个地区的现代化运动在更广泛的群众政治认同层面上连接起来，并进一步构成第三世界人民的新的世界观。从这个意义上说，在阐述西方之外，特别是民族解放运动时代第三世界现代化的历程时，我们既不能离开国际主义提供的政治理想，也不能无视来自第三世界内部传统资源在这种政治理想形成过程中扮演的作用。20世纪中期在亚非拉世界内部出现的国际主义浪潮便不应当被倒叙式地看作是一场失败的运动。我们需要尝试理解第三世界国际主义内部的复杂性和历史逻辑，去发现非西方世界内部在漫长的去殖民过程中，对自身社会组织形式以及建设新世界秩序的积极尝试。中国革命的重要意义之一便在于，它从一场民族独立运动的政治实践出发,展现了去殖民进程的复杂性,并为非西方世界现代化进程总结出了具有普遍性意义的斗争规律。

在上述基础上,笔者希望提出本书的第一个假设,即需要将第二次世界大战之后的第三世界独立运动放在霸权秩序形成及其对之的反抗这样一条历史脉络中去理解。这条漫长的历史脉络可以从19世纪末开始形成的,以西方为中心的世界秩序开始算起。在这条脉络中,诸如"民族/民族主义"(nation/nationalism)、"国际主义"、"殖民"、"不干涉"(non-intervention)、"自决"(self-determination)、"主权"(sovereign)等一系列诞生于"西方"[53]历史背景中的观念,在一个复杂的全球互动过程中,渐渐成为世界性的议题,并构成了今天我们用来描述世界秩序的话语基础。而来自非西方世界在这一系列观念之上进行的政治实践,则真正赋予了这些语词以所指。从这个意义上说,与其将1815年维也纳和会(Congress of Vienna)视为19—20世纪国际秩序话语的开端,[54]不如注意来自非西方世界对维也纳体系所代表的那种世界霸权秩序的反抗。

以国际主义理解19世纪与20世纪的延续与断裂

国际关系史研究一般认为,第一次世界大战的爆发意味着维也纳体系的终结。对维也纳体系的讨论,一个常见的西方中心式的范式是将其作为现代外交行动准则的开端。对欧洲国家来说，1815年的维也纳和会创造了一种"国际"秩序管理模式。该模式强调以和会谈判形式协商解决冲突，维持和平。然而，这种在拿破仑战争之后诞生，通过权利平衡而达到的国际和平只是有限的和平。它适用于欧洲之内。与其视之为普遍性的国际准则，不如将其看作是一种欧洲内部的地方性知识。

作为维也纳体系的主要建筑师，奥地利保守主义政治家克里门斯·冯·梅特涅（Klemens von Metternich）意识到，19世纪的欧洲内部已经开始出现严重分裂。一方面是北大西洋沿岸诸如英国、荷兰这类民族国家，它们的国家政策与利益受市场与自由贸易影响巨大；另一方面则是易北河东岸那些以农业为主的君主制国家。另外，来自俄罗斯帝国对欧洲大陆国家的强大压力也是维也纳体系必须考虑的关键问题之一。因此，梅特涅为欧洲设计了一种以各种复杂条约为手段的制约系统，通过定期举行的和会来协调欧洲内部的关系（Concert of Europe）。[55] 这种协调的主要目的除了希望达成欧洲国家间秩序的平衡外，还试图通过这种方式来遏制欧洲大陆国家里逐渐开始兴起的革命企图。通过合作牵制来稳定各国内部现有政治秩序，并达到稳定"国际"（实际上是欧洲）秩序的目的。

维也纳体系假设，永久和平可以通过精巧的制度设计，实现国家间互相牵制的平衡，并由此达到永久和平。这种五霸共治（Pentarchy）的格局看上去似乎很美，[56] 但是事实上，它更多体现的则是欧洲国家之间的深刻矛盾。维也纳会议之后不久的历史进程展现了一个基本事实：对欧洲和平秩序威胁最大的并非来自传统权力秩序外部的"革命力量"，造成维也纳体系破裂的最大敌人恰恰是欧洲五霸自己。

在维也纳会议之后，普鲁士、奥地利、俄国获得了大片曾经独立或者属于法兰西第一帝国的土地。这次会议的目的是消除拿破仑战争的影响，控制并拆解法兰西第一帝国。它同时也调整了欧洲自1806年神圣罗马帝国分裂之后形成的碎片化局面。多达将近300个的日耳曼小国在此次会议之后，被统一为主要受奥地利制约的由39个国家组成的松散德意志联邦。维也纳会议是欧洲外交史上第一次在全欧范围内，以各国派遣代表、集中协商的形式处理外交关系问题，并且它也确立了一套以划分势力范围的模式、试图达成权力平衡的稳定态势。

作为一种欧洲保守主义政治的创造物，维也纳体系几乎像是一场绝对主义（Absolutism）国家在欧洲国际层面上进行的集体复辟。恩格斯曾将欧洲旧绝对主义国家的诞生描述为"土地贵族和资产阶级间的均势（Gleichgewicht）"。[57] 伴随这种均势而产生的中央集权国家则被看作是贵族和资产阶级之间的仲裁者。佩里·安德森认为，与其将这种绝对主义国家视为新旧两种社会力量之间冲突的调停者，不如将其看作是旧贵族在新兴资产阶级挑战面前拿起的"新政治盾牌"。[58] 在国际层面上，由欧洲大陆保守主义者构想出的维也纳体系本质上是欧洲国家在大革命之后推行的自卫机制。

这种外交观念在欧洲的另一个思想脉络则来自埃德蒙·

伯克（Edmund Burke）。在法国大革命之后，伯克开始思考欧洲秩序。他试图理解的重要问题之一是，在法国革命之后，他所信仰的那种建立在中世纪式基督教国（Christendom）基础上的欧洲团结能否继续存在。伯克认为，反观欧洲文明所提供的国际政治交往原则，其精髓建立在"绅士精神"与"宗教精神"这两个基本原则上。[59] 这种彬彬有礼的国际交往形式成为欧洲通过协商而达成权力平衡的基本渠道。经由大革命而建立的法国，无疑也带来了一场"外交革命"，彻底改变了"国与国之间交往"（Intercourse between Nation and Nation）的原则与方式。因此，革命者实际上损害的不仅仅是法国本身，也包括整个欧洲建立在权力平衡基础上的和平。[60]

维也纳会议试图建立的国际秩序结构是一种欧洲精英阶层或贵族国内议会政治的国际延展。这种模式建立在一个基本假设之上，即政治共识的建立来自于不同利益群体/国家之间的政治博弈。并且，这种由精英阶层政治博弈形成的共识具有普遍性。但是，这种精密设计下的政治平衡并未考虑这种精英政治模式能否真正"放之四海"。作为一种在欧洲大陆的秩序，它不但无法管理欧洲国家在欧洲之外的活动，甚至无法真正处理欧洲内部的差异性。从维也纳会议至1848年，欧洲内部虽然并未出现大规模的国家间战争，但是，它却对列强相互之间在欧洲之外进行的争斗无能为力。很快，欧洲主导的世界性秩序便成为基辛格所说的那种"冷血的强权争霸政治"（a cold-blooded game of power politics）。[61] 不过，如果将目光转向欧洲之外的世界便能发现，维也纳体系所规范的"国际"，仅仅局限于欧洲。而这种欧洲地方性知识似乎在19世纪世界历史进程中并不占据显著地位。相反，19世纪初期开始的殖民地独立以及欧洲/西方列强对这类独立运动的回应，却是现代全球秩序构成中不可忽略的有机力量。

在19世纪上半叶，特别是1807—1808年间，当拿破仑先后取得了对葡萄牙与西班牙帝国的军事胜利之后，南美洲一系列西班牙与葡萄牙殖民地独立运动也逐渐开始获得成功。在这个过程中，作为西班牙与葡萄牙在欧洲大陆上对抗法国的盟友，英国在欧洲之外却试图利用这场战争削弱伊比利亚国家，特别是西班牙在世界贸易中的影响。作为一个传统殖民帝国，西班牙垄断了欧洲到南美殖民地之间包括贩奴在内的一切贸易；葡萄牙则相应采取了与英国合作的模式，并通过条约的形式，获准英国与其殖民地巴西之间进行贸易活动。拿破仑战争的出现，对英国来说成了一个打破西班牙贸易垄断、进一步加强英国海上贸易霸权的绝佳机会。这场19世纪上半叶欧洲帝国之间对贸易霸权的争夺，从拿破仑战争时期一直延续到维也纳和会之后。

当我们将目光从欧洲转向整个世界之后，便能发现维也纳体系的局限性。它基本将和平锁定在欧洲。恰恰是来自殖民地与半殖民地的反抗，才穿透了维也纳体系，将19世纪与20世纪的世界历史连接成一个整体。我们看到，一方面，殖民宗主国通过文明论尽力维护国际法秩序的排他性；另一方面，殖民地则在国际法基础上，进行追求国家主权与国际平等地位的斗争。两者之间形成的张力，共同塑造了现代国际法秩序的普遍性。同时，这种来自殖民地的反抗行动，也对宗主国的政策产生了影响。虽然从整体上来说，19世纪的反殖民独立运动并不是世界历史的主潮，但是，发生于1801年的海地革命，及其在此之后掀起的南美洲老殖民地独立，的确开启了世界历史的新篇章。而也正是在这种南美洲独立浪潮中，英帝国开始逐渐抛弃欧洲已进行了两百多年的直接殖民模式，转而开始尝试一种非传统的世界帝国（informal imperialism）策略。这种世界帝国模式，在第二次世界大战之后美国所设想的世界秩序中也得到了体现。

约翰·加拉格尔（John Gallagher）与罗纳德·罗宾森（Ronald Robinson）将这种新的帝国治理秩序称为"自由贸易的帝国主义"（imperialism of free trade）。[62] 这种模式强调，19世纪英国的帝国秩序已经不再单纯基于那种传统欧洲殖民帝国式的直接统治模式，转而开始更加注重通过推行"自由贸易"观念，保障英国对世界几条主要远洋贸易交通线的控制权而实现其帝国的全球霸权。[63] 而这种新的，不经过直接殖民的帝国主义秩序，则无疑是在欧洲新旧两种帝国之间在世界范围内对霸权地位的争夺过程中诞生的。

与其将19世纪维也纳体系中形成的权利平衡视为一种欧洲的"交响"（Concert of Europe），不如将其视为一种殖民帝国在欧洲之外进行的"变奏"（variation），以及在这种由于欧洲帝国主义兴起而引起的世界各个角落多种普遍主义世界秩序的众声喧哗（heteroglossia）。维也纳体系几乎像是欧洲新旧两种霸权之间就欧洲内部问题达成的暂时性妥协。它终止了拿破仑帝国统一欧洲大陆的进程，却对欧洲大陆那种碎片化的封建局面无能为力。它试图在欧洲内部以近乎邦联的模式调和国与国之间的矛盾，却纵容这种争霸冲突在欧洲之外的世界野蛮生长。可以说，只有在种族主义的文明论背景下，在面对他者时，欧洲才存在真正的共识。而这种虚假的共识很快便在瓜分世界的实力政治中四分五裂。同时，这个脆弱的体系内部还包含了英国这样一个代表了新兴工业资产阶级利益的新型帝国。作为旧殖民秩序的挑战者，英国则致力于消解旧帝国的世界影响。这又成为19世纪这一旧"世界"秩序崩溃的另一个内在必然因素。

使得这种狭隘且脆弱的维也纳体系真正具有世界史意义的事件，实际上发生在欧洲之外。1824年，当时的英国外交大臣（Secretary of State for Foreign Affairs）乔治·坎宁（George Canning）如释重负地表示，"西班牙美洲（Spanish America）自由了"，并且，如果"我们不犯错的话，她便是英国的（she is English）"。[64] 早在拿破仑战争时期，英国便意识到，通过支持拉丁美洲殖民地独立建国运动的方式，就可以有效切断拉丁美洲与欧洲大陆殖民宗主国之间的联系。同时，这种对"自由"与"独立"观念的策略性使用，不但在道义上符合英国对自由主义特别是自由贸易的界定，还能就此赢得新独立的拉美国家对英国的好感。此外，拿破仑战争还令英国意识到，发生在欧洲大陆几个君主国内的革命，甚至还能有效削弱这些旧殖民宗主国的霸权地位。[65]

第一次世界大战彻底摧毁了维也纳体系描述的脆弱和平，并将美国所设想的世界秩序推向了前台。然而，仅仅30年之后，随着第二次世界大战的结束，发生在新旧两个大陆之间的霸权更迭却又重复了19世纪初期在新旧两种殖民帝国之间的那种矛盾关系。恰恰是来自第三世界国家的独立运动，以及在反霸权这一目标下进行的国际主义联合，才真正将20世纪的世界秩序与19世纪区分开来。这种丰富的政治实践既有以战争形式出现的武装斗争，也有在联合国等国际组织平台上进行的立法行动。从表面上看，这种世界霸权秩序的形成及对其反抗，印证了葛兰西描述的"霸权"（hegemon）作为一种"创制赞同"（manufacture of consent）的过程。[66] 即霸权的形成，是"强力"（force）与"赞同"（consent）的双重结果。[67] 然而，一旦将葛兰西对国家内部集团间权力关系的分析扩展到国际秩序的讨论中，便不可避免地遇到了一个尴尬的局面。虽然在今天的国际关系讨论中，葛兰西中的"霸权"可以被很牵强地理解为约瑟夫·奈（Joseph Nye）描绘的"硬实力"和"软实力"的双重关系，但是，约瑟夫·奈并不承认在国际层面上存在霸权。在他看来，虽然全球范围内，军事力量的分配呈现出不均等的单极霸权，但是在各种软实力构成的秩序语境下，美国则需要平等地同欧洲等其他力量对话。因此，从这个意义上说，约瑟夫·奈甚至不承认美国是一个霸权。[68] 而为了论证这种世界多极秩序，他不得不将国家的软硬实力割裂开来。

但是，约瑟夫·奈所描述的那种没有霸权的多极世界秩序是可疑的。他从根本上忽略了葛兰西论述中极为重要的一层辩证关系，即在霸权形成过程中，强力（硬实力）与话语建构（软实力）之间密不可分的关系。然而，将讨论从国内政治延伸到国际层面上，特别是19—20世纪期间世界秩序变迁这个过程中时，我们常常容易走向两个极端。光谱的一头是约瑟夫·奈那样，对"多极世界"的简单幻想；光谱的另一端，则是对"霸权"秩序的构成采取简单的单向度的理解，完全忽略西方之外世界自我改造与独立运动的政治能动性，以及通过独立运动对新世界秩序的创造性影响，将这场影响了整个20世纪后半叶的宏大政治与历史进程简化为一个从属性的、面对现代化成功范本的自我改造过程。事实上，如果将新中国在成立之后对第三世界国际主义及解放问题的看法放在寻求"文化翻身"这条政治逻辑线索中去理解，那么就能发现一种独特的对世界新秩序的理解。如果继续套用葛兰西式的霸权理论的话，那么可以将这种反抗意志的形成，描述为葛兰西笔下人"逐渐感觉到他们的力量并意识到他们的责任与他们的价值时"，要求重新夺回"支配他们与思想的权力"的历史过程。[69]

在这一逻辑线索上，笔者进一步希望强调，我们需要超越横亘在"民族/国家"与"国际"之间的以现代西方主权概念为基础形成的那条不可逾越的分界线，透过国际主义联合所建立起的共时性认同，去理解20世纪新世界秩序构成过程中那种具有排他性的民族国家与具有包容性的国际主义之间的辩证联系。并以此为基础，考察在"世界人民大团结"命题下，作为政治主体的"人民"的诞生。换句话说，本书不希望仅仅将第三世界，以及与之密切联系的"三个世界理论"，单纯地视为一种新中国的外交思想，而希望将之视为一种在中国革命经验中发展起来的世界观，体现出包含国际平等、多边秩序建设理想的"中国主张"。这一"中国主张"，在三个世界的矛盾关系中，通过政治与经济的独立斗争，打破旧世界中普遍存在的压迫与被压迫关系，进而经由社会解放建立一种新的秩序。此外，本书还希望强调，这种世界观不是为了创立某种中国中心的新霸权，而是从19世纪大同理想开始，且随着中国革命进程而沿革的世界平等秩序图景。

从全球南方重思历史

本书将视角落在冷战时期的新中国与亚非世界，特别是阿拉伯世界的互动，并希望重点展现新中国对亚非世界的认识又是如何在中国普通民众生活中发生作用的过程。这两个截然不同的"世界"是怎样建立起国际主义共同体想象，并且这种国际主义想象又是怎样参与到新中国的社会政治建设，通过"改造我们的学习"，进而改造新中国人民世界观的？这是本书希望讨论的核心问题之一。这种将两种似乎截然不同的普遍主义世界秩序想象融合在一起的政治实践，恰恰展现了20世纪中期那种以亚非拉/第三世界为社会基础的国际主义想象最具历史价值的特点。

中国共产党对阿拉伯地区的关注始于新中国成立之前。中国共产党在解放区时期便开始关心在旧殖民帝国主义秩序衰落、新霸权秩序逐渐形成过程中出现的阿拉伯民族独立运动浪潮。正是通过来自共产党组织、知识分子、各民族以及社会各阶层对于这一不断变化着的政治历程的叙述、回应与讨论，起源于民族独立的中国革命才逐渐同世界范围内的历史性秩序变革产生了联系。这种与世界历史变迁和人类解放命运相联系的政治叙事，成为中国建设国际主义共同体想象的重要基础。本书并不奢求处理20世纪整个第三世界内进行的政治实践，也无力全面触及第三世界民族独立运动内部的丰富内容。本书仅仅希望以新中国为出发点，尝试理解第三世界国际主义在20世纪中期的世界政治中扮演的角色。并且希望梳理在中国的实践中，国际主义与民族独立之间的关系是如何被表述的；中国革命与世界革命的关联又是如何被具体化的；国际主义精神又是如何作为一种政治调动力量，与人们的日常生活产生联系，并在新中国成立初期参与到全民性的政治教育运动中的；这种联系反过来又在反霸权与建设世界新秩序的进程中发挥了怎样的作用。

为了更好地处理这些问题，本书从地理范围上将着重讨论新中国与阿拉伯世界（西亚和北非）之间进行的政治互动。这不仅仅是因为这一地区在战后国际地缘政治上占据着重要地位，也由于其在从19世纪到20世纪世界秩序的变迁过程中扮演了极具象征意义的重要历史角色，[70] 从代表了

19世纪殖民贸易咽喉苏伊士运河与达达尼尔海峡，到反映了以美国和英国为代表的新旧两种霸权主义冲突的波斯湾两岸，再到延续至今的巴以冲突、伊斯兰极端主义，等等。冷战时期影响这一地区的诸多关键问题，无一不在继续困扰着今天的世界。

发生在阿拉伯世界针对"帝国主义"的斗争，与中国在抗日战争背景下进行的反帝反法西斯战争形成了接续关系，并进一步塑造了新中国在反帝这一追求世界范围内平等秩序的诉求下所形成的世界观。此外，我们还发现，新中国针对这一地区进行的求同存异式的外交行动以及在国际主义理想主导下的政治话语实践，不但同中国内部的革命经验产生着联系，更同新中国成立以来不断探索的在多民族条件下进行社会主义建设的政治实践密切相关。

由于中国与中东地区缺少地缘政治的关联，因此中国与中东关系这一问题得到的学界关注较少。为数不多的一些讨论新中国与中东阿拉伯世界外交互动的研究，也基本集中在传统的冷战史范式内，将这种第三世界国际主义共同体建设看作是共产主义集团内部对世界革命"领导"地位的争夺。[71] 实际上，正是这种在国际主义精神框架下，面向非共产主义第三世界国家，特别是与西亚北非阿拉伯国家进行的文化、贸易互动中，新中国才在更大的政治空间里，逐步发展起了其对国际主义这一政治话语的实践性理解。在今天的冷战政治与外交史讨论里，新中国国际主义观念的形成、演变、影响及其背后的政治理性与理想，都未能得到很好的梳理。而这种国际主义的政治话语，恰恰是新中国世界观的核心，也承载了新中国对未来平等秩序的想象与实践。其最直接的表达是从1950年起便在天安门城楼两侧高悬的标语："中华人民共和国万岁"和"世界人民大团结万岁"。通过对这种国际主义政治理想的梳理，我们也能够从另一个全新的角度，介入包括朝鲜战争、万隆会议、中苏论战、对外援助、第三世界理论、民族独立、社会革命、平等政治、和平观、战争论等一系列中国当代政治史、冷战史、外交史等方面的关键议题。

20世纪亚非拉地区民族独立与反霸权运动有别于19世纪欧洲大量出现的民族主义建国浪潮。前者不仅将民族独立的理想与第三世界国际主义精神相连，也试图寻求建立一种新的、更平等的国际新秩序。换句话说，与那种西方中心的、试图通过自上而下制度设计而达成的"世界和平"构想不同，来自第三世界的反抗政治实践，通过不断地抗争与联合的形式，自下而上地维护并推进了《联合国宪章》中所保障的平等权利。在这个过程中，通过国际会议协商而自上而下制定的那种新世界平等理想，不断遭到来自强权政治与实力政治的挑战。在联合国成立之初，在第三世界爆发的一系列"代理人战争"，都很可能会将20世纪战后试图建立起的"新世界"，重新倒回19世纪那种霸权主义的"旧秩序"当中。即便是这个新兴世界"霸主"美国和苏联，也被一种深深的不安与互不信任的态度笼罩。作为战争的胜利方，苏联急切地希望能在欧亚大陆上树立起新的权威，以确保这个饱受战争苦难的苏维埃的绝对安全。而美国也不希望丧失自己在"旧世界"的权威影响，受到战时麦金德-斯派克曼的理论影响，获取"旧世界"国家的支持是美国未来"国家利益与安全"的重要保障。著名的乔治·凯南（George Kennan）"长电报"为美国政府与人民描述了一个以意识形态为基础的美苏争夺全球地缘及文化领导权的对抗。这种对抗意识，就像是宗教善恶二分世界观的政治翻版，将这个世界彻底分裂成"善对恶""极权对民主"的对立。

1947年美国总统杜鲁门为说服国会支持马歇尔计划时，更明确地阐释了美国对战后世界秩序的基本认识：世界被"民主"和"极权"两种象征善恶对立的"生活方式"分割，对抗不可避免。[72] 然而，在更广大的世界其他角落，这种发生在两个强国之间的"正邪"之争的道德基础并非不言自明。特别是在中东地区此起彼伏的动荡与对抗中，敌人表现出纷繁复杂的面貌。活跃在这类民族独立运动内部的人员，其阶级成分多种多样，既有共产党人，也有伊斯兰主义者，以及世俗的小资产阶级自由军官。在中东，直接需要处理的问题，是殖民与被殖民、霸权主义与民族自决之间的冲突；而不是美苏之间在意识形态二元对抗基础上形成的、对世界新秩序及其内部同盟关系的争夺。对于这一点，周恩来在1951年的一次讲话中便有了明确的认识。他将这个问题表述为"民族问题"。在他看来，反抗帝国主义与殖民主义的"民族解放"，是这个问题的核心内容。从阶级分析的角度出发，周恩来将这种世界范围内的解放运动，与中国新民主主义革命的经验相结合,将其视为联通世界各国的一种新的反剥削压迫运动的重要一环,是一个人类自我解放漫长过程中不可缺少的积极步骤。[73]

在亚非拉地区发生的、以民族主义为基础的国家诞生与帝国消解的历史进程,并不是对17世纪欧洲民族国家体系的简单重复,其历史意义更体现在一种面向未来的、对世界新的平等秩序的政治创造。在这一时刻,与这种民族独立运动进程相伴随的,更是一种试图超越民族国家、寻找世界普遍主义原则的尝试。而也正是在这个过程中,出现了极为丰富的普遍主义世界理想图景。围绕着这诸多普遍主义图景进行的政治实践,则在很大程度上构成了20世纪独特的世界秩序。同时,在这个国家诞生的新生时刻,一种新的国际秩序也在这诸种普遍主义图景的激烈且富有新意的互动中形成。

注　释

[1] Tad Szulc, *The Winds of Revolution: Latin America Today and Tomorrow*, Westport: Praeger Publishers, 1964, p. 187.

[2] 黄钢:《亚洲的新纪元》,作家出版社1955年版,第22页。

[3] 毛泽东:《为建设一个伟大的社会主义国家而奋斗》,载中共中央文献研究室编:《建国以来重要文献选编(第5册)》,中央文献出版社1993年版,第460—462页。

[4] Alfred Sauvy, "Trois Mondes, Une Planète", *L'Observateur*, no. 118 (14 August 1952): 14.

[5] Georges Balandier, "Le Tiers–Monde. Sous–Développement Et Développement", *Population* (French Edition) 11, no. 4 (1956).

[6] 俄文中"гегемо́ния"(gegemónija)一词起源于希腊语的"η

γεμονῐα"（hēgemoníā），即"霸权"。其最早在希罗多德的叙述中，被用来指代为了某个军事目标而结成的城邦国家联盟的领导权。参见佩里·安德森:《原霸:霸权的演变》，当代世界出版社 2020 年版，第一章。

〔7〕 Samir Amin, *Re-Reading the Postwar Period: An Intellectual Itinerary*, New York: Monthly Review Press, 1994, pp. 14–15.

〔8〕 关于对文化"社会化"的讨论，以及新旧世界观的结合与改造，参见安东尼奥·葛兰西:《狱中札记》，人民出版社 1983 年版，第 8—22 页。

〔9〕 John D. Kelly and Martha Kaplan, *Represented Communities: Fiji and World Decolonization*, Chicago: University of Chicago Press, 2001, pp. 22–23.

〔10〕 Jamie Mackie, *Bandung 1955: Non-Alignment and Afro-Asian Solidarity* (Singapore: Editions Didier Millet, 2005).

〔11〕 Roeslan Abdulgani, *Bandung Spirit*, Jakarta: Prapantja, 1964, p. 72.

〔12〕 See Seng Tan and Amitav Acharya, eds., *Bandung Revisited, the Legacy of the 1955 Asian-African Conference for International Order*, Singapore: NUS Press, 2008, p. 4.

〔13〕 汉斯·摩根索著，徐昕、郝望、李保平译:《国家间政治:权力斗争与和平》(第 7 版)，北京大学出版社 2006 年版，第 145—147 页。

〔14〕 乔万尼·阿瑞吉著，姚乃强、严维明、韩振荣译:《漫长的 20 世纪》，凤凰出版集团 2011 年版，第 32—33 页。

〔15〕 Vijay Prashad, *The Darker Nations, a People's History of the Third World*, New York: The New Press, 2007, pp. 45–46.

〔16〕 即便是在今天的所谓"新冷战史"研究中，这种叙事脉络的影响也势不可当。参见 John Lewis Gaddis, *We Now Know: Rethinking Cold War History*, Oxford: Oxford University Press, 1997。

〔17〕 此类作品例如，牛大勇、沈志华主编:《冷战与中国的周边关系》，世界知识出版社 2004 年版。

〔18〕 Fred Halliday, *Cold War, Third World: An Essay on Soviet-Us Relations*, London: Hutchinson Radius, 1989, pp. 1–24. 同类的著作还有例如，S. Neil MacFarlane, *Superpower Rivalry and 3rd World Radicalism: The Idea of National Liberation*, London: Croom Helm, 1985。

〔19〕 John J. Mearsheimer, "The False Promise of International Institutions", *International Security* 19, no. 3 (Winter 1994/5): 5-49.

[20] Kenneth Waltz, *Theory of International Politics*, Reading, MA: Addison-Wesley, 1979, pp. 103-104.

[21] Bruce Cumings, "Revising Postrevisionism: Or the Poverty of Theory", *Diplomatic History* 17 (Fall 1993): 539-569.

[22] Tony Smith, "New Bottles for New Wine: A Pericentric Framework for the Study of the Cold War", ibid. 24, no. 4 (Fall 2000): 567-591.

[23] 关于西方冷战史研究中对第三世界这种居高临下的看法的历史梳理与理论批判，参见 Matthew Connelly, "Taking Off the Cold War Lens: Visions of North-South Conflict During the Algerian War for Independence", *The American Historical Review* 105, no. 3 (Jun. 2000): 739-769。

[24] 关于第三世界这一概念在西方国际关系史学界中的内涵，参见 Paul Cammack, David Pool, and William Tordoff, *Third World Politics, a Comparative Introduction*, 2 ed., London: The Macmillan Press Ltd, 1993, pp. 15-17。

[25] 参见 Leslie James and Elisabeth Leake, eds., *Decolonization and the Cold War, Negotiating Independence*, London: Bloomsbury Academic, 2015。

[26] 参见 Jeffery James Byrne, *Mecca of Revolution, Algeria, Decolonization, and the Third World Order*, Oxford: Oxford University Press, 2016。

[27] Arif Dirlik, *The Postcolonial Aura, Third World Criticism in the Age of Global Capitalism*, Oxford: Westview Press, 1997, pp. 1-22.

[28] Odd Westad, *The Global Cold War: Third World Interventions and the Making of Our Times*, Cambridge and New York: Cambridge University Press, 2005, p. 110.

[29] Galia Golan, *Soviet Policies in the Middle East, from World War Ii to Gorbachev*, Cambridge: Cambridge University Press, 1990, pp. 1-3.

[30] Christopher J. Lee, ed., *Making a World after Empire: The Bandung Moment and Its Political Afterlives*, Athens, Ohio: Ohio University Press, 2010, pp. 3-5.

[31] L. V. Stavrianos, *Global Rift: The Third World Comes of Age*, New York: William Morrow, 1981, pp. 38-41.

[32] 周恩来：《在亚非会议全体会上的发言》，载中华人民共和国外交部、中共中央文献研究室编：《周恩来外交文选》，中央文献出版社

1990年版，第122页。

[33] 沈志华：《冷战在亚洲：朝鲜战争与中国出兵朝鲜》，九州出版社2013年版。Jian Chen, *Mao's China and the Cold War*, Chapel Hill: The University of North Carolina Press, 2001. 在这其中，也不乏一些来自亚非拉地区的学者，从民族主义角度出发，对这一问题的讨论。例如，Ismail Debeche, "The Role of China in International Relations: The Impact of Ideology on Foreign Policy with Special Reference to Sino-African Relations (1949-1986)", University of York, 1987。这种观念的影响至深，以至于新近出现的一些讨论中国与第三世界关系的博士论文中，也能看到这种根深蒂固的观念。例如，Cagdas Ungor, "Reaching the Distant Comrade: Chinese Communist Propaganda Abroad (1949-1976)", Binghamton University, State University of New York, 2009。而将国际主义视为"干涉主义"政策同义词的定见，则几乎充满了整个"新冷战史"（New Cold War History）研究界。参见 John Lewis Gaddis, *The Cold War: A New History*, New York: Penguin Press, 2005。特别是本书对美国从威尔逊总统时期便开始的那种"自由主义国际主义"（liberal internationalism）的讨论更能说明问题。此外，还可以参考《剑桥冷战史》中对美国对外政策中，威尔逊时期的"自由主义国际主义"以及第二次世界大战之后"更为激进的国际主义"（a more aggressive internationalism）的讨论。参见 David C. Engerman, "Ideology and the Origins of the Cold War, 1917-1962", in *The Cambridge History of Cold War*, Melvyn P. Leffler and Odd Arne Westad ed., Cambridge: Cambridge University Press, 2010, pp. 20-43; Laura McEnaney, "Cold War Mobilization and Domestic Politics: The United States", in *The Cambridge History of the Cold War*, Melvyn P. Leffler and Odd Arne Westad ed., Cambridge: Cambridge University Press, 2010, pp. 420-441。

[34] Perry Anderson, "Internationalism: A Breviary", *New Left Review* 14 (March-April 2002): 5-25.

[35] Akira Iriye, *Cultural Internationalism and World Order*, Baltimore: The Johns Hopkins University Press, 1997, p. 3.

[36] Ernest Gellner, *Nations and Nationalism*, 2 ed., Oxford: Blackwell Publishing, 2006, pp. 1-7. 中文译本参见厄内斯特·盖尔纳著，韩红译：《民族与民族主义》，中央编译出版社2002年版。

[37] 马克斯·韦伯：《政治作为一种志业》，载《韦伯作品集》（第

1卷),广西师范大学出版社2004年版,第198—200页。

〔38〕马克斯·韦伯:《经济与社会》(上卷),商务印书馆1997年版,第76—78页。

〔39〕在这里,韦伯引用了托洛茨基的判断,即"每个国家的基础都在于武力"。参见马克斯·韦伯:《政治作为一种志业》,载《韦伯作品集》(第1卷),广西师范大学出版社2004年版,第196—197页。

〔40〕厄内斯特·盖尔纳:《民族与民族主义》,中央编译出版社2002年版,第7页。

〔41〕本尼迪克特·安德森:《想象的共同体:民族主义的起源与散布》,上海人民出版社2005年版。

〔42〕本尼迪克特·安德森:《想象的共同体:民族主义的起源与散布》,上海人民出版社2005年版,第2页。

〔43〕Partha Chatterjee, *Nationalist Thought and the Colonial World: A Derivative Discourse*, London: Zed Books Ltd, 1986, pp. 21-22.

〔44〕本尼迪克特·安德森:《想象的共同体:民族主义的起源与散布》,上海人民出版社2005年版,第1—4页。

〔45〕Chatterjee, *Nationalist Thought and the Colonial World: A Derivative Discourse*, pp. 167-170.

〔46〕这一提法,系统出现在1974年邓小平在联合国大会特别会议上的发言稿中。这一发言稿,被认为是对中国三个世界理论的详细阐述。参见中共中央文献研究室编:《毛泽东年谱(1949—1976)》(第6卷),中央文献出版社2013年版,第528页。

〔47〕Elie Kedourie, *Nationalism*, London: Hutchinson & Co. Publishers Ltd., 1961, p. 80.

〔48〕Ernest Renan, *Qu'est-Ce Qu'une Nation?*, Paris: Mille et une nuits, 1997, p. 28. 这篇演讲的英文版参见Geoff Eley and Ronald Grigor Suny, eds., *Becoming National: A Reader*, New York and Oxford: Oxford University Press, 1996, pp. 42-56。

〔49〕Anderson, "Internationalism: A Breviary", pp. 7-8.

〔50〕Ibid., 21 and 24.

〔51〕这一思路甚至可以直接追溯到马克思对殖民地问题的讨论,参见Erica Benner, *Really Existing Nationalisms, a Post-Communist View from Marx and Engels*, Oxford: Clarendon Press Oxford, 1995, pp. 175-177。

〔52〕Chatterjee, *Nationalist Thought and the Colonial World: A Derivative Discourse*, pp. 131-166.

〔53〕我们也需要意识到,西方这一概念的所指本身也是需要被历史化的。

〔54〕对于维也纳体系的讨论,一个常见的西方中心式的范式是将其作为现代外交,特别是以和会谈判形式,协商解决冲突,维持和平这种规范的开端。关于西方学者对维也纳体系在世界历史中核心地位的叙述,可以参见 Mark Jarrett, *The Congress of Vienna and Its Legacy: War and Great Power Diplomacy after Napoleon*, London: I. B. Tauris, 2014。

〔55〕关于这段历史,可以参见 Torbjorn L. Knutsen, *A History of International Relations Theory*, 3 ed., Manchester: Manchester University Press, 2016, pp. 168-171。

〔56〕Pentarchy 作为一个法律概念,最早应当出现在欧洲 6 世纪东罗马帝国查士丁尼一世(Justinianus I)时期。其目的是将基督教天下(Christendom)置于一个统一的基督教会治下。这一基督教天下所及的地域被分割为五个由牧首(patriarchs)统辖的主教座(episcopal see)。其中包括:罗马、君士坦丁堡、亚历山大、安条克和耶路撒冷。而 19 世纪欧洲的"五霸共治",从形式上基本延续了这种基督教天下的秩序观。这五霸包括:英国、俄国、奥地利、普鲁士,以及波旁王朝复辟之后的法国。

〔57〕恩格斯:《论住宅问题》,载《马克思恩格斯全集》(第 18 卷),人民出版社 1964 年版,第 289 页。

〔58〕参见佩里·安德森:《绝对主义国家的系谱》,上海人民出版社 2000 年版,第 6 页。

〔59〕R. J. Vincent, "Edmund Burke and the Theory of International Relations", *Review of International Studies* 10, no. 3 (July 1984): 205-218.

〔60〕Jennifer M. Welsh, *Edmund Burke and International Relations, the Commonwealth of Europe and the Crusade against the French Revolution*, New York: St. Martin's Press, Inc., 1995, pp. 129-131.

〔61〕Henry Kissinger, *Diplomacy*, New York: Simon & Schuster, 1994, p. 17.

〔62〕John Gallagher and Ronald Robinson, "The Imperialism of Free Trade", *The Economic History Review*, New Series 6, no. 1 (1953): 1-15.

〔63〕20 世纪 70 年代,又有一批帝国史学者深入分析了英帝国这种

非传统世界帝国的运作机制,并讨论了现代商业机构、金融以及保险构建起的庞大世界网络在英帝国实践世界霸权的过程中扮演的重要角色。参见 Desmond Christopher St. Martin Platt, ed. *Business Imperialism*, 1840-1930: *An Inquiry Based on British Experience in Latin America*, Oxford: Oxford University Press, 1977。

［64］Wendy Hinde, *George Canning*, London: Collins, 1973, p. 368.

［65］关于自由主义在英国帝国构成过程中的重要作用,以及自由贸易思想在英国对西班牙帝国的外交政策中的影响,参见 David Armitage, *The Ideological Origins of the British Empire*, Cambridge: Cambridge University Press, 2004, pp. 125-145。另外,19世纪下半叶包括边沁、密尔等人在内的自由主义思想家们,对帝国作为一种合法的政治与商业治理模式的论证,以及他们与埃德蒙·伯克之间的争论,参见 Uday Singh Mehta, *Liberalism and Empire, a Study in Nineteenth-Century British Liberal Thought*, Chicago and London: The University of Chicago Press, 1999。

［66］Antonio Gramsci, *Selections from the Prison Notebooks*, London: Lawrence and Wishart, 1971, pp. 80 and 263.

［67］同上,第80页。

［68］Joseph S. Nye, *Soft Power: The Means to Success in World Politics*, New York: Public Affairs, 2004, pp. 136-137.

［69］Antonio Gramsci, *Antonio Gramsci: Selections from Political Writings 1910-1920*, London: Lawrence and Wishart, 1977, p. 3.

［70］今天的新冷战史研究也主要从地缘政治的角度出发,去理解中东地区的战略重要性。参见约翰·刘易斯·加迪斯著,翟强、张静译:《冷战》,社会科学文献出版社2013年版,第30—33页。

［71］英语世界最新一本关于这个问题的著作是 Jeremy Friedman, *Shadow Cold War, the Sino-Soviet Competition for the Third World*, Chapel Hill: The University of North Carolina Press, 2015。早期英语世界中对这个问题的讨论集中理解中国在亚非团结运动内部的作用,及其在激进的世界革命理念下,对民族独立运动的支持。在这其中以中国与巴勒斯坦解放组织关系的讨论为最多,例如,W. A. C. Adie, "Plo", *Asian Perspectives*, no. 2, 1975。

［72］Truman, Harry S., "Special Message to the Congress on the Marshall Plan", December 19, 1947. Online by Gerhard Peters and John T. Woolley,

The American Presidency Project. http：//www.presidency.ucsb.edu/ws/? pid=12805.

〔73〕周恩来：《民族解放运动的国际地位和作用》，载中华人民共和国外交部、中共中央文献研究室编：《周恩来外交文选》，中央文献出版社1990年版，第34—37页。

第一章
万隆时刻

多少代人以来,我们的人民在这个世界上总是毫无声息。我们不受人注意,我们受人摆布,我们忍饥耐苦。然后我们这些国家提出了要求,我们为了独立而战斗,我们达成了独立的目的。随着独立而来的还有责任。我们对自己负有重任,对这个世界也负有重任,对未来的几代人负有重任。对此,我们无怨无悔。

——苏加诺《亚非大会开幕致辞》[1]

被淡忘的文化去殖民

1955年4月19日下午,美丽的西爪哇山城万隆的上空一下子乌云密布,突如其来的春雷与闪电打破了上午晴空万里的宁静。此时,一场为期7天、集中了29个亚非国家的"亚非会议"已经正式进行了一天半。所有与会者此时都能感觉到笼罩在会场上空的紧张气氛。在听完了两天来各国代表的发言之后,周恩来走上了发言席,以他那段被美国记者鲍大可(Athur Doak Barnett)称为"没有闪电惊雷"的演讲,回应了会场上凝聚的对共产主义中国的敌意,也就此打开了新中国对中东及北非阿拉伯世界的外交局面。[2]

此前一天下午，在几个平淡无奇的公开发言之后，伊拉克前总理、《联合国宪章》的签署人穆罕穆德·法迪尔·贾马利（Muhammad Fadhel al-Jamali）的发言彻底打破了印度总理尼赫鲁（Jawaharlal Nehru）着力推动的中立主义基调。在演讲中，"在哥伦比亚大学受过教育"[3]的贾马利提到，迄今为止仍在影响世界和平与和谐的"三股国际势力"包括："旧殖民主义"，作为旧殖民主义"最后一个篇章"的"犹太复国主义"，以及"共产主义"。他表示，共产主义是一种"偏狭的、物质至上的宗教"。这种"颠覆性的宗教"具有席卷全球的能力，是一种"殖民主义的新形式"。[4] 在万隆会议开始之前，贾马利便已经公开表示过他将在万隆会议上持何种立场。1955年4月11日，在前往参加万隆会议的途中，伊拉克代表团一行六人在贾马利的带领下经停新加坡，并接受了采访。采访中，贾马利表示，伊拉克代表团此行的任务是"保卫联合国框架下和平共处的原则"。然而，他也强调，为了达成这一目标，伊拉克"不可能保持中立"。他的代表团"也许会支持国民党中国，但一定不会支持红色中国"。[5]

早在1955年年初，前来参加万隆会议的阿拉伯国家联盟（Arab League）成员国中间便因为1955年2月24日签订的《巴格达公约》（Baghdad Pact）出现了明显的裂痕。作为第二次世界大战之后大国竞争在中东地区的直接表现，《巴格达公约》以"经济协作"（economic co-operation）与"联合防御"（joint defence）作为一组不可分的政策框架，将大国霸权的国际治理模式推进到中东地区，并且试图强调这种"共同防御"的模式，完全符合《联合国宪章》第51条的精神原则。[6] 而对纳赛尔这类阿拉伯民族主义者来说，这种带着明确限制条款的"经济协作"与"经济援助"，无疑会损害阿拉伯人民的独立，并使得新独立的阿拉伯国家"变成他们利润的源泉"（source for their profit）。[7]

在阿拉伯民族主义者心中，《巴格达公约》的签订使得美国成为继英国与法国之后的"第三个帝国主义者"（the third imperialist）。[8] 因此，作为对美国通过《巴格达公约》干预中东地区事务的回应，埃及民族主义政府表示，"很有可能承认中华人民共和国政府"，以此作为对"伊拉克与土耳其结盟"的对抗。[9] 这种来自第三世界内部的紧张间接造成了中华人民共和国在万隆会议上所面对的局面。一方面，我们看到以伊拉克、伊朗为主的国家对中华人民共和国充满敌意；另一方面，以来自埃及等新成立的阿拉伯民族主义国家为代表，它们则对新中国持相对中立甚至是友好的态度。这种矛盾并不能简单地被认为是冷战时期两个阵营之间的霸权斗争，它更多地体现了第三世界对霸权秩序的差异性反应与内在政治矛盾。体现在政治语言上，这种第三世界内部政治斗争与自主意识的生长，则表现为各个国家对"帝国主义"与"殖民主义"这类霸权秩序内涵的不同阐述。

在贾马利直接表示对共产主义意识形态的敌意之前，伊朗代表阿里·阿米尼（Dr Ali Amini）便已经隐晦地采用了

"殖民主义的新形式"这个提法。这个提法将第二次世界大战之后盘旋在世界上空的那种以美苏"两个阵营"争霸为主的幽灵,引入到了这一场"人类历史上第一次有色人种间的洲际大会"中。[10] 到了4月19日上午,来自巴基斯坦和菲律宾的代表又将这种对共产主义意识形态的敌意重新带入了会场。当天下午3点,大会在午休之后继续进行。叙利亚、泰国与土耳其的代表陆续发言。截至此刻,按照美国事先的意愿,刚刚开始一天半的万隆会议,已经将"反殖民"这一议题拆解为"反对共产主义扩张"以及反对"旧西方"两个主题。[11] 这种表述使得原本在尼赫鲁等人设计下,试图通过中立主义(neutralism)来表达的反对霸权主义的新世界理想,一步步走向以反对旧霸权为名,树立新霸权为实的旧世界道路。然而,万隆会议的进程最终并未被这种霸权意志所左右。随着本书开头那一幕的出现,会议气氛出现了戏剧性的转变。

亚非国家在万隆会议上这种围绕着对"帝国主义"与"殖民主义"内涵定义的冲突,一直以来都被认为传递了第三世界运动本身必然失败的信号。因为这种内在的冲突被视为是缺乏共识基础的体现。而在传统西方的永久和平观中,只有实现了制度与价值观的统一,才能实现真正意义上的和平。虽然这种传统的民主和平(liberal peace)观已经随着现实主义的兴起而遭到严峻挑战,但是其对共同体得以存在的理论假设仍旧在延续。这种在西方历史语境中产生的国际秩序观假定,稳定的"同盟"关系必然建立在意识形态的绝对一致，或在有限范围内实现的权力平衡（balance of power）的基础上。[12] 而第二次世界大战之后，在去殖民与美苏争霸的双重背景下诞生的第三世界国家，在上述这种西方中心的世界秩序观中自然显得格格不入。

换一个角度看，在万隆会议上出现的这种矛盾，也正凸显了 20 世纪新世界秩序形成过程中，霸权本身所呈现的多种面孔。纵使这诸多社会政治背景各异的国家之间一时无法对霸权本身所指达成精确的共识，在"反帝"与"反殖民"实践中产生的对霸权主义政治本身的道德排斥，则已经成为所有第三世界国家在建设世界新秩序过程中构建合作与文化认同的重要起点。这在万隆会议最后公报（Final Communiqué of the Asian-African conference of Bandung）中便有很好的体现。公报中强调，万隆国家文化合作的基础是对以"各种可能的形式"存在于亚非国家中的"殖民主义"的反抗。[13] 也正是在对反抗本身多样性的认可与寻求共识和合作的理想基础上，以反帝与反霸权运动为表现形式的第三世界运动才为第二次世界大战之后的新世界秩序创造了一个平等的政治可能。

亚非国家间的国际合作与互助尝试还首次将平等纳入到现代国际秩序的构建中。包括中国在内的第三世界在"国际主义"的合作与互助基础上，构想了另一种全球规模的秩序。在这种秩序想象中，独立民族的兴亡并不必然遵循"弱肉强食"的社会进化准则，它更进一步体现了互助与创化的组织原则与目的论理想。随着亚非国家在社会历史变革与重新认识自身"民族"传统的互动中，去殖民历史主体性意识的觉醒，产生了一种建立在作为独立主体的"民族/国家"与作为整体的"人类/世界"的共同命运基础之上的、互助的世界秩序想象，对西方中心的现代史书写进行了祛魅。这种以民族独立与平等国家间的"互助"为图景的新世界秩序想象，不仅影响了亚非国家，也与西方世界内部的民权及社会运动产生了联动。[16] 这种对文化主体性的追寻，集中表现在20世纪中期亚非知识分子在反抗的历史进程中对自身现代意识的探索。

"现代"时间及其统治

1954年2月，《历史研究》的创刊号开篇发表了胡绳的《中国近代历史的分期问题》一文。文中提出了"为什么要进行分期"和"为什么要这样分期"这两个核心历史观问题。[17] 文中，胡绳遵循毛泽东在1930年代做出的判断，即在19世纪中后期资本主义全球扩张的背景下，中国"自从一八四零年的鸦片战争以后"，逐步"变成了一个半殖民地半封建的社会"。[18] 由此，我们将1840年视为中国"近代历史"的开始。[19] 此文发表之后，关于中国近代史从何时开始写起，又应当分为几个阶段的问题，陆续吸引了包括孙守任、范文澜、金冲及、戴逸、李新、荣孟源、王仁忱、章开沅、黎澍、来新夏等诸多重要的近现代史研究与教学工作者。[20] 按照胡绳的意见，提出中国历史的"分期问题"，是为了"解决"中国近代史书写中的"结构问题",并提供一条线索,"按照发展程序把各方面的历史现象根据其本身的逻辑而串联起来"。在这一问题意识的基础上,胡绳认为单纯以"帝国主义的侵略形态"作为中国现代史分期的标准是不妥当的。我们还应当注意"中国民族对于外国势力的侵略表现了怎样的反应"。[21]

在已有的研究中,学者们多将这场讨论视为知识分子,特别是历史学者在新中国成立之后依照执政党的意愿,用马克思主义历史唯物主义分析方法来规训历史学科的结果。[22] 德里克在这个问题上做了更细致的讨论,他将中国知识分子逐渐接受并采用马克思历史唯物主义分析方法,理解并重述中国历史脉络的进程,视为一个长达一个世纪的渐进过程。而1950年代的这场讨论,也是这一进程的组成部分。[23] 今天,鲜有论者再乐意从学术层面上重视1950年代的这场讨论。究其原因,当然也与学界审视这场讨论时的认识论密切相关。在史学界出现的这场讨论,以今天的专业主义视角来看,一般被认为是一场围绕着"史观"而展开的技术性讨论。由于"史观"随着时代发展而不断"进步",且随着1970年代末中国开始实行改革开放,因此,中国历史书写也面临着一场"范式"的转变,从"革命史"走向了"现代化史"。[24] 这一范式的变迁也同样伴随着1980年代初出现的一场对"历史分期"的讨论。不少参与这场讨论的历史学者也同样参与了1950年代那次讨论。在1980年代的这场讨论中,用"现代化"取代"革命"的态度非常明确。在一种线性的认识逻辑下，有论者强调，那种用"三次革命高潮"的分期方法书写中国现代史的做法，已经落后并急需被"淘汰"，[25] 转而采用1980年代在美国社会科学学界重新兴起的"现代化史观"。这种史观对之前的历史唯物主义史观做出了实用主义的诠释，强调现代中国历史的进程就是线性的，不断追寻物质繁荣、技术进步的过程。

1980年代出现的"现代化史观"讨论，将"现代化"等同于一种"新"的、具有"普适性"的历史书写原则。强调应当摆脱"旧"的革命史观中过分注重"政治史"而忽视"文化史"的"错误"。[26] 强调应当反思"革命叙事"中，充满"民族主义"色彩的"反帝反封建"叙史脉络，将"民族史"放在一个"世界史"的大框架中去理解。[27] 同时，由于经济发展在这种线性"现代化史观"中是衡量进步的最重要指标，因此，在主张用现代化史观来重写中国现代史，并将其与世界史连接起来的尝试中，常将世界缩减为一个充满着西方中心色彩的地理与认识空间。这其中仅仅包含了西欧、美国以及明治维新之后的日本。[28] 与"现代"相关的，即新的、先进的、普适的、客观中立的，且与世界"接轨"的。而反之，"革命"历史书写则是旧的、落后的、特殊的、被"政治化"且逆"全球化"的。[29] 同时，在这种"现代化史观"的自我建构过程中，革命史观还被认为是具有强烈目的论导向的"宏大叙事"。言下之意，描述现代化史观通过描述"历史细部环节"的手法，采用"实证主义"的态度，则有效地克服了"宏大叙事"影响下，有导向性地"编织"史料这一严重错误,进而"还原历史真相"。[30]

这场对于现代史分期的争论,隐藏了一个"现代"与"现代化"观念的语义转变,更由此表现出人们对于赖以存在的时空的争夺。20世纪晚期英语世界的人文地理学家们注意到,时间和空间作为两个相互独立,却又互相联系的场域,在"现代意识"(modern consciousness)的自我构成中各自扮演了重要作用。这类讨论勾画了这样一个场景:19世纪之前,人类对具有独特性的"自我"以及具有普遍意义的"世界"想象,主要围绕着"空间"(space)展开。而19世纪的重要变迁是"时间"逐渐取代了"空间",成为这种"现代意识"构成的核心场域。[31]

的确,当我们站在欧洲中心的视角上,这种全球秩序观从"空间"向"时间"的转变毋庸置疑。作为19世纪"全球化"进程的重要驱动者,欧洲——特别是英国——殖民主义的世界秩序想象打破了地理空间的局限,蔓延至全球。伴随着这种政治与经济权力扩张的是英语的"普世史"(universal history)的完成。这一普世史对世界的规训建立在两个重要基础上。其一,是以种族为核心的社会达尔文主义文明论;其二,是目的论的线性史观。[32] 在这两个原则的驱动下,以空间为基础的、平面的人类权力秩序关系被重写,成为一种在线性时间上书写的"发展程度"的差异。

这种目的论的历史书写,将时间转变为统治工具,用"先进"和"落后"对不同"文明"进行框定,并进一步在西方"先进文明"的历史经验基础上,构建一个人类"整体历史"的发展进化轨迹。虽然在空间上,人类的不同"种群"居于彼此并无巨大差异的地理区域,然而,由于"发展程度"的区别,这种人类空间上的共存关系便被置于次位,取而代之的是在线性时间坐标上的先后秩序。在这个新的坐标上,人从时间上被划分成自然史意义上的"种群"。人类被撕扯为"文明"与"原始"种群之间的主奴关系。"落后"的种群——所有有色人种——不得不面对,甚至应当主动接受那些在时间性的文明进化轨迹上居于最前端的种群——拥有白色皮肤的"高加索人"——的"治理"与"启蒙"。[33] 在之后新自由主义全球化的神话叙述中,这种"启蒙"与"被启蒙"的关系,演变成为"雇佣"与"被雇佣"、"资本/智力"与"劳力"、"发达"与"欠发达"的关系。种族主义者为世界建立的从属秩序,就此通过这一时间的坐标线谋取了它"普遍性"(universality)的前提。

我们还能发现,在19世纪帝国史的叙述中,这种文明论的目的论判定,还反过来宰制了人们对地理空间的认识。从早期诸如赫尔曼·梅里维尔(Herman Merivale)、约翰·罗伯特·希里(John Robert Seeley)等帝国主义者的讨论中,我们就能很清楚地看到,自然环境、地理特性等客观条件,都会被用来佐证"盎格鲁-撒克逊"人或是"英格兰"人得以向全世界扩张的必然性与合理性。[34] 这类帝国主义扩张理论采用了一种类似于自然神论的话语,强调气候、种族与道德观念及行为之间的关系。气候不仅为种族构成刻上了明确的心理烙印，更直接构成了民族的生理与道德特性。英语世界19世纪的现代地理学研究便基于这种信念。[35] 同样，在广大西方之外的19世纪知识分子中间，我们也能发现这种殖民的时间观对他们各自地理空间认识的宰制。[36]

在1960年代，这种现代化的时间观还得到了进一步加强，经由一批在肯尼迪政府中扮演重要角色的社会科学家之手，获得了新的"科学"工具的加持，蔓延至经济组织、政治结构与社会价值体系等多个层面，形成了一种系统性的"普遍的"坐标体系。[37] 这种坐标体系沿袭了19世纪的殖民普世话语，强调"传统"与"现代"社会之间截然对立的关系，突出"传统"朝向"现代"国家的"发展"，遵循一条唯一的直线路径，且这种转变必须是全方面的政治、经济与社会的整体演进。而这一演进过程，可以通过与发达社会的交往——特别是向发达社会学习——而得到显著加速。[38]

西方中心的"现代意识"，其"普遍性"的获得既是一个权力斗争的结果，也是一种历史的倒叙。在殖民地中，西方中心的"现代意识"被无处不在的殖民机构强化，系统地规训着殖民地经济、文化与政治生活的各个方面。那种抽象的"先进"与"落后"的自我认识，伴随着具体的殖民与被殖民的权力关系，成为被殖民者身体与思想上都难以摆脱的枷锁。被殖民者的服从，反过来又确证了殖民现代化论述中那种建立在线性现代时间观之上的认识论与世界想象。真正打破这种自我确证式预言的力量，来自殖民与被殖民的中间地带，来自殖民世界观的认识论边缘，来自帝国主义地缘政治的薄弱环节。包括中国在内的这些曾经被称为"半殖民地"的地带，为我们理解西方中心"现代意识"普遍性的形成提供了绝佳的空间，也为我们想象不同的"现代意识"及其世界秩序提供了必要的现实资源。[39]

"民族史"的亚非时间

围绕着1950年代历史分期讨论的一个重点是"分期标准"问题。胡绳认为，依照"帝国主义的侵略的形态"这种外在因素来梳理中国历史进程，无疑忽略了中国社会历史发展的内在动力。这种轻视"对侵略的反应"的视角，正是"资产阶级历史观"的重要缺点。在参照了苏联历史分期讨论的结论之后，胡绳将"阶级斗争的表现"视为中国近代历史划分的标志。在随后的商榷文章中，孙守任又进一步认为，应当将中国近代"半封建半殖民地"的"过渡性"社会形态作为大背景来讨论。并进而提出，胡绳用"阶级斗争"高潮与低潮的标准来划分中国近代历史进程仍有可能存在教条的僵化色彩。因此，孙守任认为，应当用更为辩证的"矛盾形式"与"矛盾关系"作为历史叙事的主线，并展现中国社会内部在各种复杂关系的共同作用下产生出的变迁及这类变迁的内在动力。[40] 随后的讨论便主要围绕着两人的观点展开。

在后续讨论中，无论是坚持用革命高潮分期，还是强调以主要矛盾变化为标准分期，我们都能看到参与讨论的学者们共享了一个核心的问题意识，即需要在"帝国主义"势力这一全球性秩序与权力背景下，寻找并强调作为"弱小国家"的中国的历史主体性地位。而这一点，恰恰与当时战后亚非独立运动浪潮中，反对殖民种族主义下的"文化压迫"，并通过"文化合作"来重新"记述亚非国家和人民的历史"这一普遍诉求相契合。[41] 这种互助的世界秩序想象，建立在作为独立主体的"民族/国家"与作为整体的"人类/世界"的共同命运基础之上。也正是在这个关系基础上，亚非团结运动中对"民族史"的强调才有了不同于19世纪欧洲民族史书写的意义。它是亚非独立运动中不可缺少的组成部分，作为亚非国家文化去殖民的实践，与亚非政治独立形成了必要的互补，共同构筑了20世纪第三世界去殖民的复杂历史经验。

这场讨论从1954年开始，一直延续至1960年代。新独立与尚未完全独立的亚非国家正在积极组织并推动文化、政治与经济事务等多方面的跨国合作。[42] 这种合作的前提是殖民主义在其附属地压制了"人民研究他们自己的语言和文化的基本权利"，进而妨碍了"本地区的文化进步，并阻碍更广泛的国际范围内的文化合作"。因此，亚非国家的真正解放，不仅需要完成政治的独立，更需要完成文化的解放。这便需要被压迫者之间互助式的"文化合作"。这种合作能够促使被压迫人民发现并把发展民族文化作为一种"基本人权"，也具有促进前殖民"附属地人民""个性的发展"的价值。同时，这种对民族文化的伸张并不抱有"排外或者同其他国家集团及其他文明和文化相敌对的观念"。相反，其更希望在"更大的世界合作的范围内"继续发展亚非之间的文化合作。[43] 很快，万隆会议中提出的"文化合作"号召便在1957年于开罗举行的亚非人民团结大会中得到了具体的回应。亚非人民团结大会有关文化合作的决议，涉及互设奖学金、语言教学、文学翻译、文化艺术交流、教科书编写、设立亚洲问题研究的国际大学、扫盲、电影与博物馆事业发展等多方面的工作。

在《关于文化合作的决议》中，亚非人民团结大会提议，通过亚非间互助，实现亚非各个成员国的民族独立，并真正将亚非人民"灵魂解放出来"。决议强调，这种互助的客观条件在于亚非国家共同的被殖民经历使得这些国家中的"民族文化"遭到"殖民主义"的压抑。这种殖民主义"文化压迫"的手段，令大多数亚非国家缺少能够支撑新生国家的知识与文化力量。因此，决议鼓励"较先进的亚非国家在教育、技术及科学机构方面提供便利"，以帮助接收其他无力发展教育、科技、文化工作的亚非国家的学生。这种互助合作还进一步涉及了民族主体性建构这一"灵魂解放"最终任务中最为核心的内容。达到这一目的的重要途径之一是，通过"编著一部历史和地理百科全书式的书，来记述亚非国家和人民的历史……解释每一个民族对它的民族文化的贡献以及在进行它的民族斗争中所起的作用"。同时决议还强调，这部百科全书应当遵循联合国的原则，以"加强人类中间的血亲关系"为目的。[44]

在这一大背景下,1950年代中国历史分期讨论中对"民族史"的强调,不能被理解为19世纪兰克式的民族主义历史书写,而是在欧洲中心主义的霸权下,对被压迫者主体性地位的探寻,并确立被压迫者在人类普遍主义历史中应有的平等地位。这一点是1950年代诸多来自亚非世界的历史学家们的共同追求。在这里,我们值得提一下非洲历史的伊巴丹学派(Ibadan School)。这批以尼日利亚历史学家雅各布·阿加以(Jacob F. A. Ajayi)为代表的非洲历史学家,活跃于1950年代至1970年代末。他们强调,书写非洲历史应当脱离"欧洲扩张"的框架,树立自身的主体性。非洲史不能作为殖民体系的一部分,而应当成为独立的一个研究门类。[45]从其叙史目的来说,阿加以所倡导的非洲史绝非简单的、与世界割裂的非洲国家"民族史"。这一点,在由联合国教科文组织资助、阿加以参与写作的《非洲通史》序言中便有着明确的表述。

由联合国教科文组织支持的《非洲通史》的编写计划开始于1964年,迄今共出版了8卷。在总序中,主编J.基-泽博(J. Ki-Zerbo)开宗明义,宣言般地写下"非洲拥有历史"。[46]在他看来,非洲的历史"与整个人类历史一样,也是一部觉醒的历史"。因此,对非洲历史的书写需要对过去欧洲叙述下的非洲进行祛魅。对非洲历史的重写,一方面是要书写属于非洲自身的历史,另一方面也需要强调,这一历史写作不能脱离几百年来殖民主义在非洲的政治、经济与知识活动。[47]《非洲通史》的编写者们触及了近现代历史叙事中更深层次的"欧洲中心主义",认为需要从"内部角度来看待非洲历史,而不能再沿用外国的价值观念来衡量"。这种历史叙事既不能"报复性地"完全无视现代欧洲对非洲殖民的巨大影响,也不能走进那种"自我满足的"民族中心主义叙事。[48]

对"非洲历史"的重写展现了一种在非西方国家内从1950年代开始兴起的政治、经济与文化主体性意识觉醒的宏大潮流。与之相呼应的是万隆会议最后宣言中对亚非世界"文化去殖民"的声张。包括新中国在内的许多新独立的亚非国家,都在1950年代开始对自身历史主体性与旧帝国秩序进行了理论性思考。长久以来,研究者都更关心这种亚非民族独立运动中对"民族自决"以及"反殖民"的强烈主张,却很少看到,这一运动对亚非国家之间经济与文化"互助合作"给予的同等重视。而只有通过"互助"与"团结",才能够确保弱小国家之间能够"集体地保卫他们的独立",并在"一个战线上而不是在许多分散的战线上抵抗帝国主义的进攻"。[49] 这也是20世纪中期参与到亚非团结运动中的知识与政治精英们的基本共识。

1950年代亚非知识分子对历史主体意识的追寻也同样影响了西方世界的历史学者。当时不少新一代的左翼西方历史学家也开始认识到,他们所熟悉的世界/普遍历史的叙述中潜藏着欧洲中心主义的霸权意识。在1954年于杜伦举行的世界青年汉学家年会上,让·谢诺(Jean Chesneaux)便发表了一篇简短的评论，提出应当审视中国历史与普遍/世界史（l'histoire générale）之间的关系。他注意到，从19世纪中期开始，中国与其他亚非国家都开始了一种类似的社会历史变革。这种变革表现为对殖民帝国霸权的回应，以及对自身"民族"传统的发现，并在这两股力量的互动中，呈现出了与欧洲历史截然不同的现代经验。让·谢诺强调，理解这种历史变革背后的逻辑，能够帮助欧洲历史学家超越自身"欧洲中心主义"（l'européocentrisme）的局限。[50] 让·谢诺也注意到当时在中国刚刚开始的中国历史分期讨论，这也是这场讨论第一次进入西方历史学家的视野。[51] 一年之后，在荷兰莱顿举行的世界青年汉学家年会第一次邀请了周一良和翦伯赞这两位来自中国的历史学家。会上，周一良也专门介绍了中国的亚洲历史研究，并特别强调了反帝与反殖民斗争经验对亚洲人民自我历史认识的重要影响。[52]

无论是在周一良对欧洲汉学家所做的介绍中，还是在胡绳最初开启中国近代史分期讨论的文章中，我们都很容易注意到，确立殖民地与半殖民地现代经验的核心是，在反帝反殖民过程中"人民"作为"世界历史"主体的形成。这一命题，最早在毛泽东的《论联合政府》中出现。[53] 人民在这里并不是一种名义上的集体名词，而代表着一种具有主体意识的集合。人民具有决定历史发展轨迹，"建立国际和平""保障国内和平"的能力。[54] 作为自觉的主体，"人民"有塑造战后新的国内与国际秩序的能力。其主体意识来自不懈的反侵略、反帝，以及反对压迫、争取自由的斗争这一漫长的历史进程。这一斗争,超越了一般意义上的强弱之争,将"进步"从社会达尔文主义的文明论叙述,转变为争取自由、反对压迫的道德观念。与之相对的,不再是线性时间中的"落后",而是具有革命道德意义的"反动"。

注 释

[1] 原文参见"Opening Address given by Sukarno, Bandung, 18 April 1955", Asia-Africa Speak from Bandung, Djakarta: The Ministry of Foreign Affairs, Republic of Indonesia, 1955, pp. 19-29. 此处是笔者的译文。

[2] Barnett, A. Doak, "Chou En-Lai at Bandung, Chinese Communist Diplomacy at the Asian-African Conference", *American Universities Field Staff*, May 4, 1955, 档案号: ADB-4-'55。

[3] NSC Briefing, 27 April 1955, 档案号: CIA-RDP80R01443R000300320012-2。

[4] Barnett, A. Doak, "Chou En-Lai at Bandung", Chinese Communist Diplomacy at the Asian-African Conference, May 4, 1955, 档案号: ADB-4-'55。

[5] "Iraqi Policy at Bandung Outlined", Foreign Broadcast Information Service (FBIS) Daily Report, 档案号: FBIS-FRB-55-071, Rabat, Apr. 11, 1955。

[6] 该条约全文可以参见 http://avalon.law.yale.edu/20th_century/baghdad.asp。

[7] 这一从阿拉伯民族主义角度出发的反西方霸权情绪很快就在苏联的新闻中被描述为反对帝国主义的行动。在一段时期内,苏联所提倡的反帝反霸权话语在阿拉伯民族主义运动中产生了影响,成功调动并联合了数次民族独立运动。在苏联新闻报道中关于埃及官方表达的反美情绪,特别是针对杜鲁门在发展中国家推行技术援助的"第四点计划"(Point Four Program) 的反感与批评,参见"Arab Suspicion of U.S. Aid Justified", FBIS 档案,档案号: FBIS-FRB-54-077, Moscow, Apr. 20, 1954。

[8] 这一批评出现在当时的阿拉伯语媒体中。主要针对美国对中东

援助政策中体现出的帝国主义色彩做出了相应批评。参见 "U. S. Told to End Support of Imperialism", FBIS, 档案号: FBIS-FRB-54-120, UAR, June 19, 1954。

〔9〕来自埃及政界的这则消息,早在1955年2月24日《巴格达公约》正式签订之前便被以色列媒体披露。参见 "Reprisal Laid to Egypt if Pact is Signed", FBIS, 档案号: FBIS-FRB-55-036, Isreal, Feb. 18, 1955。埃及正式承认中华人民共和国并建交则在1956年5月。

〔10〕"Opening Address given by Sukarno, Bandung, 18 April 1955", Asia-Africa Speak from Bandung, Djakarta: The Ministry of Foreign Affairs, Republic of Indonesia, 1955, pp. 19-29.

〔11〕NSC Briefing, 27 April 1955, 档案号: CIA-RDP80R01443R000300320012-2。另外, 按照作为观察员参加会议的美国作家理查德·怀特 (Richard Wright) 的描述, 虽然美国没有参加万隆会议, 但会议上却有其"遏制共产主义"政策的不少代言人。参见 Richard Wright, *The Colour Curtain, a Report on the Bandung Conference*, London: Dennis Dobson, 1955, p. 138。

〔12〕这种态度很好地体现在基辛格《大外交》对欧洲秩序及美国威尔逊之后参与世界事务的历史叙述中。参见 Kissinger, *Diplomacy*, pp. 29-55。

〔13〕参见 "Final Communiqué of the Asian-African Conference of Bandung", in *Asia-Africa Speak from Bandung*, Djakarta: The Ministry of Foreign Affairs, Republic of Indonesia, 1955, pp. 161-169。

〔14〕《亚非会议最后公报(1955年4月24日)》, 参见中华人民共和国外交部网站: https://www.fmprc.gov.cn/web/ziliao_674904/1179_674909/t191828.shtml, 最后访问时间: 2020年4月23日。

〔15〕《关于文化合作的决议》, 第236—237页。

〔16〕这类讨论, 参见 Robeson Taj Frazier, *The East Is Black: Cold War China in the Black Radical Imagination*, Durham: Duke University Press, 2015; Hala Halim, "Afro-Asian Third-Worldism into Global South: The Case of Lotus Journal", *Global South Studies: A Collective Publication with The Global South* (November 22, 2017); Torkil Lauesen, *The Global Perspective, Reflections on Imperialism and Resistance*, Montreal: Kersplebedeb, 2018; Prashad, *The Darker Nations, a People's History of the Third World*; Howard Zinn, *A*

People's History of the United States, *1492-Present*, New York: Harper Perennial, 1980。

〔17〕胡绳：《中国近代历史的分期问题》，载《历史研究》1954年第1期，第15页。

〔18〕毛泽东：《中国革命和中国共产党》，载竹内实编：《毛泽东集（第7卷）》（第2版），苍苍社1983年版，第99页。

〔19〕胡绳：《中国近代历史的分期问题》，第15页。

〔20〕关于这场中国近代史分期问题讨论的主要观点及核心问题，参见来新夏：《中国近代史分期问题讨论综述》，载《文史知识》1984年第9期，第123—128页。

〔21〕胡绳：《中国近代历史的分期问题》，第7—8页。

〔22〕例如，Huaiyin Li, *Reinventing Modern China: Imagination and Authenticity in Chinese Historical Writing*, Honolulu: University of Hawai'i Press, 2013. 刘林海：《论中国历史分期研究的两次转型》，载《北京师范大学学报》（社会科学版）2014年第1期，第108—121页。不同的是，陈怀宇在2017年的一篇论文中，将这场历史分期的讨论放在了更大的国际史学交流的范畴内去讨论，从国际文化互动的角度，呈现了一个这场讨论的不同面向。参见陈怀宇：《国际中国社会史大论战——以1956年中国历史分期问题讨论为中心》，载《文史哲》2017年第1期，第41—69页。

〔23〕Arif Dirlik, *Culture and History of Postrevolutionary China: The Perspective of Global Modernity*, Hong Kong: Chinese University Press, 2011.

〔24〕徐秀丽：《中国近代史研究中的"范式"问题》，载《清华大学学报》（哲学社会科学版）2015年第1期，第40—50页。本文梳理了这种"范式"转化讨论出现与发展的学术史历程。

〔25〕章开沅：《民族运动与中国近代史的基本线索》，载《历史研究》1984年第3期，第50—61页。

〔26〕然而，应当注意的是，胡绳在提出历史分期问题的同时，恰恰是批判了过去"纪事本末体"中"只看见某一些政治事件"，而缺乏对"社会生活、经济生活和文化的叙述"。参见胡绳：《中国近代历史的分期问题》，第7页。实际上，不少参与了1980年代"重写"中国史讨论的历史学家，本身也是1950年代历史分期讨论的亲历者。这种对1950年代的"反思"，究竟包含了多少重写与再造，似乎并未有人关注。

〔27〕罗荣渠：《有关开创世界史研究新局面的几个问题》，载《历史

研究》1984年第3期,第35—49页。

〔28〕例如,罗荣渠:《有关开创世界史研究新局面的几个问题》,第35—49页。

〔29〕高华:《叙事视角的多样性与当代史研究——以50年代历史研究为例》,载《南京大学学报》(哲学·人文科学·社会科学)2003年第3期,第82—90页。

〔30〕高华:《叙事视角的多样性与当代史研究——以50年代历史研究为例》,第82—90页。

〔31〕Barney Warf and Santa Arias, eds., *The Spatial Turn, Interdisciplinary Perspectives*, vol. 2009, London: Routledge, 2009, pp. 1-2. 关于地理空间与时间认识在政治主体性构造与全球秩序构成中的作用,本文得益于与章永乐的讨论。在这种新的时空秩序构造中如何理解中国从19世纪到20世纪的"现代化"变迁,以及这种变迁中凸显的西方之外的"现代"意义,本文得益于汪晖:《世纪的诞生——20世纪中国的历史位置(之一)》,载《开放时代》2017年第4期,第11—54页;汪晖:《作为思想对象的二十世纪中国(上)——薄弱环节的革命与二十世纪的诞生》,载《开放时代》2018年第5期,第78—103页;汪晖:《作为思想对象的二十世纪中国(下)——空间革命、横向时间与置换的政治》,载《开放时代》2018年第6期,第56—78页。

〔32〕关于19世纪英国帝国史学者的目的论史观,以及这种辉格史观对世界"整体史"的规训,参见殷之光:《叙述世界:英国早期帝国史脉络中的世界秩序观》,载《开放时代》2019年第5期,第113—128页。

〔33〕Peter Pels, "The Anthropology of Colonialism: Culture, History, and the Emergence of Western Governmentality", *Annual Review of Anthropology* 26 (1997): 163-183.

〔34〕参见殷之光:《叙述世界:英国早期帝国史脉络中的世界秩序观》,第113—128页。关于帝国用文明论来规训地理认识的分析,参见Robin A. Butlin, *Geographies of Empire, European Empires and Colonies C. 1880-1960*, Cambridge: Cambridge University Press, 2009, pp. 350-395。

〔35〕参见D. Livingstone, "Climate's Moral Economy: Science, Race and Place in Post-Darwinian British and American Geography", in *Geography and Empire*, ed. A. Godlewska and Neil Smith, London: Blackwell, 1994, p. 140。

〔36〕参见汪晖:《世纪的诞生——20世纪中国的历史位置(之一)》,

载《开放时代》2017年第4期,第11—54页。

〔37〕普林斯顿大学的 C. E. 布莱克（C. E. Black）对现代化的定义很能体现这种19世纪殖民帝国主义中形成的"现代化"观念,在1960年代被新的"科学"装裱,并重新强化了那种社会达尔文主义式的"先进"对"落后"的宰制关系。他认为,现代化是"历史上演化而来的诸项制度适应迅速变化着的各种功能的过程,这些功能反映了人类知识前所未有的巨大增加,使人类得以控制自己的环境"。参见 C. E. Black, *The Dynamics of Modernization: A Study in Comparative History*, New York: Harper and Row, 1966, p. 7。

〔38〕Jeffrey C. Alexander, "Modern, Anti, Post, and Neo: How Social Theories Have Tried to Understand the New Problems of Our Times", *Zeitschrift für Soziologie* 23 (June 1994): 165-197. 关于1960年代美国现代化理论的发展、其政策影响,以及这种现代化观念与19世纪殖民主义的"文明使命"（civilizing mission）之间的深层联系,参见［美］雷迅马:《作为意识形态的现代化:社会科学与美国对第三世界政策》,牛可译,中央编译出版社2003年版。

〔39〕英语世界最早从全球史角度,对半殖民地的历史与社会政治意义进行系统梳理,并提出应当从"半殖民主义"视角出发理解19—20世纪帝国主义全球秩序构成,参见 Jürgen Osterhammel, "Semi-Colonialism and Informal Empire in Twentieth-Century China: Towards a Framework of Analysis", in *Imperialism and After: Continuities and Discontinuities*, ed. Wolfgan Mommsen and Jürgen Osterhammel, London: Allen and Unwin, 1986, pp. 290-314。

〔40〕孙守任:《中国近代历史的分期问题的商榷》,载《历史研究》编辑部编:《中国近代史分期问题讨论集》,生活·读书·新知三联书店1957年版,第19—22页。

〔41〕《关于文化合作的决议》,载世界知识出版社编:《亚非人民团结大会文件汇编》,世界知识出版社1958年版,第236—240页。

〔42〕Amin, *Re-Reading the Postwar Period: An Intellectual Itinerary*, pp. 14-15.

〔43〕《亚非会议最后公报（1955年4月24日）》,参见中华人民共和国外交部网站: https://www.fmprc.gov.cn/web/ziliao_674904/1179_674909/t191828.shtml. 最后访问时间:2020年4月23日。

〔44〕《关于文化合作的决议》,第236—237页。

〔45〕T. O. Ranger, ed., *Emerging Themes of African History, Proceedings of the International Congress of African Historians Held at University College, Dar Es Salaam*, Portsmouth: Heinemann Educational Books, 1965, p. 194.

〔46〕J. Ki-Zerbo, ed., *General History of Africa I: Methodology and African Prehistory*, Paris: United Nations Educational, Scientific and Cultural Organization, 1981, p. 1.

〔47〕Ibid., 1-3.

〔48〕Ibid., 20.

〔49〕[埃及]哈立德·毛希丁:《关于帝国主义的报告》,载世界知识出版社编:《亚非人民团结大会文件汇编》,第33—34页。

〔50〕Jean Chesneaux, "L'histoire De La Chine Aux Xixe Et Xxe Siècles: Programme D'études Et D'interprétation", *Annales, Histoire, Sciences Sociales* 10, no. 1 (1955): 95-98.

〔51〕关于这场讨论在欧洲历史学家中间的传播,参见陈怀宇:《国际中国社会史大论战——以1956年中国历史分期问题讨论为中心》,第41—69页。

〔52〕Gi-Wook Shin and Daniel C. Sneider, eds., *History Textbooks and the War in Asia: Divided Memories*, London: Routledge, 2011, pp. 44-45.

〔53〕毛泽东:《论联合政府》,载竹内实编:《毛泽东集(第7卷)》(第2版),第183—276页。

〔54〕毛泽东:《论联合政府》,第183—276页。

第二章
重塑平等

我联合国人民同兹决心,欲免后世再遭今代人类两度身历惨不堪言之战祸,重申基本人权,人格尊严与价值,以及男女与大小各国平等权利之信念,创造适当环境,俾克维持正义……并为达此目的,力行容恕,彼此以善邻之道,和睦相处……以保证非为公共利益,不得使用武力……

——《联合国宪章·序言》

在今天的国际关系史叙述中,1945年的重要性体现在第二次世界大战的终结以及雅尔塔体系的建立上。雅尔塔体系提出了包括联合国(The United Nations)在内的一系列关于战后世界秩序的制度性构想。然而,这场会议仅由美、英、苏三强参与,采用秘密协商的形式,自上而下地为战后世界制定秩序。中、法两国虽然是反法西斯同盟的重要组成部分,却仅仅作为联合国成立大会的联合召集人在会后联合公报的第四条末尾被简单提及。[1] 这场在大国之间发生的对世界秩序的重新规划,本质上并未真正改变维也纳体系的游戏规则及其背后的权力平衡思想。并且,在地缘政治方面,雅尔塔会议仅仅处理了苏联这一新兴大国在欧亚大陆上对日作战，以及东北亚战后领土归属及秩序问题。而受19世纪传统欧洲殖民秩序影响最大的中东与非洲，其在战后世界中的地位以及至关重要的主权问题则丝毫未得到涉及。

再向前追溯，1945年成立的作为维护战后和平的联合国在1941年《大西洋宪章》拟定之初，实际上是以战时同盟的形式出现的。[2] 在此之后，"联合国"便在美英两国战时宣传中被用来指称美、英、苏之间反德、意、日轴心国的战时同盟关系。随着战争的推进，组建战后"和平同盟"的意愿在大国之间的谈判过程中逐渐成为主流。至1944年敦巴顿橡树园会议（Dumbarton Oaks Conference）时，作为美、苏、英三国妥协的结果，"爱好和平"（love peace）这一含混却令人充满希望的表述最终则被接受为未来战后同盟推进国际主义普遍性的基本条件。[3] 对于1945年成立的联合国来说，从其组织上来说，亚非拉国虽然占据一定的数量，但是，他们对战后秩序的理解及其诉求，在这种以大国为中心的历史叙事中却几乎完全失踪。在随后的半个世纪里，亚非拉国家围绕着"爱好和平"这一联合国创始之初理想的斗争与寻求国际平等地位的实践，则成为联合国乃至整个20世纪普遍性秩序形成过程中不可忽略的重要一环。

随着中东与非洲殖民地在战争后期独立意识的崛起，作为旧欧洲殖民霸权强国之一的法国在雅尔塔体系中被边缘化，戴高乐政府担心法国在战后世界地缘政治中影响力将会衰退，进而对雅尔塔协议内容提出保留意见。[4] 1945年3

月，在英国支持下，阿拉伯联盟正式成立。阿拉伯联盟也对英国表示感谢。[5] 很快，开始有传闻说，法国绝大多数殖民地将会被联合国托管，而成立阿拉伯联盟则暴露出英美联手将法国挤出西亚与北非地区的企图。在1945年阿尔及利亚出现要求独立的游行活动之初，戴高乐甚至认为，这是叙利亚与阿尔及利亚共同策划的阴谋。同样，由于法国1945年向叙利亚与黎巴嫩派遣军队，阿拉伯联盟成员国开始对法国表示不信任。[6] 不少国家怀疑戴高乐政府能否履行其先前对终结委任统治体系（mandate system）的保证。[7] 而接下来几个月里在法属北非殖民地发生的事情，则进一步加强了阿拉伯联盟国家对法国殖民统治的憎恶。

1945年5月8日，德国正式宣布无条件投降的当天，在地中海南岸，法属阿尔及利亚的居民们也在欢庆这一胜利的时刻。欢快的人群挥舞着英、美、法、苏和阿尔及利亚国旗。阿尔及利亚的大小城市街头，还张贴着"梅沙阿里万岁"[8] "为了人民的自由""自由与独立的阿尔及利亚万岁！""打倒殖民主义""《大西洋宪章》万岁"等激动人心的民族主义标语。兴奋的人们知道，在遥远的旧金山，联合国大会正在举行，这将会建立起一个理想中的新世界。在这个新世界里，被殖民统治了一个多世纪的阿尔及利亚将很快获得独立。

然而，此时在阿尔及利亚东北部的塞提夫（Sétif），气氛却大不相同。1853年，瑞士殖民地日内瓦公司（Compagnie genevoise des colonies suisses）在成立之初便在这里占据了

15 000公顷的肥沃土地，种植用来出口的农作物。由于失去了优良土地，塞提夫当地的农民被迫在贫瘠的土地上耕作。当年的干旱又分外严重，这就使得大批农民面临饥荒。[9] 因此，塞提夫人对殖民主义压迫有着更为切身的历史体验。在5月7日庆祝欧洲战场胜利的当天，占当地人口绝大多数的穆斯林农民聚集在街头，在一种强烈的民族主义情绪下，与当地法国警察部队形成了对立状态。5月8日正逢当地传统的赶集日，越来越多的农民们涌入了城镇中心。当天早上9时15分，聚集在清真寺前的8000多名游行者开始沿着克里蒙梭大道向战争纪念碑走去。法国警察部队要求游行队伍不得打出任何与阿尔及利亚民族主义相关的标语，还有几名警察甚至试图挤入人群，抢夺游行者们手里打出的阿尔及利亚国旗。此举立刻激怒了在场的游行队伍。在混乱之中，法国警察部队开枪。场面就此陷入混乱。

殖民者进行血腥屠杀的消息很快就传到了塞提夫周边的村镇里。从四面八方聚集来的群众喊着"以安拉的名义进行圣战""真主至大"的口号，开始向所有殖民者发起了进攻。当天晚上，戴高乐任命的阿尔及利亚总督伊夫·夏台农（Yves Chataigneau）立刻宣布康斯坦丁省（Constantine Department）进入紧急状态，并于次日早晨将其扩大到了阿尔及利亚全境。同时，他又命令驻军着手平叛。大约有一万名来自摩洛哥、西非和法兰西外籍军团的士兵进驻塞提夫。此次行动的法国指挥官雷蒙德·杜瓦尔将军（General Raymond Duval）决定采取铁血政策，法军所经过的所有村落房屋均被烧毁，在一些地区，法军还进行了公开处决。法国海军与空中力量也支持了此次行动，轰炸了塞提夫诸多沿海村落，导致大量平民死亡。

更加血腥的武装镇压出现在阿尔及利亚东北部沿海边境小城盖勒玛（Guelma）。盖勒玛有大约4000名欧洲白人殖民者，16 500名穆斯林原住民。由殖民者自行组织的武装力量，在当地行政次长安德烈·亚奇亚里（André Achiary）的授意下，当地将近四分之一的穆斯林青壮年男子均被屠杀。相比之下，殖民者的伤亡率则为零。[10] 就在戴高乐将军作为反法西斯战争的胜利者之一庆祝欧洲解放的同时，阿尔及利亚的独立运动却被此起彼伏的以"定居者主权"（settler sovereignty）名义组织起来的民粹主义准军事团体，以及戴高乐将军的信仰者们残酷镇压。[11]

作为平等基础的自力更生

在1945年4月25日的欧洲，苏联红军正在进攻柏林。距离纳粹德国无条件投降还有不足半个月，第二次世界大战已经走到了尾声。而此时在旧金山，包括了来自50个国家282名代表的联合国成立大会则刚刚揭开帷幕。联合国成立作为20世纪一个标志性事件被反复讨论。在这段历史叙事里，我们非常熟悉从1941年《大西洋宪章》的签订，到1943年的德黑兰会议、1945年2月的雅尔塔会议、4月25日的旧金山联合国成立大会、5月8日德国无条件投降、6

月26日《联合国宪章》签字这一系列从战胜邪恶到再造世界的故事。这些标志性的事件为我们展示了一幅仅仅由强国主导、自上而下式地决定战争进程、左右战后国际秩序的图景。我们不熟悉的是隐藏在这个故事背后的一个关于这幅平等图景在世界各个角落展开的历史脉络。

正如1945年的赛提夫惨案、1946年开始的越南反法抗战、1947年的印巴分治、1948年的阿以战争、1950年的抗美援朝等,对绝大多数第三世界国家而言,这一平等政治的确立过程更加复杂、暴力,且来之不易。但也正是来自第三世界民族独立的斗争及其艰难的胜利,才使得《联合国宪章》所规定的"大小各国平等权利"不至于沦为一纸空文。这类斗争往往以多种形式开展。有的像《人权宣言》的制定那样,自上而下,通过联合国会议协商这种国际立法过程,将国际社会的民主与平等问题,以国际法形式确立下来。而有的自下而上,则不在联合国这一框架内,通过战争与不合作的形式,争取并在真正意义上丰富了平等权利的政治内涵。

在参加旧金山大会的中国代表团中,除了来自国民党的代表宋子文(团长)、顾维钧(副团长)、王宠惠之外,还有来自中国社会党的李璜、张君劢,以及来自中国共产党的董必武。这个多党派代表团的出现,不但是中国内战国共斗争的结果,而且通过这种斗争实践,也为当时预备构建战后国际秩序,特别是这一秩序所依据的"平等"及"民主"话语,提供了新的内涵。

中共代表参加联合国大会是抗战末期国共就战后成立联合政府谈判过程中的产物。1944年8月，为了调停蒋介石同史迪威的矛盾，美国总统罗斯福派私人代表赫尔利（Patrick J. Hurley）来华。在此之前，美国也派遣了一支由大卫·包瑞德（David Dean Barrett）率领的九人观察团于7月22日到达延安。在同美国方面的接触中，中共也一直强调，在当时抗日的条件下，与国民党之间的关系是"以斗争求团结"。随着抗日战争进入末期，延安与西方政治、军事及文化等方面的人员接触也逐渐增多。此时的统一战线对象，已经逐渐扩展到国际层面。9月8日，中共电告当时正在重庆准备参加国民参政会第三届第三次大会的董必武，希望他正式邀请赫尔利一行访问延安。此举目的是向美国传递中共要求建立联合政府的主张。[12]

成立联合政府的设想最初来自开罗会议上罗斯福的建议。[13]对于美国方面，国民党、中共及其他民主党派成立联合政府的建国方案能够减少中国内耗，加速抗日战争的结束。[14]随着美军观察团到访延安，这一意见被正式提给了毛泽东。[15]经过中共中央的仔细讨论后，这一主张成为当时统一战线斗争的重要组成部分。9月4日周恩来在代表中共中央发给董必武、林伯渠的电报中强调，"目前我党向国民党及国内外提出改组政府主张时机已经成熟……此项主张国民党目前绝难接受，但各小党派、地方实力派、国内外进步人士，甚至盟邦政府中开明人士会加赞成"。[16]根据1944年7月军事观察团内中国专家谢伟思（John Stewart Service）

的报告,中共支持建立联合政府的目的主要有二:首先,从理论上,中国共产党希望建设一个"持久的、有秩序的,包含了民主、社会主义以及计划经济发展的社会建设工程";其次,从实际层面,通过建设联合政府,中共能够获得广大中国人民以及外国势力的支持,这能够帮助中共最终夺取政权。[17]

在这个观察中,显然第一条更值得进一步分析。谢伟思明确表示,他本人更倾向于接受这条解释,并强调如果他的判断正确,那么与中国共产党合作将不会损害美国的在华利益。向往自由与解放的中国共产党,比起保守官僚化的国民党来说,更符合美国精神。[18] 谢伟思的判断并不是空穴来风。1944年7月4日,延安召开了一次各界人士大会,共同庆祝美国独立168周年。周恩来也出席了大会,并在讲话中赞扬美国国内团结、民族团结的精神。同时他还向到会的中外记者表示,希望他们将八路军、新四军关于"在团结、民主基础上"来求得战争胜利的要求转达给国民政府。[19] 中共强调,在解放区推行的民主实践,是一种"新民主主义"的政治。这种新民主主义下的国家是"人民大众的民主国家",相比代表了包括"中国的大地主、大银行家、大买办阶级"利益的国民党"统治集团"来说,解放区实行的"人民民主"才真正继承了三民主义中所表达的革命意愿,也正是在这种平等政治实践中,中国才能建设成为一个真正的"近代国家"。[20]

正是在与国民党的斗争实践,以及在抗战后期争取国际统一战线的过程中，中国共产党进一步明确区分了"新民主"与旧民主之间的本质区别。毛泽东在1940年发表的著名的《新民主主义论》中，详细勾勒了新民主主义政治的范畴及其未来。新民主主义的进步性首先建立在一个对人类历史进步脉络的认可基础上。毛泽东强调，在20世纪反对殖民主义、反对帝国主义的全球斗争中，随着一场社会主义运动的出现，无产阶级成为一个"觉悟了的独立的阶级力量"，这一发展丰富了"反帝、反殖民"民族独立运动的政治内涵。[21] 只有出现了由于革命行动而获得了政治觉悟的无产阶级，经由反殖民运动而建立的国家才有可能避免沦落为一个阶级的私产。

必须强调，"新民主主义"的信念并非是对历史发展阶段的机械想象。它提出了一种无产阶级平等参与政治的可能性。这种可能性，一方面建立在苏联十月革命与中国革命的现实诉求上；另一方面也建立在对平等政治未来的想象中。两方面的互动则构成了无产阶级政治实践本身。换句话说，无产阶级对自身平等权利的发现，造就了无产阶级平等政治；而这种平等政治的实践则又反过来，进一步丰富了平等观念的内涵。在这个意义上，平等政治的实践与观念的创造是互为前提也是互为语境的。这种无产阶级政治的觉醒与自主参与，恰恰构成了中国共产党对于"民主"的一层重要理解。

新民主主义对平等的追求，除了要求"独立"之外，还格外强调"自力更生"的重要性。后者也在后来新中国支持第三世界独立运动、援助亚非拉国家的行动中成为一个重要的指导性原则。在抗日战争的背景下，"自力更生"一方面强调的是如何处理来自"帝国主义集团"的外援问题；[22]另一方面也包含了中国共产党组织原则中依靠群众的基本工作方针。毛泽东在1939年的答记者问中，曾经简要地指出了"自力更生"与"民主"之间的联系。在他看来，只有解决了中国"民主政治"的问题，才能够增强中国"政治上的抵抗力，才能准备军事力量"。这种民主政治是"自力更生的主要内容"。[23]在抗战的条件下，实现"民主政治"并不一定采用启蒙式的政治教育，而是需要在党的领导下，在对敌斗争的实践过程中来获得。随着抗战逐步走向胜利，比起国民党以政令形式自上而下推动的国家改造，中国共产党这种强调"依靠群众"实现国家救亡的民主政治叙事则显得更加有说服力。这一在斗争中获得的民主经验也成为中共在抗战末期主张成立"联合政府"的重要政治自信。中共之所以能够有信心在统一战线斗争中获得支持，一个重要判断便是"我们依靠人民，自力更生解决问题，而国民党却依靠外援，等待胜利"。[24]

"自力更生"还包含了另一层含义，即在国民经济层面上对工农业现代化的追求与实现自给自足。在解放区发起的大规模生产运动是达到这种自力更生目的的办法之一。另一个手段，则是通过减租减息和劳动互助的方法，提高农业劳动生产效率，提高农民的生产积极性。[25]对国民经济生产自力更生的追求，与政治独立的追求一样，都在无产阶级获得阶级意识与政治自觉的过程中发挥了举足轻重的作用。它构成了中国新民主主义革命中对于国内与国际层面上平等政治理解的重要内涵。

从这个角度出发，再来理解20世纪美国总统威尔逊以"自由贸易"为基础提出的世界平等秩序图景，便显得脆弱不堪。"十四条"（Fourteen Points）所描绘的世界秩序，虽然明确了各国在政治独立意义上的平等权利，以及在这个基础上"平等"参与世界（资本主义）自由贸易的可能，但是我们却发现，这种秩序对第三世界在资本主义世界秩序边缘的不平等地位漠不关心。这种割裂了政治独立与经济自主双重关系的平等，甚至在1945年旧金山联合国成立大会上也有所体现。首先，从制度设计层面，旧金山的联合国成立大会异常突出英国、苏联和美国三强在未来国际关系中的重要作用。这即便是对来自第三世界的政治精英来说，都没有体现出最基本的制度平等关系。新成立的黎巴嫩共和国代表、1948年联合国《人权宣言》的起草人之一、哲学家查尔斯·哈比比·马利克（Charles Habib Malik）回忆，在1945年的大会上，有许多小国的代表发现，整个大会的议程均由英、美、苏三强单方面协商制定。因此，最初联合国被设计成一个预防和处理未来世界冲突的制度平台。而对诸多来自第三世界的国家，特别是拉美国家的代表来说，联合国承载了更为广大的理想化目标。也恰是这些国家的代表，希望将一个超越了国家界限的、普世的人权宣言写进联合国宪章。[26]

与 17 世纪以来西方精英自上而下建构的国际法秩序相比，第三世界国家自下而上对霸权的反抗，以及在国际法层面上对普遍人权的推动，可以说是真正意义上将国际法带出了西方中心主义的窠臼。实际上，在文明论基础上建立起的西方国际法秩序，根植于对文明（civilised）、半文明（semi-civilised）与野蛮（barbaric）的精细区分。其背后是包括人种学与体质人类学等"科学"话语支撑下的文明等级论。[27]这种对"人"的区分也是对权利的界定，是西方"理性的"与"合法的"国际国内秩序中，最根本的不平等。然而，从西方法律的知识话语内部，却无法揭露其"非法"性。也正是在这个认识基础上，一些学者开始尝试跳出西方法律认识论框架，并试图从其"外部"重新理解在当代世界国际法秩序建构的历史进程中第三世界反抗霸权的历史与普遍意义，试图寻找到一种"自下而上的国际法"（international law from below）。[28]透过这个视角，国际法被重新当作是一种殖民的机构，其普世性话语本身也终于受到了批判。[29]

在理解了这个语境之后，我们可以发现，以争取独立和自主为目标的反抗行动，是构成世界新秩序的创世时刻。实际上，从 1945 年 4 月董必武参加联合国成立大会开始，一直到 1971 年 10 月 25 日，联合国大会通过 2758 号决议，"恢复中华人民共和国在联合国组织中的合法权利"为止，这将近三十年的斗争，恰恰是我们理解当代世界秩序与平等政治未来的重要窗口。

在旧金山联合国成立大会召开的前一天，中国共产党召开了第七次全国代表大会。会上，毛泽东作了一个后来题为《论联合政府》的长篇报告，为抗战后的中国政治与世界秩序勾画了一幅较为细致的蓝图。报告中强调，中国人民欢迎各国政府与中国"订立平等新约"。但是，毛泽东同时强调，"平等条约的订立，并不就表示中国在实际上已经取得真正的平等地位。这种实际上的真正的平等地位，绝不能单靠外国政府的给予，主要地应靠中国人民自己努力争取，而努力之道就是把中国在政治上经济上文化上建设成为一个新民主主义的国家，否则便只会有形式上的独立、平等，在实际上是不会有的"。[30] 虽然建立联合政府的问题是中国内部政治与国家统一的问题，之前美国对此问题的斡旋也是将其作为一个国家内部两个政党之间的关系问题。但是，在这份报告中，我们可以清楚地发现，讨论联合政府问题的基础，是一个对平等观念及其政治的再造。

新中国自成立之初，便延续了中共在延安时期对世界秩序的看法，并表达了参与全球平等政治建设的意愿。1949年10月1日，刚刚成立的中华人民共和国中央人民政府外交部部长周恩来向当时还在北京和南京的各国大使馆和公使馆转交了当日发布的中央人民政府公告。公告最后一句话向世界各国政府宣布："凡愿遵守平等、互利及互相尊重领土主权等项原则的任何外国政府，本政府均愿与之建立外交关系。"在随公告一同寄送的公函中，周恩来还强调，"中华人民共和国与世界各国建立正常的外交关系是需要的"。第二天的《人民日报》，全文刊载了公告和公函，同时还配发了一篇题为《不可战胜的人民国家》的社论。社论中强调,"坚决保卫人民国家的利益","恢复与发展现有的生产","发展新民主主义的人民经济与文化教育事业",以将一个"落后的农业国"建设成为一个"文明进步的工业国"。社论指出,为了实现这个目标,需要通过"亲密地团结国际友人""积极参加世界政治事务""增进中国和各国人民的合作",以求"保卫世界的和平"。[31]

在西方国际法与国际关系叙事中,新中国经常被描述为一个规则的破坏者。在美国20世纪50年代的反共宣传中,新中国也被描述为不愿加入联合国、不愿受联合国现代国际秩序束缚的典型。我们可以很容易地发现,这种他者化话语背后的西方中心主义逻辑。倘若我们的批判仅止于此,那么便无法摆脱那种看待新中国乃至整个第三世界在第二次世界大战结束后30年里进行的平等政治实践时的失败主义悲观情绪。

然而,包括新中国在内的第三世界对战后新秩序的参与,应当被看作是一个以超越19世纪霸权秩序为目标的创造性过程,以斗争实践为基础,以自力更生为原则,对世界原有秩序及其平等话语进行创造性再造。如果将联合国视为战后世界秩序重建的标志,那么新中国在成立之后至1971年间就加入联合国这一秩序机构所进行的斗争,则可以被看作是这种对世界新秩序创造性参与的一个绝佳案例。诸如朝鲜战争等在亚非拉地区发生的反帝战争,是第三世界以武装斗争形式对"联合国"内部不平等机制做出的直接抗争。这种斗争并不意味着要将原有战后国际体系全盘推倒，而是希望通过抗争来维护其平等政治精神，并试图改造其内部机制，以期更好地实践战后新世界构想中对国际事务民主化的理想。因此，即便经历过朝鲜战争，毛泽东也未对联合国表示失望，相反，他认为，新中国"不仅要进入联合国大会，而且要进入安全理事会和其他组织"。但前提是需要世界承认"一个中国"，需要"以平等之心待我"。因此，新中国"不着急去加入联合国"，便是一个必要的争取平等的自觉斗争。[32] 在他看来，"美国操纵联合国的多数票和控制世界很多地方的局面只是暂时的"，而通过世界人民的团结努力，这种局面"总有一天要起变化的"。[33] 在这之后，毛泽东也在多个场合批判美国不经联合国便出兵干涉中东地区民族独立运动的问题。在他看来，恰是美国这种对联合国宪章霸权式的践踏，以及第三世界国家对霸权自觉的反抗，为一个新世界的平等秩序创造了可能性。

以斗争保卫平等

第二次世界大战结束之后，联合国成立的基础之一是将战争行为从国家转移到国际社会监管之下。从这个意义上来说，战争不再是国家的自然权利。1945年的《联合国宪章》第51条认为，只有针对侵略行为而进行的"单独或集体自卫"行为，才可被看作一种"自然权利"(inherent right of individual or collective self-defence) 不受禁止 (impair)。而这种战争行为的唯一目的,只可能是"维持或恢复国际和平及安全"(maintain or restore international peace and security)。[34] 这一规定,构成了现代国际法中正义战争理论(Jus Bellum iustum)的重要基础。从拿破仑战争时期开始,随着国际秩序变迁,在欧洲战争法体系中发展出来的正义战争理论便经历了多次演变。从法理上讲,《联合国宪章》中的这一条款,将除自卫之外的一切战争行为划为非法。此外,《联合国宪章》规定,所有成员国在行使"自卫权"后,有责任向安理会通报。然而,这一对于战争行为合法性的模糊定义,不但并未能很好地维持第二次世界大战之后第三世界国家中的和平局面,甚至在面对法国这样作为二战胜利一方的殖民宗主国武装镇压其旧殖民地独立运动时,新成立的联合国却只能在不干涉内政的前提下选择视而不见。

在广大第三世界中,平等秩序并未随着大国协商、联合国成立等一系列自上而下的立法行动而到来。相反,自1945年以来,各种烈度的战争在亚非拉地区此起彼伏。从1945年的中国解放战争和印尼独立战争,到1948年的第一次中东战争,再到1950年的朝鲜战争、1955年开始的越南战争,以及1956年的第二次中东战争,短短十年间,数次大规模局部战争的出现与大国对这类战争的干涉,根本无法在一个"美苏对抗"的框架内以"代理人战争"(proxy war)概而论之。如果仅将这类战争理解为代理人战争,那么这类被视为"争霸"性质的战争甚至还不可避免地对战后世界平等秩序理想形成了挑战。然而,倘若从第三世界反抗的角度出发,重新发现在这类斗争背后的政治诉求，我们便可以发现，恰恰是在这一系列寻求民族独立与反抗新旧霸权的"热战"中，《联合国宪章》中所勾画出的平等规则才在广大的非西方世界得以真正确立。也正是在这类战争中，"正义战争"的内涵才得到充实并获得其普遍性。包括战争在内，一系列自下而上的斗争行动才在真正意义上开启了20世纪普遍的平等秩序实践。

虽然《联合国宪章》规定了除反侵略战争之外的一切战争均为非法，但是这一原则无法界定在国家诞生历程中出现的战争行为，也无法处理在军事同盟庇护下一国对另一国进行的武装干涉。以1950年的朝鲜战争为例，《联合国宪章》中对战争行为的限制实际上并未产生任何效力。相比之下，正在经历革命的中国则提出了"解放战争"的概念。与《联合国宪章》中对于战争行为的自然法式判断不同，中国在使用"解放战争"这一概念的时候，更注重其在实践中的实证主义判断。

1950年6月25日，朝鲜战争爆发。虽然从美苏争霸的角度看，朝鲜与韩国作为战后秩序的既成事实，无疑可以被看作是两个独立的主权国家，然而，从整体的20世纪民族独立与反霸权历史看，毫无疑问，朝鲜战争是一个朝鲜寻求民族统一独立，并且抵抗外国侵略占领的叙事。[35] 就在战争爆发约8小时后，美国驻韩国大使约翰·穆乔向美国国内发回电报，通报战争爆发。由于美国东部与朝鲜半岛有十四小时时差，因此电报送达美国时已是美国东部标准时间晚上

10时26分。此消息由时任国务卿迪安·艾奇逊通报给杜鲁门总统与联合国。6月25日美国东部时间下午2时，联合国安理会召开第473次会议，并通过著名的第82号决议，要求朝鲜军队撤回北纬38度线以北。[36]此决议并未表示需要向联合国成员国寻求军事协助，以帮助朝鲜半岛恢复和平。同日，根据解密后的美国国防部陆军部与驻日美军的电话讨论记录，6月25日早晨国防部的内部讨论中，便已经开始讨论针对朝鲜军事行动的具体操作步骤。电话记录中显示，授权美军远东司令部（CINCFE）向韩国提供军事装备援助，并紧急将美军在韩的所有军事活动划归远东司令部管辖。记录中明确显示，在联合国安理会决议要求成员国干涉朝鲜战争之前，就要做好一切军事干预的准备工作，并立刻将韩国纳入远东司令部海空保护范畴之内。[37]这份记录中透露的另外一个重要信息是，美国驻韩大使穆奇向驻日美军发电要求提供 F-51 战斗机以及炮兵援助。根据驻日美军的回复，战争开始时他们便派第八军向韩国提供了一批榴弹炮及迫击炮弹。这批军火可维持10日，而后续的军火援助则会在这批弹药消耗完之前运抵。

1950年6月26日，美国总统杜鲁门向全国发表讲话，讲话中认定，"远东的情形"是对大韩民国"无缘无故地侵略"（unprovoked aggression）。他同时表示，美国会不遗余力地帮助韩国，在《联合国宪章》的精神下，维护世界和平。[38] 26日晚，杜鲁门在布莱尔国宾馆（Blair House）参加了由国务卿、国防部长及参谋长联席会议成员出席的讨论会。会议作出四项重要军事决定：（1）美国空军与海军力量全面介入协助韩国军队；（2）命令第七舰队戒备，防止中国武力收复台湾；（3）向菲律宾增兵；（4）援助印度支那。[39]而事实上，联合国安理会直到美国东部时间6月27日才通过第83号决议，"建议联合国成员国援助韩国，抵抗武装侵略，重塑国际和平"（Recommends that the Members of the United Nations furnish such assistance to the Republic of Korea）。[40] 而杜鲁门政府针对韩国的军事行动，则在朝鲜战争爆发的当天便开始了。这一系列军事行动，不仅未在联合国安理会法律框架之内，同时也未得到美国国会授权。[41]针对朝鲜问题的军事干预直到1950年7月7日，才由联合国安理会第84号决议正式授权美国。[42]因此，如果按照当时《联合国宪章》对战争行为合法性的规定来看，美军在朝鲜的军事行动并不具有国际法基础。此举同时也对新成立不久的联合国及其所代表的国际法秩序提出了挑战。

在朝鲜战争问题上，除了美国明显违反《联合国宪章》的行为之外，还显露出了一些其他重要情况。新成立的中华人民共和国并不是联合国的成员。在联合国安理会针对朝鲜战争作出的有关决议中，作为后来的重要参战国中华人民共和国的缺席，毫无疑问违背了联合国所代表的以平等协商方式解决国际争端的秩序模式。同时，在对朝鲜战争作出决议的时候，安理会常任理事国苏联也未参加表决。联合国成立初期所面临的这种尴尬情况表明，在第二次世界大战结束之后的冷战初期，新的国际秩序在形成中存在着不确定性。简单地用《联合国宪章》中规定的"正义战争"原则，无法真正解释包括朝鲜战争在内的一系列冷战时期的区域战争对当下国际秩序形成所造成的重要影响。

中国针对朝鲜战争的军事行动，则是建立在对"解放战争"的合法性论证的基础上的。毛泽东1950年12月3日在《人民日报》上刊发的《坚决站在抗美援朝保家卫国的爱国立场上》一文中强调，参与朝鲜战争的根本意义是"爱国"。能够将一场境外战争与爱国相联系，得益于中国革命政治话语中对于反对帝国主义压迫的论述。毛泽东认为，中国革命的意义在于反抗帝国主义、封建主义和官僚买办资本主义。毛泽东强调，这三种力量形成的政治压迫，都不能单纯在民族国家范畴内理解。与斯大林式的大俄罗斯沙文主义立场不同，毛泽东建立在其实践哲学基础上对于矛盾关系的分析，是理解中国革命"世界性"的基础。当代针对朝鲜战争的研究出现了一种新倾向，即希望通过各类解密材料去讨论中国参与战争是出于主动还是被苏联拖入。然而，这类讨论忽略了一个重要事实，即中国在参战之后，立刻提出了一系列政治话语，在对内和对外的表述中，都主动且明确地将朝鲜战争表述为"抗美援朝"，并将其同中国革命历史叙述及国内社会建设结合在一起。在毛泽东看来，朝鲜战场是中国革命中反对帝国主义因素的延伸。两者共同具有反对帝国主义的目标，都是世界性的。因此，志愿军在朝鲜的行动，尤其是对"朝鲜人民"的态度，应当"与我们在国内的看法和做法一样"。这一群众路线，实际上是"胜利的政治基础"。[43]

超越民族中心主义的平等叙事

20世纪50年代的民族独立运动及其战争将美国"钉在桩子上"。[44] 发生在亚非拉国家的民族解放运动之所以能够得到中国的积极支持,与其说是世界革命理论的体现,不如说是中国革命与抗战过程中对反对霸权主义斗争策略认识的结果。同时,反对霸权主义也为发生在全球的"解放战争"提供了合法性的政治话语。直至1960年12月14日,联合国大会正式以1514号决议,从当代国际法的角度,给予了殖民地人民独立运动斗争以合法地位。《世界人权宣言》承认殖民地人民争取自由的行动是一项"基本人权"。这一在当代国际法秩序形成过程中的斗争是在第三世界展开的。然而,这一历史过程却被当代冷战史叙述忽略。

作为广泛的20世纪第三世界反对霸权主义运动的一部分,朝鲜战争的独特性之一是,它第一次将民族独立的对抗与国际主义的团结在实践意义上结合了起来。革命后的中国在政治理想上,试图打破以民族国家利益为中心的现实主义权力政治话语。在1950年中央人民政府委员会第九次会议上针对朝鲜战争问题发表的讲话中,毛泽东明确表示,"中国革命是带有世界性质的"。而"朝鲜战争是第二次教育了世界人民"。[45] 在毛泽东的表述里,这种战争的"教育意义"需要被放在一个更广大的"解放"脉络中理解。一个是发生在中国境内的社会主义革命与解放战争,另一个是跨出国境援助他国的独立战争。两者之间形成的辩证联系则能够帮助我们进一步理解新中国在建设世界平等秩序前提下进行的外交尝试。这种在第三世界国际主义精神下进行的努力，一方面包含了从现实主义政治角度出发，在多方制裁的环境下，寻求突破口，并维护新中国独立地位；另一方面则是以政治行动和政治宣言的形式，勾勒新世界的平等秩序理想。而实现这种平等地位与理想的最大前提则是，主动地、自发地"靠自己的双手去克服困难"，而非期待"观音菩萨"一般，等待那种外来的、自上而下式的"救命"。[46] 这种态度，实际上构成了新中国针对第三世界解放运动态度最核心的一个立场，即通向平等的唯一"道路"是第三世界国家自发进行的、以"独立自主、自力更生"为目标的解放运动。

在"第三世界"这一政治范畴里，针对帝国主义霸权压迫的斗争模式多种多样。同时，霸权主义的表现形式也常有不同。而在传统的以美苏争霸为重心的冷战叙述中，第三世界反对霸权斗争的政治意义无法得到展开。同时，中国革命的意义与20世纪后半叶第三世界国家反霸权斗争的关系也并未得到深入讨论。事实上，第二次世界大战之后美苏对抗的冷战格局的形成，还伴随着欧洲殖民主义世界秩序的消退，以及亚非拉第三世界国家民族独立运动的兴起。在这个过程中，革命建国之后的中国逐渐探索出了一套对第三世界国家反抗运动的政治叙述。

自中国人民志愿军入朝以来，朝鲜战争便一直在反帝的背景下，被看作是中国革命建国政治叙述中的一部分，其目的是以战争的手段与世界帝国主义压迫的现状进行斗争，以谋求和平为结果。反帝的使命在第三世界的斗争中不断展开。在之后对伊拉克革命的支持中，这条反帝斗争的世界性链条则体现得更为明显。这一观点，在新中国1950年代的外交话语中也得到了充分体现。在同尼赫鲁讨论中印关系的谈话中，毛泽东强调，两次世界大战一方面造就了美国的帝国主义，另一方面也使得一批亚洲及非洲国家脱离殖民主义影响，成就了一批以共产主义或民族主义政党领导的国家革命。[47] 在毛泽东看来，由于帝国主义的压力是全球性的，因此，针对这种压迫的反抗斗争也是全球性的。战争本身仅仅是斗争的手段之一。脱离了这个背景去谈论战争的正义性并无意义。朝鲜战争时，美国干涉行为虽然在其法理上违反了《联合国宪章》规定的正义战争原则，然而，其干涉行为却很快获得了联合国决议的背书。这便对《联合国宪章》中对于战争正义性问题的抽象判定提出了挑战。杜鲁门在讲话中强调，美国干涉的基础是由于朝鲜军队的行为是一种侵略（aggression）。因此，援助韩国则是"基于联合国框架下的警察行动"。[48] 针对这种干涉主义倾向，1953年提出的和平共处五项原则，实际上便很快被用来当作一种在世界范畴内与帝国主义干涉政策相对抗的斗争话语。[49]

20世纪50年代中国提出的"独立自主"原则需要被放在两个互相关联的背景中去考察。首先，是中国革命的历史与政治经验，即所谓中国"革命传统"的世界史与政治史意义问题。这其中包含了对于所谓"人民战争"及社会矛盾关系的认识。其次，是从19世纪到20世纪全球秩序变迁中的权力结构与意识形态关系的背景。在这个框架下，我们需要梳理"反帝"及"反殖民"话语在世界不同地区的差异性政治表现。借此，我们才能深入理解20世纪，特别是新中国成立后，政治话语中的"霸权主义"、"帝国主义"、"民族独立"、"解放"以及"社会主义革命"这些关键概念在现代国际政治中的意义。

周恩来在万隆会议上的发言强调亚非拉国家的共同政治基础，主要是这些国家近代以来"曾经受过并且正在受着殖民主义所造成的灾难和痛苦"。在20世纪50年代美苏对抗的政治语境中，中国格外强调对社会制度差异性的认同，而这种认同的基础是一个矛盾关系的判断。这一判断强调，共产主义与民族主义国家政权均是各个国家在反抗殖民主义、帝国主义压迫过程中产生的不同政治回应方式。

除了战争之外，斗争还包括一切谋求民族独立的"解放运动"、"和平运动"以及"正义斗争"。[50] 在这个标准下，不单单是朝鲜战争，包括中国对1956年埃及政府收回苏伊士运河公司行动的支持，都可以被放在这个斗争矛盾关系中去理解。这一系列斗争形式均不以意识形态阵营为标准，而是一个以反帝为目标的、包含了"世界劳动人民"的统一战线。[51] 这一点，在中国针对阿拉伯及非洲国家民族独立运动的立场上有明确表现。在毛泽东1959年会见喀麦隆人民联盟代表的讲话中，他明确表示"非洲当前的任务是反对帝国主义,不是反对资本主义"。在毛泽东看来,发生在亚洲、非洲、拉丁美洲的运动实际上是资产阶级民主革命。因此,其应当被看作是"民族解放运动"而非"社会主义革命"。这种力量被看作是能够支持所有"社会主义国家"的国际力量。[52] 这种民族解放运动是要依靠"自己的力量",并同时要在世界上"找朋友"。在这一点上,也能找到中国革命斗争经验中对于统一战线问题认识的影子。

在毛泽东的政治话语中,"历史环境"是一个讨论政治关系的重要基础。而存在于不同"历史环境"中不断变化的事物矛盾关系,则直接影响现实政治决断。理解"历史环境"及"矛盾关系",并在此基础上理解"什么是人民,什么是敌人",则是政治活动的根本观念。毛泽东认为,这种政治活动中存在两种根本性的矛盾,即"对抗性的矛盾"与"非对抗性的矛盾"。前者发生于"敌我之间",后者则发生在"人民内部"。两种矛盾关系也能互相转换。同时,对于矛盾关系的分析不仅局限于国家内部,也应当延伸到对于国际问题的理解上。所以,人民这一政治范畴也是普遍性的,它灵活地勾勒出了"反帝"这一主要矛盾里的敌我关系。而判定这种敌我关系,赋予人民范畴以灵活性,且不失其道义普遍性的根基则在于对"祖国的前途、人类的理想"之关心。[53]

在这一政治理想基础上展开的反对霸权主义的斗争不能简单地被划分到冷战时期意识形态阵营的范畴内。"阵营"(bloc)一词的使用,在冷战时期的政治话语中是具有战略意义的。在美国战略情报分析文件中,"联合"指代现实政治的共同体。连接这一共同体的基础可以是意识形态,但更重要的是在军事强权防御伞下所覆盖的权力范畴。近年来,颇受一些国内冷战史研究者推崇的是美国国家情报委员会(National Intelligence Council) 2004 年解密的一批分析报告。在这批电子化并在网上公开的材料中,辟有专门的美国国家情报委员会中国问题分析报告。[54] 报告涵盖时间跨度从 1948 年至 1976 年。这部分材料得到中国冷战史研究者的关注最多,并有学者组织中文翻译。以这部分材料为基础的研究,多集中于对中美关系史的讨论。其中,早在档案解密之前的 2003 年,曾在克林顿总统任内担任过白宫国家安全委员会亚洲事务主任的苏葆立(Robert L. Suettinger)便以美国国家情报委员会的材料为基础,出版了一本讨论 1989 年至 2000 年间中美关系的著作。出版机构是华府著名保守派智库布鲁金斯学会(Brookings Institution)。

中国共产党对于"联合"的认识来自于所谓"团结一切可以团结的力量"这一战略思想,但是,在阵营内部之间的关系,仍旧是受到矛盾关系和历史背景制约的。任何一种形式的霸权主义,无论是来自于帝国主义,还是来自于苏联式的大国沙文主义,均是要斗争的对象。毛泽东在 1970 年代成型的"三个世界"理论,将美国与苏联同划归为"第一世界",便是这种对于霸权主义政治问题认识的体现。这一态度,很大程度上基于中国对于世界革命及国际权利关系结构变化的战略性判断,其政治基础是中国革命中诞生的对民族革命与国际主义关系的总结。

平等秩序下的世界和平叙事

新中国在其政治实践过程中,形成了一整套的对于"世界和平"这一世界秩序重要问题的复杂理解。与苏联赫鲁晓夫时期在美苏战略平衡角度上所提出的"三和路线"不同,新中国在平等秩序框架下所推动的和平运动,其前提是在国际范围内、以大国与小国之间的平等为目标的和平秩序。因此,那种在以霸权为前提的两极体系中出现的"缓和"状态(Détente),绝非是新中国所希望看到的新世界秩序。新中国对"和平"的理解,需要从其对战争,特别是广大第三世界独立解放进程中出现的战争的态度中去探求。

1960年6月21日,日本反战作家野间宏带领的一支日本民间文学家代表团在上海受到了毛泽东和周恩来的接见。会面时讨论的一个重要话题是1960年1月19日在华盛顿签订的《美日安保条约》(Treaty of Mutual Cooperation and Security between the United States and Japan)。条约规定,若在日本管制领土上出现军事攻击,美日双方则将相互协助。并且,"美利坚合众国的陆军、空军和海军被允许使用日本的设施和地区"。[55] 条约草签之后,日本国内哗然,在左派反对党带领下的抗议运动此起彼伏。毛泽东在会见时,将这场抗议运动表述为一场"要求民族独立和民主"的反帝运动,对"中国人民和世界人民反对美帝国主义侵略,维护世界和平的斗争"有重大贡献。[56] 在随后新华社发表的新闻通讯稿中，毛泽东还特别加写了一段，将在抗议运动中牺牲的东京大学学生桦美智子称为"日本民族英雄"。[57]

在这次会见时，毛泽东谈到对抗日战争的认识问题。他提到，"假如日本不占领大半个中国，中国人民不会觉醒起来"。因此在这一点上，"我们要'感谢'日本'皇军'。"[58] 这种对战争的表述与先前毛泽东提出朝鲜战争对世界人民具有"教育意义"这一表述异曲同工，体现了战争在第三世界人民"争取和平"的历史进程中所扮演的政治调动与整合作用。然而，这一表述，后来被许多人断章取义地用来描述抗日战争的历史，将一场超越了宗派、民族、党派甚至国界的反法西斯战争，简单化为一场党派斗争的附属品。而在这场战争中具有重要战略与政治价值的"抗日民族统一战线"，则在这种历史虚无主义与庸俗实用主义的视野下，沦落成为一种党争的工具。

但是，如果我们将毛泽东对抗日战争的这一表述放在支持日本人民反抗《美日安保条约》的背景下来看，便能发现其背后所体现出的对世界政治格局的判断，以及在此基础上建立起的国际主义理想。这一政治理想的基础来源于一种在民族解放运动进程中产生的对"民族"（nation）概念的全新理解，也基于毛泽东对于战争与和平关系的辩证叙述。这在毛泽东1938年的《论持久战》中，便有明确表述。在他看来："占着五万万以上人口的中日两国之间的战争，在这个战争中将占着重要的地位，中华民族的解放将从这个战争中

98 新世界

得来。将来的被解放了的新中国，是和将来的被解放了的新世界不能分离的。因此，我们的抗日战争包含着为争取永久和平而战的性质。"

从1938年的《论持久战》中对中国解放与新世界秩序关系的表述，到1960年"感谢"日本入侵对唤醒中国人民的作用，我们实际上可以看到一种在中国革命进程中形成并连续发展的国际主义以及永久和平的政治理想。这种政治理想超越了欧洲历史背景下形成的"民族主义"以及康德式的"自由和平"（liberal peace）观念，也作出了完全不同于西方战争法体系下对"正义战争"的理解。其在承认了由于社会经济发展阶段不同而形成民族差异的基础上，希望通过个体、阶级、民族、国家之间辩证法式的互动（用毛泽东的话来说，便是"斗争"）来达到一种最终的解放。理解这种复杂的关系，需要将"抗日战争"放在一个更广阔的中国革命历史现场中去进一步理解。毛泽东一直强调，中国革命这场民族解放运动，与世界革命是密不可分的。它一方面受到世界革命导致的政治变动影响；另一方面也作为世界人民解放运动的有机组成部分，直接推动了世界革命的发展。脱离了世界人民解放这一政治理想，便无法谈论民族解放运动。这种对战争行为正义性的判断，超越了简单的主权国家范畴，将战争行为看作是一种斗争的形式，其历史意义与其反压迫的政治性质密切相关。在毛泽东看来，"正义战争"必须建立在反帝国主义、反压迫的平等目标上。从战争中得到的"解放"是和平的基础，并且，这种在一个民族内进行的解放运动，也必须同世界范围内的解放运动相联系。这种在各个"民族"内自生的解放运动是世界人民解放的基础。

同时，这种解放运动无法遵循一种统一的模式指导，自上而下地展开，而只能在承认了民族内部社会经济发展阶段差异的基础上，自下而上地进行。并且，民族解放运动的斗争形式也是随着斗争本身而不断变化的。在1937年抗日民族统一战线形成之前，毛泽东便强调，1924—1927年的民主革命任务并未成功，因此1927年之后的革命仍具有资产阶级民主主义革命性质，其主要任务仍旧是"反帝反封建"。而随着日本帝国主义对中国的军事入侵，在中国内部对"帝国主义"这种压迫性秩序的斗争已经发生了现实变化。其重要的表现便是，撕裂了民族资产阶级，使之分裂为反对日本侵略与向日本侵略投降的两个阵营。这一变化，也进一步改变了中国内部各个阶级之间的关系，使得联合中国民族资产阶级的抗日民族统一战线成为可能。这一统一战线，不仅包括了各个阶级的联合，还包含了中国境内各个少数民族的联合，以及来自"国际人民的援助"。[59] 毛泽东强调，也正是在这种广泛的互助联合下，才真正体现出反压迫战争本身的正义性质。在这个意义上，无论是在抗日战争时期苏联对中国人民反抗"日本帝国主义"的支持，还是在1960年新中国对日本人民反抗"美国帝国主义"的支持，都必须在一个更加普遍的世界解放运动脉络下理解。由抗日战争带来的中国人民的联合，以及由支持世界各国人民解放运动而形成的"世界人民大团结"，都是在这种反抗压迫的政治运动中才得以产生的。

注　释

〔1〕 Bryton Barron, ed., *Foreign Relations of the United States: Diplomatic Papers, Conferences at Malta and Yalta*, Washington: United States Government Printing Office, 1955, p. 972.

〔2〕 Dan Plesch, "How the United Nations Beat Hitler and Prepared the Peace", *Global Society* 22, no. 1 (January 2008): 137-158.

〔3〕 Mark Mazower, *Governing the World: The History of an Idea*, London: Allen Lane, 2012, pp. 194-207.

〔4〕 Our Own Correspondent. "France And Collective Security", *Times* (London, England) 17 March 1945: 3.

〔5〕 Our Own Correspondent. "Arab League in Session", *Times* (London, England) 5 June 1945: 4.

〔6〕 Our Own Correspondent. "French Case in The Levant", *Times* (London, England) 23 May 1945: 3.

〔7〕 Our Own Correspondent. "French View of Trusteeship", *Times* (London, England) 7 April 1945: 3.

〔8〕 艾赫迈德·本·梅沙阿里（Ahmed Ben Messali, 1898—1974）是阿尔及利亚民族主义政治家。梅沙阿里本人是逊尼派穆斯林。在20世纪初期建立起了"北非之星"（the Étoile Nord-Africaine）运动。一般认为，该组织可以被看作是阿尔及利亚民族解放阵线（Front de Libération Nationale）的前身。1937年，北非之星运动改组为阿尔及利亚人民党（Parti du peuple algérien）。作为一个要求民族独立的民族主义政党，阿尔及利亚人民党被法国殖民政府定义为非法组织。在整个第二次世界大战期间，该党一直作为一个秘密组织在地下活动，其行动目标也从反法转变为了反德反纳粹。关于阿尔及利亚民族主义运动及其与法国在阿尔及利亚的法西斯极右翼力量之间的冲突，参见 Samuel Kalman, *French Colonial Fascism, the Extreme Right in Algeria*, 1919-1939, New York: Palgrave Macmillan, 2013, pp. 55-81。

〔9〕 Martin Evans, *Algeria, France's Undeclared War*, Oxford: Oxford University Press, 2012, pp. 85-88.

〔10〕 Martin Evans, *Algeria, France's Undeclared War*, Oxford: Oxford University Press, 2012, p. 89.

〔11〕 关于在第二次世界大战之后阿尔及利亚以捍卫"殖民者主权"为名而出现的草根组织,这类组织一直到阿尔及利亚独立战争时期都在对抗阿拉伯独立运动的武装斗争中发挥着重要作用。参见 Sung-Eun Choi, *Decolonization and the French of Algeria, Bringing the Settler Colony Home*, New York: Palgrave Macmillan, 2016, pp. 39-45。

〔12〕 1944 年 9 月 15 日,国民参政会第三届第三次大会林伯渠的报告里正式提出了中共要求建立"民主的联合政府"的主张。

〔13〕 Elliott Roosevelt, *As He Saw It*, New York: Duell, Sloan and Pearce, 1946, pp. 249-250.

〔14〕 "The Ambassador in China (Gauss) to the Secretary of State", E. Ralph Perkins et al., eds., *Foreign Relations of the United States: Diplomatic Papers*, 1944 *China*, vol. VI, Washington: United States Government Printing Office, 1967, pp. 116-117.

〔15〕 John Stewart Service, *Lost Chance in China: The World War Ii Despatches of John S. Service*, New York: Random House, 1974.

〔16〕 中央档案馆编:《中共中央文件选集》(第 14 卷),中共中央党校出版社 1992 年版,第 328 页。

〔17〕 "The Ambassador in China (Gauss) to the Secretary of State (Chungking, September 8, 1944)", in Perkins et al., *Foreign Relations of the United States: Diplomatic Papers*, 1944 *China*, p. 560.

〔18〕 Ibid., p. 561.

〔19〕 中共中央文献研究室编撰:《周恩来年谱,1898—1949》,中央文献出版社、人民出版社 1998 年版,第 591 页。

〔20〕 毛泽东:《在陕甘宁边区参议会的演说》(1941 年 11 月 6 日)、《论联合政府》(1945 年 4 月 24 日),载《毛泽东选集》(第 3 卷),人民出版社 1991 年版,第 807—810 页、第 1046 页。

〔21〕 毛泽东:《新民主主义论》(1940 年 1 月),载《毛泽东选集》(第 2 卷),第 666—672 页。

〔22〕 毛泽东:《论政策》(1940 年 12 月 25 日),载《毛泽东选集》(第 2 卷),第 765 页。

〔23〕毛泽东:《和中央社、扫荡报、新民报三记者的谈话》(1939年9月16日),载《毛泽东选集》(第2卷),第588页。

〔24〕中共中央文献研究室编撰:《周恩来年谱,1898—1949》,第599页。

〔25〕毛泽东:《必须学会做经济工作》(1945年1月10日),载《毛泽东选集》(第3卷),第1016页。

〔26〕Mary Ann Glendon, "The Forgotten Crucible: The Latin American Influence on the Universal Human Rights Idea", *Harvard Human Rights Journal* 16 (2003): 27-39.

〔27〕关于这一问题在西方内部的知识脉络,可以参见刘禾:《国际法的思想谱系:从文野之分到全球统治》,载刘禾主编:《世界秩序与文明等级——全球史研究的新路径》,生活·读书·新知三联书店2016年版,第43—100页。

〔28〕B. Rajagopal, *International Law from Below: Development, Social Movements, and Third World Resistance*, Cambridge: Cambridge University Press, 2003.

〔29〕例如: Sundhya Pahuja, *Decolonising International Law: Development, Economic Growth and the Politics of Universality*, Cambridge: Cambridge University Press, 2011。

〔30〕毛泽东:《论联合政府》(1945年4月24日),载《毛泽东选集》(第3卷),第1086页。

〔31〕《社论:不可战胜的人民国家》,载《人民日报》1949年10月2日,第1版。

〔32〕中共中央文献研究室编:《毛泽东年谱,1949—1976》(第3卷),中央文献出版社2013年版,第5页。

〔33〕同上,第151页。

〔34〕"Charter of the United Nations: Chapter VII: Action with Respect to Threats to the Peace, Breaches of the Peace and Acts of Aggression", https://www.un.org/en/documents/charter/chapter7.shtml.

〔35〕布鲁斯·康明思(Bruce Commings)将这场战争视为一个日美先后两场殖民的后果。在其《朝鲜战争:一段历史》一书中,康明思很详细地描述了从1945年开始,美国在北纬38度线以南进行的旨在培植亲美政府的一系列文化、军事与政治工作。本质上这与旧殖民帝国的殖民化

统治毫无差别。参见 Bruce Cumings, *The Korean War: A History*, New York: Modern Library, 2010, pp. 121-160。

〔36〕 UN Security Council, *Resolution* 82 (1950) *of 25 June* 1950, 25 June 1950, S/RES/82 (1950), available at: http://www.refworld.org/docid/3b00f15960.html. 决议原件影印本可以参见 http://www.trumanlibrary.org/whistlestop/study_collections/korea/large/documents/pdfs/ki-17-4.pdf#zoom=100。

〔37〕 解密文档参见 http://www.trumanlibrary.org/whistlestop/study_collections/korea/large/documents/pdfs/ki-21-12.pdf#zoom=100。

〔38〕 Harry S. Truman, "Statement by the President on the Violation of the 38th Parallel in Korea", June 26, 1950. Online by Gerhard Peters and John T. Woolley, *The American Presidency Project*, http://www.presidency.ucsb.edu/ws/?pid=13537.

〔39〕 会议讨论记录稿原件参见 http://www.trumanlibrary.org/whistlestop/study_collections/korea/large/documents/pdfs/ki-2-2.pdf#zoom=100。

〔40〕 决议原文见 http://www.refworld.org/cgi-bin/texis/vtx/rwmain?page=search&docid=3b00f20a2c&skip=0&query=resolution%2083&coi=KOR。

〔41〕 Louis Fisher, "The Korean War: On What Legal Basis did Truman Act?", *American Journal of International Law*, vol. 89: 21, 21-39, January, 1995.

〔42〕 UN Security Council, *Resolution* 84 (1950) *of 7 July* 1950, 7 July 1950, S/RES/84 (1950), available at: http://www.refworld.org/docid/3b00f1e85c.html.

〔43〕 毛泽东:《志愿军要爱护朝鲜的一山一水一草一木》,载中共中央文献研究室编:《毛泽东文集》(第6卷),人民出版社1993—1999年版,第130页。

〔44〕《同拉丁美洲一些国家共产党领导人的谈话》,载《毛泽东文集》(第8卷)。

〔45〕 毛泽东:《朝鲜战局和我们的方针》,载《毛泽东文集》(第6卷),第92—94页。

〔46〕 毛泽东:《朝鲜战局和我们的方针》,载《毛泽东文集》(第6卷),第92页。

〔47〕毛泽东:《同印度总理尼赫鲁的四次谈话》,载《毛泽东文集》(第6卷),第361—373页。

〔48〕Harry S. Truman, "The President's News Conference", June 29, 1950. Online by Gerhard Peters and John T. Woolley, *The American Presidency Project*, http://www.presidency.ucsb.edu/ws/?pid=13544.

〔49〕毛泽东:《在苏联最高苏维埃庆祝十月革命四十周年上的讲话》,载《毛泽东文集》(第7卷),第312—320页。

〔50〕毛泽东:《中国共产党第八次全国代表大会开幕词》,载《毛泽东文集》(第7卷),第114—118页

〔51〕毛泽东:《同拉丁美洲一些国家共产党领导人的谈话》,载《毛泽东文集》(第8卷),第16—25页。

〔52〕毛泽东:《非洲当前的任务是反对帝国主义,不是反对资本主义》,载《毛泽东文集》(第8卷),第7—8页。

〔53〕毛泽东:《关于正确处理人民内部矛盾的问题》,载《毛泽东文集》(第7卷),第204—244页。

〔54〕NIC China Collection: http://www.foia.cia.gov/collection/china-collection.

〔55〕Article VI, "Treaty of Mutual Cooperation and Security between Japan and the United States of America", Database of Japanese Politics and International Relations, Institute of Oriental Culture, University of Tokyo, http://www.ioc.u-tokyo.ac.jp/~worldjpn/documents/texts/docs/19600119.T1E.html. 英文原文为: For the purpose of contributing to the security of Japan and the maintenance of international peace and security in the Far East, the United States of America is granted the use by its land, air and naval forces of facilities and areas in Japan.

〔56〕《毛主席在接见日本文学家代表团时的重要谈话》,载《人民日报》1960年6月25日,第1版。

〔57〕中共中央文献研究室编:《毛泽东年谱,1949—1976》(第4卷),中央文献出版社2013年版,第425页。

〔58〕毛泽东:《美帝国主义是中日两国人民的共同敌人》,载中共中央文献研究室编:《毛泽东外交文选》,中央文献出版社1994年版,第438页。

〔59〕毛泽东:《论反对日本帝国主义的策略》(1935年)。

第三章
再造民族

国家不分大小强弱,在国际关系中都应该享有平等的权利,……所有附属国人民都应该享有民族自决的权利……各族人民不分种族和肤色都应该享有基本人权……但是,我们不能不注意到,对突尼斯、摩洛哥、阿尔及利亚和其他争取独立的附属国人民的暴力镇压还没有停止;在南非联邦和其他地区进行着的种族歧视和种族迫害还没有制止;巴勒斯坦的阿拉伯难民问题还没有解决……反对种族歧视,要求基本人权,反对殖民主义,要求民族独立,坚决维护自己国家的主权和领土完整,已经是觉醒了的亚非国家和人民的共同要求。

——周恩来《在亚非会议全体会议上的发言》

周恩来在万隆会议的两次正式发言中,均特别涉及了新中国以少数民族自治以及保障宗教信仰自由形式进行的国内平等政治实践。以此,周恩来希望向广大亚非国家,特别是中国周边以及信仰伊斯兰教的阿拉伯国家表示,新中国在外交行动方面也将会履行这种在国内革命实践中总结出来的平等政治模式。在周恩来的表述里,这种来自亚非国家争取平等政治权利的斗争,为第二次世界大战之后国际法秩序中广泛讨论的"基本人权"提供了实质性内容。作为新中国对新世界平等秩序的构想,这一对战后新世界秩序的想象建立在两个相互包容的命题上。一是国家与国家之间在国际秩序中的"平等的权利"。而确立国家本身是否正义的条件之一,则是其人民能否"享有民族自决的权利"。这两个命题触及的一个关键概念则是对"民族"的理解。在讨论"民族"及其相关问题时,大多数论者或有意或无意地将"民族"作为一个独立的认同单位,而忽略了民族作为一个政治概念是需要被放在一个"国-民/社会-个人关系"的经典框架中去理解的。换言之,在"民族身份认同"这一具有迷惑性的大标签下面,无法掩盖的是社会问题的矛盾与复杂性。在20世纪80年代的世界秩序中,民族主义又在民族这一"想象的共同体"(imagined communities)中复兴,并越来越多地开始展现其阴暗的、狭隘的排外主义倾向。这种世界主义情结在民族主义政治话语与实践中的退潮,以及随之而来的世界的碎片化,则更应被当作一个全球性问题来考察。

然而,今天理论讨论的发展却远远未能跟上在中国革命实践中对"民族自治"问题的探索。今天对民族问题的理解,从理论上并未真正超出19世纪以来在欧洲形成的当代西方民族主义框架。一般认为,这种建立在欧洲历史经验基础上的"民族国家",政治实践上来源于威斯特伐利亚体系里在基督教国家间确立的国家主权。然而,在这个叙事中,另一个容易被忽略的背景是,这一确权行动赋予了新教国家与天主教国家之间的平等权利。在欧洲17世纪历史中发展起来的主权观念，本质上是一种土地产权私有化观念的延伸。王权与教权之间冲突的一个重要问题便是对土地所有权的界定。强调同种同源的"原住民"对一块土地的专属权利，是这种现代欧洲民族国家主权观念的基础。国家主权的建立意味着与普遍教权的分离。在今天民族主义的叙述框架内，这种法律意义上的排他性主权，被作为"民族国家"的重要属性，并进而将世界打碎，成为"天然的碎片化空间"（inherently fragmented space）的集合。[1] 通过凯杜里的分析我们发现，18世纪末欧洲现代民族国家中建立起的真正世俗化的主权身份认同与康德和后康德主义内对于个人"自由意志"的理论发展密不可分。[2] 通过对法国大革命的思考，康德将大革命时期罗伯斯庇尔式的残忍政治实践理解为通向理性成熟的必然状态。因为，理性只能诞生于自由的个人基础上。在个人道德自律（autonomy）基础上产生的理性自决（self-determination）是一切自由的基础，而在自由基础上形成的自治政府（self-government）则是一种更为优越的政治发展走向。

然而，凯杜里进一步表明，"民族国家"这种政治组织原则的普遍性都值得怀疑。在他看来，世界上绝大多数地区的历史表明，多"民族"的帝国才是更普遍的政治组织形式。将"国家"与"民族"混为一谈仅仅是欧洲历史的独特产物，是欧洲国家在交往与冲突中形成的一种内部的普遍性"国际法"（ius gentium）原则。[3] 然而，这种普遍性原则的局限性被那种强大的启蒙主义理性逻辑掩盖了。而随着欧洲/西方在殖民帝国主义贸易的全球扩张，这种在欧洲历史内部形成的国家法普遍性原则，特别是其背后赖以立足的对"国家"本身组织形式原则的理解，则不可避免地受到来自非西方地区历史与现实经验的挑战。从这个角度看，西方世界解释世界秩序的普遍主义理论本身也在这种现实的尴尬中不得不进行自我批判。凯杜里对欧内斯·勒南（Ernest Renan）的讨论对我们理解西方在面临外部世界时的这种理论尴尬及其应对方式是有启发意义的。

随着19世纪殖民帝国主义的扩张，欧洲的普遍主义世界观面临一个重要的新问题，即在世界本身的多样性面前，解释世界的理论开始变得不那么完美。凯杜里指出，当勒南使用一系列在欧洲社会历史语境下发展起来的区分民族的各种不同标准去理解欧洲之外的世界时，无法真正处理普遍存在的多样性。[4] 勒南发现，宗教、语言、人种等种种客观条件，都不足以用来解释"民族"这一认同集体的存在。因此，在其于1882年索邦大学发表的著名演讲《什么是民族》（Qu'est-ce Qu'une Nation?）中，勒南最终只能将这种普遍的多样性诉诸"自由意志"的结果。在他看来，民族（nation）归根结底是一种"道德良知"（conscience morale）。[5] 凯杜里对民族主义的思想史进行梳理，为我们揭示了其背后深刻的康德主义起源。这种在欧洲/西方历史与政治语境下的民族主义，虽然作为一种社会组织话语，其逻辑动力却基于个人主义。在佩里·安德森对国际主义观念的简要思想史考察中我们发现，欧洲建立在民族基础上对国际和平秩序的想象，同样也生长于这种康德的理性主义中。佩里·安德森指出，在 18 世纪诞生的现代民族主义情感，带有浓重的宗教反叛色彩。它勾勒出了一种在理性基础上建立起的、旨在对抗暴君与迷信的社会组织形式。[6]

然而，这种仅仅反映了欧洲历史特殊性的民族国家秩序观能否真正在世界范围内不加修正地获得普遍性呢？事实上，作为一个在 20 世纪 20 年代巴格达出生的犹太人，凯杜里对现代欧洲殖民主义在中东世界扩张后造成的危害感触极深。在他的分析中，欧洲在维也纳和会后建立的权力平衡以欧洲式的民族国家主权为基础，而这种秩序在遇到奥斯曼土耳其帝国时便明显失效。在凯杜里看来，20 世纪初分裂奥斯曼帝国的赛克斯-皮科协议（Sykes-Picot Agreement）实际上是英国政府在终于意识到奥斯曼帝国崩溃不可避免的前提下，为了避免欧洲出现更大冲突而做出的一个仓促决定。[7] 这种为了维护欧洲内部秩序而将欧洲民族主义建国原则强加给欧洲之外国家的举动，直接导致了今天阿拉伯世界的碎片化混乱局面。凯杜里认为，一个统一的、从中东历史中自然生长起来的帝国式政府，显然要比欧洲人在 19 世纪末出于私欲介入后，草草留给中东世界的民族国家秩序合理得多。[8]

这种碎片化的现代世界秩序同时也伴随着一场轰轰烈烈的"民族觉醒"（national awakening）现象。在这一过程中，大量历史作为民族国家的建国神话被重新书写，习俗、文化等作为这种倒叙式民族历史的必需品，也被编到这一套民族国家历史叙述中去，而成为同样具有排他性的"被发明的传统"（invented traditions）。[9]同时，民族主义作为一种政治"理论"，实际上其理论发展是追随着欧洲政治实践而变化成型的，在这个基础上形成的"民族国家"更是在第三世界国家的独立运动过程中成为今天世界格局的基本组成单位。[10]这种民族主义与现代主权国家之间的辩证联系，乃至在这一过程中相互勾连的历史叙述以及文化建构问题，在20世纪80年代末霍布斯鲍姆（Eric Hobsbawm）、盖尔纳（Ernest Gellner）、本尼迪克特·安德森（Benedict Anderson）、安东尼·史密斯（Anthony Smith）和迈克尔·曼（Michael Mann）等人的研究中已有深入讨论。然而，同样的工作并未真正在中国的历史语境下，特别是从帝制走向共和，从"天下"转向"世界"这一政治现场下得以展开。

在今天对民族问题的讨论中，一个核心的关注点都集中在对于平等问题的讨论上。作为一种理论和政策出现的民族区域自治，从其1947年在中国正式诞生之初，目的便是希望认可中国内部多样的社会文化发展阶段和生产方式差异，并在此现实基础上，意图建设一个中华民族内部的"命运共同体"。不少学者已经从思想史角度对影响中国的欧洲民族主义理论、苏联民族理论进行了很好的梳理。从中国学术史传统出发，关于"华夷之辩"的著作也汗牛充栋。然而，在中国革命发展与国际主义追求的关系中去重新理解中华民族、理解民族区域自治政策的观点则鲜有讨论。正如对于传统中国"华夷之辩"的理解离不开对具有普遍意义的"天下"观的叙述，对于经由革命建国的新中国来说，其"中华民族"观念的构成，不但与其"反帝反封建"的对抗性革命任务相关，也与其建设性的国际主义普遍关怀密切相连。而只有在20世纪中国与世界不断变化的政治现场中，我们才能真正认识到"民族区域自治"政策作为一个产生于中国革命这一特殊历史进程中的事件，其背后所蕴含的普遍性价值。

此外，从民族学、人类学、思想史角度出发对"民族区域自治"以及"民族"观念形成问题的讨论，皆未深入阐发一个重要的事实，即从法理角度讨论"帝国"与"共和"政体之间对原有疆域内"五族"及其"疆域"的继承关系，以及在一场由"旧民主主义革命"到"新民主主义革命"的延续性政治实践中，从中华民国的"五族共和"到中华人民共和国的"民族区域自治"这一制度变迁的确立过程。自19世纪以来，无论是改良派还是革命派知识分子，在他们的政治思考中，对于"民"与"国"之间关系的反思都占据着关键性的地位，[11] 而也正是在新旧民主主义革命的政治实践过程中，"人民"作为主权主体的地位才真正落实。在革命政治实践中，"自治"作为政治手段，在不同历史时期将具有独特性的"地方"和"民族"，通过一个个统一的政治目标（反对帝国主义、反对封建主义、反对官僚资本主义），纳入了"旧邦新造"的历史互动中。在这一过程中，"平等"的内涵与外延，也通过这种互动得到了发展，并进一步成为新中国法统与治理的基础。原本在《中华民国临时约法》中面目模糊的"人民",以及"人民"与"共和"之间的制度性关联,也通过这半个世纪的反抗政治实践,落实为《中国人民政治协商会议共同纲领》中规定的"人民民主专政的共和国"与"中国人民"之间那种明确的主权和主权者的关系。[12]

自治实验与国家整合

现有对民族及其自治问题的讨论,一般遵循着经典的思想史研究路数,试图梳理出一条知识分子论述中的概念沿革谱系。或寻找"民族"概念在辛亥前后作为一个外来观念,在中国的发生与发展;[13] 或试图找到传统中国天下体系中的"夷夏之辨"与近代(西方)"民族"观念之间的对应关系。在此基础上再从制度史角度出发,去理解"区域自治"在中国近代治理术脉络中的嬗变及其问题。更有如近些年颇为兴盛的美国"新清史"学派学者,跳过"民族"概念本身作为一个晚近创造物的特性,设定了一个中国历史观中的"中原中心主义",并将作为地理概念的"中原"等同于作为近代种族观念的"汉族",构建起了一整套"汉族政权"与"非汉族(满族)政权"、"汉文化"与"非汉族(满族)文化"之间勾连互动的"多元性"帝国历史与中国"殖民史"。[14] 在这一逻辑下,新清史学者出现了西方中心主义与年代倒错的问题。他们按照今天西方学术话语中的"常识",预设了"文化"、"民族"以及"国家"这些核心概念的内涵与外延，并以此来重新理解一个实际上从法理上与欧洲/美国截然不同的中华帝国。

正如《威斯特法利亚合约》所搭建的主权国家体系在欧洲内部也是一种在持续自我发展与建构的秩序一样[15]，亚洲内部以"天下"观念为基础的秩序也随着视野的扩展以及政治环境的变迁而不断变化。[16] 正是在这种互动的过程中，特别是与内亚地区及周边包括俄罗斯帝国以及后来英帝国（旁遮普殖民地）的复杂政治博弈中，清朝开始在新的世界格局下，在维护自身地理边界的动态中，形成了其对边疆地区的新型治理模式。清政府及知识分子对于边疆问题的认识，是伴随着其后期此起彼伏的边疆危机而不断变化的。19世纪中后期，特别是克里米亚战争之后，随着殖民主义帝国扩张及贸易权争夺而日益加剧的清朝陆上边疆危机，连同海疆及腹地受到的压力，对清朝的政权构成了一种极为复杂的结构性挑战。此种挑战超出了来自帝国西北部边塞游牧部族对中华帝国治理的威胁，更对中国政治传统中用以理解世界关系及其秩序逻辑的"天下"观念产生了冲击。作为一种普遍主义话语的"天下"观，随着这种政治危机不断加剧，开始渐渐丧失其唯一性。越来越多的清朝知识分子以及有处理"夷务"经验的官僚开始意识到，描述世界的普遍性话语实际上具有多样性。

随着国际法翻译的开展，那种在欧洲政治传统中形成的"国家大家庭"（family of nations）秩序及其背后所承载的对于国家组织方式、国家治理模式、法律秩序、法理基础、国际关系规范等一系列的叙述也开始逐步进入中国知识体系，并产生政治效用。最典型的事例之一便是，在清朝后期左宗棠、王文韶、李鸿章、文祥等大臣对于"海防"与"塞防"的战略讨论中，清朝开始从政治上意识到边疆领土与腹地之间的互联互通关系，并按照近代民族国家领土观念重新制定对沿海及内陆边疆地区的管理方式。[17] 随着1884年新疆建省，1885年台湾建省，清朝在这种逐渐形成的、以民族国家主权为基础的新国际法世界秩序下，为后来的共和政体，进一步确立了一个包含22个省的疆域。

晚清时期伴随着这种天下观普遍性地位动荡的是对"天下""国家""民族""国民"等一系列观念内涵及其关系的重新论辩甚至改造。在这个基础上产生的对"自治"问题的讨论，实际上强调的是一种代议制宪政体系下的新型国-民关系，以及对"民"的政治觉悟的要求。在梁启超看来，这种关系是这样的逻辑链条：

> 国者何？积民而成也。国政者何？民自治其事也。爱国者何？民自爱其身也。故民权兴则国权立，民权灭则国权亡。为君相者而务压民之权，是之谓自弃其国；为民者而不务各伸其权，是之谓自弃其身。故言爱国必自兴民权起。[18]

对于晚清立宪派来说，政治改革的基本目的在于"团结民心，保存邦本"。[19] 这种落在个体上的"自治"，其根本目的是为了培养"民权"意识,在新的世界秩序环境下,创造一种政治自觉的爱国国民,并进而构成一个具有现代政治意义的"国"。"自治"可以使"每府每州每县每乡每埠,各合其力以办本府本州本县本乡本埠所应办之事是也"。其与"中央集权"(即"一国之有政府,综揽国之大事,整齐而划一之是也")之间相辅相成,"如车之两轮,鸟之双翼,缺一不可"。[20] 在这种形式上的地方"自治"与中央"集权"互补关系的基础上,梁启超还通过阐发伯伦知理(Bluntchli Johann Caspar)的国家论提出,"中国号称有国,而国之形体不具"。[21] 他认为,这是由于中国目前缺少"有机之统一"与"有力之秩序"。而达到"有机之统一"的重要途径则是要"铸部民使成国民"。[22] 这可以说是对他在《爱国论》中表达的对"民自治其事"的进一步阐述。梁启超认为,国家作为一种"有机体",其前提已不是单纯的"积人而成",而需要有政治的意志。而只有脱离了"部民"状态,具有了政治自觉的"国民",才能真正承担"建国"的任务。这种"自治"是作为一种"有机"的政治行动,其目标不是在泛滥时髦的"自由平等之语"的幌子下成立"旋集旋散"的团体。在他看来,这种卢梭式的契约思想混淆了"国民"(一定不动之全体)与"社会"(变动不居之集合体)。前者是一个集合概念,是在一种有机统一之后形成的有力秩序,是一种"法权统属";而后者进退自如,只不过是"私人之结集"而已。

这种通过"自治"来培养民众政治意识与参政意志的方

式，在一些清末立宪派官员看来，甚至可以被当作维护国体治权的方法之一。1908年2月两江总督端方和江苏巡抚陈启泰在针对进行地方自治问题的奏折中表示，立宪改革是世界大势所趋，其基础则是地方自治。他们认为，通过地方自治，改变传统中国中央集权式的"官治"，在地方设立资政院等代议制机构，自上而下地培养地方政治人才，以期为中央政府设立议院做准备，实现欧美国家式的"自治"。[23] 事实上，在清末立宪背景下出现的"地方自治"概念，基本可以被视为对欧洲及日本19世纪以来，资产阶级参政诉求下产生的代议制度的模仿。这种"自治"的观念，可以对应英语中的"local governance"，或者更为确切的是行政意义上的"Borough"（有议员推选权的最小行政区）概念。这种"自治"实际上是试图在原有的中央与地方各级行政单位之间的上下级管辖关系中，加入一定的代议制机制。

我们可以从当时报刊及奏折中对于"自治"问题的议论中进一步理解这一观念的内涵。1907年《天津日日新闻》刊载了对于英国、法国、普鲁士、日本"地方自治"政策的考察。其中英国部分便重点分析了1888年的《地方政府法》（1888 Local Government Act）。[24] 这一建立在1835年《市议会组织法》（1835 Municipal Corporations Act）基础上的法律，正式确立了英国郡（county）一级政府的行政设置，并通过自治市议会（Metropolitan Borough Councils）取代了原有教区委员会。经由地方选民推选产生的地方长官，被授予管理公共事务、建设公共设施的基本责任。对于清政府来说，"自治"

完全是用来弥补"官治"之不足的手段，两者并行不悖。在针对清廷《地方自治章程》的奏稿中，清廷宪政编查馆明确表示，"自治之事渊源于国权……自治规约，不得抵牾国家之法律，……自治事宜，不得抗违官府之监督。……民固不得奋私智以上渎，而官亦不得擅威福以下侵"。[25] 这一表述，明确体现了在晚清政治条件下，政府内部的立宪派对于"自治"问题的态度，即"地方自治"本质上是在"立宪"这一世界政治大趋势下，确保地方与中央紧密联系，以延续清朝"天命"的变通策略。

的确，清末新政也大大促进了广州、福建、四川、江浙、两湖、贵州等南方省份地方士绅的发展。除了原有乡绅，城市新实业的发展也促进了商业资产阶级的快速壮大。这批人在清末发展新式工商实业、兴办矿路事业的维新政策的背景下，很快从"官督商办""官为民倡"的政策环境中获益，成为地方"自治"的新寡头。这两种政府促进市场发展的策略，前者是两江总督李鸿章提出的振兴实业的指导方法，后者是实业家张謇提出的用政府（官），保障工商业经济发展的手段。张謇认为，日本之所以能够快速发展，就是因为政府采用了彻底的放任政策，为了鼓励商业发展，政府站在幕后，让利于"民"。这种促商政策，在作为实业家的张謇看来，是一种"官智"程度高的表现。[26]

对于立宪派来说，这类东南部工商业发展较好、与西方交往甚密的省份确实是立宪自治的希望。[27] 但同时，在清政府内部，一些官员已经意识到，在全国推行立宪自治的重要困难，除了随着外国势力侵入，清朝内部危机不断，新城市工商业兴起等多方因素影响下旧有的"乡遂之制"已经"名存实亡"，还有一个重要因素便是，"人民程度……秀野不齐，城乡互异"。对此，清政府采取的方案是，一种自上而下推行的改良主义政策。他们希望通过在这类开埠地区的省会城市设立自治总局，依靠"智识开明"的地方士绅阶层，将"地方自治"开展起来，以求能够自上而下地启迪民智。[28]

然而，原本清政府为了自强设计的"官治"与"自治"并行不悖的立宪维新方案，却在实际推行后造就了一个旧民主主义革命的自觉阶级。从效果上，"地方自治"并未真正达到梁启超等改良派知识分子所设想的培养"国民"意识的政治作用。这种自上而下的改良主张并未提供任何有效的手段，将占中国人口比重最大的农村与城市劳动人口组织起来，并培养这部分人的政治参与意识。实际上，随着"自治"运动和维新改革而迅速膨胀的地方绅权，逐渐也形成了一种能同中央政府争权的力量。在地方上，这种力量多由新兴工商业寡头把持，并与地方官僚勾连，通过请愿、抗议等方式实现同中央的权力博弈。[29] 此外，地方官绅勾结，在地方自治经费自筹的名义下，大肆增加地方捐税，建设地方武装，甚至干预刑讼。在地方自治名义下，一些地区出现了士绅阶层垄断地方教育、实业、财政、司法、警务、公共设施建设等社会关键部门的局面。[30]

在清末地方自治实践中，主要支持立宪的省份或是在洋务运动官僚支持下工商业发展较快的沿海省份，或是在中南部汉人聚居且有较多路矿企业的省份。新兴民族资产阶级也主要由汉人构成。而在少数民族众多的边疆地区，如新疆、东北等地，清政府建省的目的则主要是为移民屯垦、发展塞防。以新疆为例，清朝知识分子对新疆建省问题的理论探索开始于"康乾盛世"。在清末立宪运动中，针对内地省份，立宪派主张通过变法，用模仿西方代议制民主的手段，建立君主立宪制度，以求变革内部治理方式，维持治权。对新疆这类边疆省份治理的"变法"，主要是从军事防卫的角度出发，以求达到抵御外敌、维护内部稳定的目的。从道光前期开始，清朝在新疆的治权便连续遭到大小叛乱的挑战。对清朝威胁最大的张格尔叛乱更与中亚浩罕汗国联合，攻下了南疆和阗（今和田）、英吉沙尔（今英吉沙）、喀什噶尔、叶尔羌（今莎车）等重要贸易陆港。由于新疆连年动荡，清朝一些知识分子也开始有"弃疆"的主张。但在龚自珍看来，新疆边防的重要性是与清王朝的盛衰紧密相联的。新疆非但不可弃守，甚至还需要进一步加强其与中央政府的联系，通过移民屯垦，真正做到"疆其土，子其民"。[31]

实际上，清朝真正开始了解在鸦片战争后殖民扩张压力下新疆的战略价值，应当还是从林则徐被贬戍新疆开始。作为一个有着在口岸边境执政经验，与欧洲殖民贸易扩张有过直接交锋并了解其危害，且尝试过使用欧洲国际法处理贸易争端的官员，林则徐1842年从海疆来到陆疆，并立刻开始开垦伊犁、吐鲁番、哈密、阿奇乌苏等地。[32] 以军府制治陆疆的策略强调官僚、地方之间互相牵制，多元管理。与朝廷派遣的驻扎大臣相并行的，还有管理地方民政事务的伯克。虽然名义上需要由清政府任命，但是在新疆维吾尔地区，伯克制度自成体系，直接控制地方事务。在左宗棠的奏稿中，这种状况造成了"官民隔绝"的现象，并导致"民之畏官不如畏所管头目，官不肖者玩狎其民，辄以犬羊视之，凡有征索，头目人等辄以管意传取，倚势作威，民知怨官不知怨所管头目"的状况。[33] 因此，取消伯克制度，淡化原有部落族群认同，建立"国"与"民"之间的直接联系，成为左宗棠收复新疆后建立行省制度的重要关注点。将原有伯克养廉土地收归国有，并转交佃农承租是这个过程中最具效力的政策。但是，这一土地改革政策并未真正取消原有伯克在维吾尔人社会中的影响。形式上丧失了伯克称号的维吾尔上层人物摇身一变，在清政府安排下，进入新疆各级政府，担任乡约、书吏、通事等职，从实际上仍旧维持着原有维吾尔社会内的阶级差异。

可以看到，在新疆建省问题上，以左宗棠为首的一批具有处理"洋务"而非"夷务"经验的官僚扮演了重要角色。正是在这种地理与认识范畴变迁的背景下，新疆建省的合理性便日渐凸显。左宗棠在其奏稿中，曾经多次向清政府提出"立国有疆"的概念，并将其与"天子有道，守在四夷"的天下观念联系起来。在左宗棠看来，原有的军府制将边疆和腹地"一律视之"，不符合"经野驭边之义"；且军事将领对地方民情不甚了解，缺乏必要经验，使得"政教旁敷"，

第三章 再造民族 *121*

进而造成"远民"难于"被泽"。受到 19 世纪俄国中亚军事活动压力的影响，左宗棠对新疆重要性的认识表现出了一种明确的地缘政治意识。他认为，新疆被俄国占领实际上会成为其进一步扩张的桥头堡、补给站。进而这不仅对清朝西北边疆造成威胁，更会直接挑战整个清朝的稳定。从这个角度出发，我们可以发现，清朝对天山南路"回疆"和北路"准部"的理解，实际上与其民族属性关系并不大，而更重要的是这种多样化的部族（左宗棠用词为"种人"）关系，对一个统一的治权所造成的影响，"国-民关系"即便是在处理边疆问题时，也仍旧是最基本的考量。新疆建省，可以稳定农业生产，并从制度上改善原先军府制下"治兵之官多，治民之官少"的局面。[34]

这种具有强烈精英主义政治色彩的"经营"边疆观念到了清末立宪运动时期更为明显。它甚至与当时中国知识分子新接触的欧洲种族与社会达尔文主义观念结合起来，构成了一种具有帝国殖民色彩的叙述。1909 年联魁针对新疆筹备立宪自治问题上书宣统帝，认为应当将新疆视为特例，暂缓推行地方自治。联魁认为，"新疆现在民格"与内地民众有很大差别。他强调，虽然新疆建省之后取消了伯克制度，但时至今天，伯克与官员勾结鱼肉百姓的状况仍然没有改变。哈萨克、布鲁特等部落，由于其游牧习惯，"鄙野尤甚"，因此"更难与言自治"。加上新疆知识分子教育程度低，曾在本国或外国中学堂及中学同等或中学以上之学堂毕业官员多为武将，"不识文义"，商人巨贾也极少，即便有在外省经商的新疆籍人士，也"皆自营其业，与本籍人恒多隔阂"。此外，北路"回汉素相水火，畛域难化"，南路"缠民较多"，性情"愚顽"，"语言不同，文字不同，宗教不同"。根据咨议局选举章程，新疆现有官民符合选举权与被选举权要求的数量不足。因此，与之谈论民权，那更是"政与习异，法与心违"。[35] 联魁提出，在进行立宪之前，要进行大规模的汉化教育，在南疆地区大量办设小学与汉语学堂。他提出，新疆与内地的关系是一种教化上的长幼之差。目前，新疆地区的状况"如人当幼稚之岁"，"宜受成于父母"。他将新疆视为"属地"，建议模仿殖民制度，进行"专制"。他举例说，只有在白人移民较多的地方，才能行使"自治之主权"。因此，只有先从"王领土地制度"开始对土人进行教化，才能逐渐发展到"自治制度"，进而达到"统一"。

从字面上来看，提倡"汉语"教育，强调"回汉"差异的说法似乎带有明显的19世纪族裔民族主义色彩。但是，我们不能简单地将"汉"等同于体质人类学和人种学基础上的民族属性。联魁本人是镶红旗满人，光绪三十一年（1905）就任新疆巡抚。"汉"对于科举贡生出身的联魁来说，更主要的是一种政治正统观念。其正统性建立在不受王朝政权更迭影响而连续不变的科举选官制度之上。民族差异最主要的问题在于教化程度导致的习俗差异，以及在习俗基础上形成的精英与大众之间的治理关系。在处理这个问题时，无论是汉人官僚、知识分子，还是满人官僚，都并未将民族差异当作一个本质问题来看待。更重要的是试图在新的世界格局下，重新理解边疆在统一的帝国秩序中的重要性，并从实践上试图找到一种有效地处理官/国-民关系、中央-地方关系的手段。在这一时期出现的对于"自治"问题的讨论，也应当被放在这个复杂的历史语境中去理解。

国民革命中的"民族"与"自治"

在帝国时期的政治实践与理论讨论中，那种简单的族裔民族主义界限并不真正具有多大的政治效用。其对中国历史逻辑的解释力也极为有限。[36] 真正使得族裔民族主义认同在中国政治现场中发挥作用的基础之一是"从反满革命到辛亥革命"这条政治历史叙事线索的出现。[37] 当然，反满革命作为一个政治调动观念，其产生及作用范围基本上停留在一个以汉族知识分子（甚至不少是有留学背景的知识分子）、海外华侨为主体的群体内。并且，随着清政府退位，这种尖锐的反满民族主义很快也就被"五族共和"代替，进而进入到一种更普遍的具有同化论色彩的"中华民族"政治想象之中。同时，在反清运动时期，革命党提倡一种"联省自治"的概念。与立宪派的"自治"不同，革命党人的"自治"观念开始具有"autonomy"的内涵，并一定程度上承认了地方的分离权（right to secession）。当然，我们也会发现，这种意义上的"自治"在辛亥革命时期，被用作对抗清政府治权的武器，其政治底线仍旧是分离后的旧有领土以联邦制形式重新组织为一个共同体。

清帝逊位之后，一个原本的"天下"帝国在法律意义上突变成为"国家大家庭"中的一个共和国。虽然在孙中山等革命者的表述里，这一时刻就像是一场美国式的"建国"运动，但无论是从《中华民国临时约法》（后文称《临时约法》）与晚清立宪之间千丝万缕的关系出发，还是从反清革命的政治实践来看，中国20世纪的革命远比美国建国时刻的那种与旧殖民地主权相割裂的革命要复杂得多。[38]《临时约法》在总纲中明确约定，中华民国由"中华人民"组织，主权属于国民全体，领土包括从清朝继承的22省以及清朝时期未设省制的内外蒙古、青海和西藏。[39]建国行动中旨在为了对抗清廷所进行的"联省自治"运动，其目的也需要在统一建国的共和革命语境中去理解。这一点，孙中山在《临时大总统宣言书》中便明确阐述为："所谓独立，对于清廷为脱离，对于各省为联合，蒙古、西藏意亦同此，行动既一，决无歧趋，枢机成于中央，斯经纬周于四至，是曰领土之统一。"

在立宪与革命双重压力下形成的《清帝逊位诏书》（下称《逊位诏书》）这一文本，实际上也表达了类似的诉求。《逊位诏书》中强调，全国不单在领土上需要"合满、汉、蒙、回、藏五族完全领土"，在治权方面也必须"南北统一"。[40] 1912年2月13日临时大总统孙中山在辞呈中也从形式上认可了《逊位诏书》。由于袁世凯宣布赞成"共和"，孙便遵守诏书约定，向"参议院"举荐袁。[41]在完成这一权力交割后，孙中山还同时致电蒙古王公，表明这是遵守清帝逊位条件，不仅仅是"尚贤"，更是"为国"。孙中山还特别强调这一层意思，希望"我国民当共鉴之"。[42]

治理模式上，民国政府多少也与清朝羁縻政策类似，主要走上层路线。以行政命令的模式，自上而下地确立中央与地方之间的职权关系，且政府的行政手段也明确以处理与地方/民族集团上层人物关系为核心。在选举制度上，国民政府采用区域代表，而不以民族为单位。[43] 其目的在于实践孙中山辛亥革命后开始提倡的融合五族为一大中华民族的建国思想。1931年颁布的《中华民国训政时期约法》中提出，"中华民国国民无男女、种族、宗教、阶级之区别，在法律上一律平等"。[44] 这种民族融合观念下的法律平等地位在1936年5月5日南京政府公布的《中华民国宪法草案》中更进一步得到强调，草案提出"中华民国各民族均为中华国族之构成分子，一律平等"。[45] 这种对"民族"和"国族"的法律性区分，其政治指向可以归结到孙中山在《三民主义》中，对发扬个人民权、联合宗族、建设一个大的"国族"的理想，也与梁启超在阐述伯伦知理国家学说基础上提出的"大民族"（"合国内本部属部之诸族以对于国外之诸族"）和"小民族"（"汉族对于国内他族"）的概念类似。

在孙中山看来，欲达成中华民族的融合同化，在政治方面可以通过以县为单位的民权实践而一步步进化到美国式的"直接民权"。孙中山认为，国民是"民国之天子"，而社会先进名流则应当"以孙叔通自任"制定"朝礼"，以保证"国民知所爱而视民权如性命矣"。[46] 确立民权在孙中山看来是"世界造化大潮流"。这种大潮流先由"少数人"感知，并逐渐进入到"多数人"心中。[47] 这种"先进带领后进"的态度一直影响着国民党的政策。并且，之前以东部工商业发达城市为主要政治场所的国民党政府，到1928年北伐结束之后，又开始在"训政"的任务下，明确在其政策中针对边疆民族进行"同化"，并针对广大农村进行"教育"。[48]

然而，我们知道，在宪法创制的"神圣"时刻，人民不可以缺席。这种自上而下的制度设计确实部分遵循了清末以来立宪派知识分子对理想国家的想象。但是，这种由顶层设计而来的法律及其代表的政治理想，是否能够成功地内化为民众的政治自觉，并进一步塑造一个统一的"中华国族"？实际上，"中华国/民族"的认同诞生于革命动员的政治现场。[49] 经由本尼迪克特·安德森对近代民族主义生成的经典分析中，我们了解到了印刷资本主义的诞生、报业的发展对建构民族这一"想象的共同体"的重要作用。这可以被看作是民国沿海城市与知识分子间建立国家认同的重要基础。然而，对于广大的中国乡村及边疆来说，如何建立起对现代"民族国家"政治模式的认同，如何理解从帝制走向共和这一法统的变迁，如何树立自身作为共和国"公民"的认识，这一系列问题仍旧未能得到很好的处理。

从表面上看，这是一个罗友枝（Erelyn S. Rawski）式的问题。[50] 在殖民秩序背景下，威尔逊主义提出的"民族自决"（self-determination）既是一种世界秩序理想，也是新大陆对旧大陆霸权的一种战略对抗。在 20 世纪初这一背景下产生的民族国家意识，不单单是一个"中华民族"的问题。中国西南、西北边疆的非"汉族"人群，也在不同程度上受到诸如泛突厥主义（Pan-Turanism）、泛蒙古主义（Pan-Mongolism）以及伊斯兰现代化运动中产生的泛伊斯兰主义（pan-Islamism）的影响，并在不同时期有过建立独立民族国家的政治尝试。但是，如果从毛泽东对中国新旧两个民主主义革命的继承关系出发，将 1912—1949 年这段时间里发生的政治实践看作是从清帝逊位到建设共和这一过程的不同阶段，我们就会发现，在这一过程中，随着对于"如何实践平等""什么是人民"这类关键性问题理解的不断深入，共和这一政治理想开始从精英扩展到了大众，从城市扩展到了乡村，从腹地扩展到了边疆。一个更为丰满的"中华民族"和"中国人民"概念，也正是在这种政治实践中浮现出来。而此时的"国-民关系"基础也早已随着清帝退位到建设共和这一过程，从"臣服"（submission）变成了"认同"（recognition）。而当罗友枝追问各个民族的"loyalty to China"（对中国的忠诚）时，她非但忽视了这种国-民关系的转变，更重要的是，她混淆了一个作为地理概念的"中国"以及一个作为政治概念的"中国"的差别。作为政治概念的中国背后包含着一条"清（廷）—民国（政府）—中华人民共和国（政府）"的法统沿革；而地理上，中国则是一个在人群自然活动的过程中不断变化的疆域，并随着政权的法统沿革而获得法律意义上的确证。这种复杂的历史关系，却被罗友枝表述为"loyalty to the Qing dynasty"（对清朝的忠诚），不能自动转化为"对中国的忠诚"这种帝国式的表述。

以自治为手段、以精英为主体的民国平等政治，其结果不尽如人意。尽管在国民党的革命队伍里有诸如白崇禧（回族）、马步芳（回族）、马国荣（回族）、吴鹤龄（蒙古名：乌恩巴彦，蒙古族，国民政府蒙藏委员会参事，后参与德王-李守信"蒙古联盟自治政府"）、刘家驹（藏名：格桑群觉，藏族，国民政府蒙藏委员会委员，后参加巴安地下党起义）等这样的非"汉族"精英，但是，作为群体的"少数民族"仍无法真正作为"国民"参与到民国政治活动中。民国时期这种延续了清朝立宪运动中自上而下"自治"理念的政治方式，在毛泽东看来是"官办自治"，本质上是"虚伪的""空的""腐败的""干的"，而且"不能长久"。[51] 在他看来，政治不能是一个"特殊阶级的事"，"以后的政治法律"应当"装在工人们农人们的脑子里"。在他看来，"'法律学'是从'法律'推究出来的，'法律'又是从'事实'发生的"。[52]

在"中华民族"意识觉醒的过程中，有不少少数民族个体参与其中。例如在1919年"五四"运动中，当时在北京蒙藏学院学习的乌兰夫参加了北京的示威游行。回民学生马俊、郭隆真则与周恩来一起，参加了天津的示威活动。[53] 但是，作为一个整体的少数民族及其人民，其政治意义则随着中国革命局面的变化，特别是1927年国共分裂之后，才逐渐出现在革命建国的实践视野中。随着1927年共产党实际活动重心从沿海城市向内地农村转移,边区苏维埃政权先后建立,边疆(以及乡村)也从原先那种需要被治理与教化的顽愚粗鄙的落后地带,变成了一个建造共和国的有机参与者,甚至是革命活动的中心地带。边疆与"少数民族"的发现,伴随着中国革命对农民阶级的发现。共产党在革命过程中逐渐体验到的"中国"之多样性,为日后新中国的平等政治构想提供了重要的实践基础。

毛泽东在新民学会时期提出的"改造中国与世界"这一概念,随着1927年大革命的失败,其"中国"的视野也相应地从城市工人阶级,扩展到了更为复杂的乡村农民阶级。在此之后,随着长征,中国共产党作为一个有机整体,真正走到了少数民族聚居的边缘地区,并切实将抽象的革命建国理想,具象为被压迫人民翻身解放的平等运动。在精英政治外部的边疆/少数民族,也正是通过这一条实在的"长征路",同作为地理概念的腹地,以及作为政治理想的中国连接起来,并与其他"被压迫"的"人民"一起,逐渐建立起一个共同的翻身平等的理想。这种被长征路连接起来的平等理想,更随着中华人民共和国的成立而扩展到整个世界被压迫民族获得平等的信念之中,成为新中国得以进行抗美援朝、得以支持第三世界民族解放运动的人民基础。

作为世界体系的民族

1921年7月中国共产党第一次全国代表大会通过的纲领

中规定，只要承认共产党党纲和政策，且有意愿加入中国共产党的人，"不分性别，不分国籍"，均可接受为党员。在中国革命历史博物馆展件中，"国籍"一词被写作"民族"。现存一大通过的第一份《中国共产党纲领》仅为第三国际保存的俄文版，以及陈公博在《共产主义运动在中国》(*The Communist Movement in China*)中收录在附录部分的英文版。我们无从考证，这里的"nationality"最初对应的究竟是中文的"民族"还是"国籍"。但是，这种含混体现了在世界共产主义发展过程中对"民族自决"问题的基本立场。从哲学逻辑出发，以横向阶级联合为基础的马克思主义世界理想与用族裔属性纵向拆分世界的民族主义互不相容。但在马克思以及后来共产主义的革命实践中，"民族解放运动"却在作为世界秩序的帝国主义背景下，具有了更为复杂的内涵，成为世界阶级解放运动过程中一个具有进步意义的组成部分。

在马克思撰写著名的《共产党宣言》时，1848年的欧洲革命也开始迅速将之前在法国大革命和拿破仑战争时期形成的现代"民族国家"认同扩展到了全欧洲。[54] 在《共产党宣言》中，经常出现的"Nationalität"（以及与其同一词根的"nationalen""nation"等相关语法变形）表示一种在同血缘人群基础上形成的政治认同集体。[55] 这种政治认同也与土地相联系。当马克思在谈论社会生产的"lokalen und nationalen Selbstgenügsamkeit und Abgeschlossenheit"（地方的和民族的自给自足和闭关自守）状态时，这里的"民族"是相互分裂且在很大程度上由于土地的缘故被束缚在一定物理空间内的人群政治集合体。而随着"民族"间相互交通，这种分裂状态演变为"民族"间的普遍依赖（allseitige Abhängigkeit der Nationen voneinander）。在此基础上，甚至民族的精神产品也成了民族之间的"公共财产"（Gemeingut）。在这种复杂的精神与物质生产交织的状态下，原本各民族的"片面性与局限性"（Die nationale Einseitigkeit und Beschränktheit）也被打破。在马克思看来，在这一历史变迁基础上生成的资产阶级及其生产方式试图进一步建造一个新的世界不平等格局。其廉价的商品将民族（无论其社会经济发展阶段）卷入到一个有利于资产者的从属关系中。这一资产阶级世界市场不仅强制创造了自身所属国家内"城乡"与阶级之间的从属关系，也创造了文明"国家"（原文为 Länder，即德语"Land 国家"的复数形式）与野蛮和半开化国家间的主仆关系。马克思在这里的德文用词很能说明在观念介译的过程中，即便是在 19 世纪民族主义产生的当下，也产生了大量的意义含混。

在表示这一系列具有浓厚政治意义的主奴关系时，德文版《共产党宣言》分别使用了代表土地边疆范畴意义的"das Land"和代表具有法律人格属性的词缀"-völkern"（即"die Bauernvölker"和"den Bourgeoisvölkern"），而在表示不同人群政治集合体相互之间及其历史发展关系时，用了"Nation"。我们可以看《共产党宣言》的第一章中一段话的中译：

资产阶级日甚一日地消灭生产资料、财产和人口的分散状态。它使人口密集起来，使生产资料集中起来，使财产聚集在少数人的手里。由此必然产生的结果就是政治的集中。各自独立的、几乎只有同盟关系的、各有不同利益、不同法律、不同政府、不同关税的各个地区，现在已经结合为一个拥有统一的政府、统一的法律、统一的民族阶级利益和统一的关税的统一的民族。[56]

通过其德文版的用词，我们可以发现，"Land"、"Volk"和"Nation"三者具有相对独立的复杂内涵。《共产党宣言》认为，资产阶级生产方式的不断发展，改变了人口、财产和生产资料的分散状态，造成了一种"政治的集中化"（politische Zentralisation）。这种集中化的后果，使得"相互松散联系着的区域"（verbündete Provinzen，即"loosely connected provinces"）被迫放弃他们的巨大差异性，而形成一个统一的"民族"（eine Nation，马克思在"eine"一词上做了强调，使得这一表述在阅读上产生了一种哲学式的"独一的、唯一的"意味）。与单纯代表政治性的"民"（Volk，英译为people）概念，以及代表天然物质属性的"土（或邦）"（Land，英译为country）概念不同，"族"（Nation，英译拼法相同，读法不同）在马克思的叙述中融合了生产方式、阶级政治关系以及历史沿革等多方面的复杂内涵。他描述的这种由于资产阶级生产方式的迅速发展而形成的统一状态

第三章 再造民族 *133*

(eine Nation)是一种世界体系,这与之后列宁所描述的"帝国主义"在脉络上是前后相连的。但是,在《共产党宣言》的英文译文中,这一概念之间的重要差异性被消除。"volk"与"nation"在很多地方被不加区分的使用。例如,在翻译"die Bauernvölker"时,英文版本便用了"nations of peasants"这一表述,而实际上,更为合理的翻译应当是强调阶级属性共同体的"people"。在中文译本中,英文版本中的"nation"则被全部译为"民族",更进一步消除了《共产党宣言》德文原文中传递的复杂却有清晰逻辑脉络的历史与政治内涵。

理解了《共产党宣言》中描述的作为世界体系的"民族"之后,我们可以发现,"民族自治"这一概念在不同的社会历史语境下可能具有完全不同的平等政治意义。资产阶级生产方式创造的世界"统一民族"是一个具有明确霸权差序格局的世界体系。作为中心的资产阶级(或者是在一定阶段内,"资产阶级主政的国家",den Bourgeoisvölkern)和作为边缘的无产者(或"农民——农业生产方式为主——的国家",die Bauernvölker)之间的不平等关系在这种格局下被默许并会被维持。而由于生产方式差异而造成的习俗、法律、利益的不同却被这种霸权式的一元化"统一"磨灭。但是,需要注意的是,在马克思看来,不同民族之间的共存互动关系是人类生产方式发展的历史必然结果。需要反对的是在资产阶级世界体系中形成的那种虚伪的、霸权主义的普遍主义。正是因为这种普遍主义试图磨灭自然存在于各个地区由于历史和经济发展阶段不同造成的差异，所以在这种霸权秩序下重新强调"族"的解放（der nationalen Befreiung）便具有了积极的意义。在这种考虑了差异性的反抗基础上形成的独立，是对业已成型或者正在形成的资产阶级霸权"社会政治秩序"（Gesellschaftsordnung）的反抗。这种反抗不是为了打破作为历史发展必然的各"（民）族"（nation）间相互依存的关系，而是为了推动一个更加平等的世界秩序。在这个基础上，马克思提供了一个国际主义（internationalism）的斗争方法（也是目标），那便是直接向分散在各国的被压迫者（在马克思看来，无论年龄、性别、种族，"无产者"是他们共有的身份）呼吁，让所有人联合起来（Proletarier aller Länder, vereinigt euch！）。

在理解了民族作为一种世界体系的关系性概念之后，再去审视中国共产主义革命运动中发展起来的"民族自治"理念的发展及其实践便可以发现，它与威尔逊所强调的那种分离式的"民族自决"之间的巨大差异。"Nation"作为一种生产方式关系的产物反映了一个固定地理区域内部的秩序，它可以由单一的种族构成，也可以是多个种族在历史发展过程中形成的政治联合体。与德语中代表了政府治理权威的"staat"（国家）不同，"Nation"更具政治活力与历史感。它是一个随着生产力与生产关系变化而变化的产物。在这个基础上，我们才能理解"Nation"为什么可以进一步扩大为一个跨区域的"Internationale"秩序关系，以及这种秩序关系所代表的平等意义。"Nationalität"则是对这种现实关系中人的政治属性而非体质人类学生物属性的确认。

中国革命在建立现代中国"民族"认同中发挥了重要作用。在中国革命的政治实践中，政党活动与少数民族发生直接关联，甚至以少数民族聚居地区为"中心"推行面向全国的平等政治理想，进行政治治理活动，真正开始于1927年的国共分裂。被迫离开城市的中国共产党从此逐渐开始在生产力相对落后但却地域广袤的农村与边远地区开展工作。而后，在日本侵华与解放战争的大背景下展开的土地改革运动、边区根据地建设活动以及包括长征在内的重要军事行动，都使得中国共产党，这一主要由汉族知识分子构成，并大多在城市活动的现代政党开始真正同中国的边疆、同少数民族发生联系。"少数民族"以及"少数民族地区"也随之有机地参与到了中国共产党的革命建国图景中。

1929年1月，在红军第四军从井冈山向赣南闽西地区进军途中，司令部发布了一份布告：

> 红军宗旨，民权革命，
> ……
> 打倒列强，人人高兴，
> 打倒军阀，除恶务尽。
> 统一中华，举国称庆，
> 满蒙回藏，章程自定。
> ……[57]

与这时期的理论讨论相结合的，主要是随着北伐和直奉战争发展，中共逐渐开始在西北和西南地区开展起来的工作中积累起来的少量关于回、瑶民族的工作经验。当然，这主要是在配合国民党北伐军事进展，以及苏联国防需要的基础上进行的呼应。具体工作上，在内蒙古，由北方区委协助国民党组建中国国民党热河、察哈尔、绥远和蒙古（地点在包头）四个党部。上述四个党部共产党工委的负责人也以国民党四个党部执行委员身份活动。而在西北，针对冯玉祥部，则提出需要以农民运动协助冯玉祥，并要求"对回民有适当的政策"，避免他们被吴佩孚、张作霖"利用"，"反对冯军"，[61] 并提出"党到农民中去"的口号，强调在西北军控制地区，由于经济落后，条件有限，所以必须强调工作方法，"不能乱发野心有过于高远的行动"，避免不顾当地实际情况，而随意"宣传什么社交公开，两性自由"。[62]

1927年"八七会议"之后，中共在农民起义军的基础上开始建立起工农革命军。与主体为学生的广州国民革命军不同，这支武装将工农阶级从政治理想的对象变为政治实践的主体。随着井冈山革命根据地的建立，原本主要在城市活动的共产党开始将主力以及工作重心转入乡村及边区。原先中国疆域内的地理与社会边缘，在这一行动中，逐渐成为实质上的政治中心地位。同时，对中国革命"国际意义"的叙述也随着这一中心的转移而产生了不同价值。先前的"资产阶级民主革命"作为一场民族革命运动，对世界革命是"一个助力"。而随着中国革命第二阶段——"无产阶级的社会主义革命"——的开始，中国革命开始成为"世界社会主义革命底直接的组成部分"。[63] 这种随着革命发展阶段的政治现实而变化的革命中心地带，不仅将中国乡村、边区、少数民族、无产阶级这些作为国家治理边缘的组成部分，有机地组合进了革命建国这一宏大任务中，甚至将他们与一个国际主义的世界革命理想结合了起来。为之后各族"人民"这一中华人民共和国的主权主体的创制，以及"世界人民大团结"这一世界秩序普遍主义理想的落实，提供了基本条件。

在这里，如果我们重新回到这一章开始便简单触及的一个问题便会发现，无论是欧洲的神圣罗马帝国、中东的奥斯曼土耳其帝国，还是亚洲的中华帝国，在其帝国的普遍主义法理和治权崩溃之后，其原有疆域内的各类群体，无论是以民族主义、教派主义（sectarianism），或是以地域宗族主义（localism and tribalism）认同为基础，都从形式上共享了一个康德式的政治自决过程。然而，这一历史进程，在欧洲之外，多大程度上像康德所理解的那样，是来源于个人自由意志的实践？又在多大程度上会遵循欧洲古典自由主义者想象，最终将世界导向一个"自由和平"的乌托邦秩序呢？正像凯杜里指出的，在奥斯曼帝国旧有疆域碎裂后诞生的20世纪中东格局，很大程度上便是对这种康德主义世界理想的嘲弄。凯杜里毫不掩饰自己对旧帝国秩序的怀念，并将之视为可能是在中东地区唯一一种被历史证明有效的政治模式。

回到中国的语境下，其20世纪头三十年的政治格局似乎展现了与中东地区类似的情况。在传统叙述中被表述为

"军阀纷争"的局面背后，我们可以发现其认同方式基本上不超出地方主义、宗族主义、政治与教派主义、族裔民族主义认同的范畴。然而，与中东地区历史发展不同的是，在这种碎片化分裂的局面下，20世纪中国的政治实践过程中，各个阶段均会有一种对于"统一"与"共和"的追求最终占据主潮。

当然，用罗友枝的话来说，"抽象的历史动力"的确不能"自动"转化为实际的政治认同。旧民主主义革命的失败，从实践上也佐证了这一点。然而，旧民主主义革命的失败，在中国革命"建国"的历史叙事中也标志着新民主主义革命的开始。而正是这一时刻，成为20世纪中国走上完全不同道路的开端。其命运，也与今天的中东、欧洲、非洲产生了根本性的差异。除了在抗日民族统一战线基础上建立起的中华民族认同之外，[64] 随着中国革命中心的转移，中国共产党开始对少数民族及农村地区的经济社会发展有了具体的认识。在这种认识的基础上建立起来的对平等政治及其治理方法的新认识，使得中国共产党对"共和"有了更为深刻的认识。中共开始认识到，以军阀纷争为表象的政治分裂，实际上不单单反映了"帝国主义各国的矛盾和斗争"，也反映了中国资产阶级革命本身并未真正达到解放工农阶级的目的，是一种"新军阀代替旧军阀"的政治。[65] 与当时的奥斯曼旧有疆域面临的情况一样，中国也是帝国主义没有直接统治的"半殖民地"。因此，共产国际做出的判断是需要通过支持民族革命来进行反抗。但是，就在共产国际1920年开始支持土耳其凯末尔"反抗帝国主义"之后不久,凯末尔公开表示,"共产主义与土耳其传统不相容"。虽然共产国际对凯末尔的态度有明确认识,且非常了解凯末尔对共产党人的敌意,但是,他们仍旧认为可以利用土耳其同欧洲帝国主义进行斗争。同样,共产国际在中国也一厢情愿地对中国国民党表示认可。加拉罕和越飞都认为,国民党与凯末尔的共和人民党(Cumhuriyet Halk Partisi)"根本不同"。[66]但是,就在加拉罕这封报告通信(1924年2月9日)后不到三年,在孙中山去世后不久,国民党便走上了比凯末尔更为激进的道路,而共产国际对此毫无准备。中国共产党对此提出的独特解决办法则是,在白色政权统治范畴的边缘,建设"一小块或若干小块的共产党领导的红色区域"。[67]

1928年在莫斯科颁布的《中国共产党党章》(中共六大文件)和1929年1月毛泽东在井冈山茨坪、下庄召开红四军备战会议时宣布的用以进一步解释中共六大决议精神的《共产党宣言》一起,将"世界革命中心"莫斯科与中国革命中心"井冈山"有机地联系在一起,对新民主主义革命时期及新中国建立之后民族工作中至关重要的"自治权"做出了纲领性规定。这一纲领性文件同样也体现出了对于"共和"问题的追求。在这种共和的革命任务下,少数民族通过实践土地革命的反抗运动,成为建设共和(甚至是之后的世界大团结普遍主义理想)的动力源泉与有机组成部分,而不是简单地需要被治理的落后区域。而在这一过程中形成的民族身份认同则成为更普遍的"人民主权"认同的组成部分。

通过革命实践而建立起的农村与城市、中心与边缘、少数民族与汉族、世界与中国的联系，为中国共产党提供了一种与共产国际那种自上而下态度完全不同的工作方法。同时，在这种从基层出发的实践过程中，中国共产党还形成了对地方实践特殊性与革命理想普遍性之间关系的认识，并进一步总结了调和两者关系的工作方法。实际上，中共在1934年便认识到在少数民族地区工作的薄弱。[72] 随着长征的开始，中共中央开始走向少数民族地区，走向边疆与最基层，并在这一过程中不断积累民族工作经验，于是这种状况才渐渐得到改善。那种需要统合少数民族与汉族民族独立运动的政治认识，随着红军开始进行长征而被进一步扩展到了中国西南、西北边疆。并且通过长征，中国共产党第一次对中国边疆少数民族的社会生产环境、各地区不同的民汉关系及其矛盾原因有了最为直观的认识。1935年长征途中颁布的《中国工农红军布告》中，有六字顺口溜阐述了这种将边疆与中心互相连通的政治理想与工作方法。

中国工农红军，解放弱小民族；一切彝汉平民，都是兄弟骨肉。可恨四川军阀，压迫彝人太毒；苛捐杂税重重，又复妄加杀戮。红军万里长征，所向势如破竹；今已来到川西，尊重彝人风俗。军纪十分严明，不动一丝一粟；粮食公平购买，价钱交付十足。凡我彝人群众，切莫怀疑畏缩；赶快团结起来，共把军阀驱逐。设立彝人政

府，彝族管理彝族；真正平等自由，再不受人欺
辱。希望努力宣传，将此广播西蜀。

红军总司令：朱德[73]

随着长征的开始，"中国"这一抽象政治观念通过红军的行动，开始进一步具体化，并渗透到基层农村与边疆少数民族地区。这一过程中的政策方法，除了调动我们所熟悉的发动"彝人群众"对"军阀压迫"的痛恨之外，更强调了一种最容易被少数民族接受的平等政策——"粮食公平购买，价钱交付十足"。

长征中形成的经验对后来新中国处理亚非拉不同国家关系的实践工作也有很大启发，并被最终总结成为"独立自主、自力更生"的第三世界发展理念。这一方针的一个基本政治理想是如何在地区差异巨大的现状下，实现共同发展，并最终达到真正意义上的平等。沿着长征进行的公平贸易，是红军与周边沿线少数民族进行平等交往的最重要手段，也是构成各民族对中国新民主主义革命政治认同的重要基础。同样，贸易作为重要的交往方式，也被当作一种非意识形态且能够协助亚非拉国家在困难条件下"自力更生"发展国民经济的手段，广泛地应用于促进新中国与第三世界国家的往来活动中。

陈云在其对长征的记录中多次提到，红军进入贵州、云南之后，在苗民中的活动多为发放"财物谷子"，以及沿途的物物交换。在经过不同的苗寨、汉寨与回寨时，红军除了

沿途购买必需的军粮之外，还会通过购买或者交换的方式，积累一些如茶叶、皮衣、旧枪、食盐、布匹、鸦片之类的货物，这类货物或者沿途赠送给少数民族村庄的居民，或者用来与各民族交换军需物资（主要是粮食以及牛羊肉）。[74] 红军还通过没收沿途地主、官吏、豪绅的财物实现沿途与群众进行贸易。这种活动的成果在苏维埃法律的规定下，由财政人民委员会的没收部门统一调配，作为军队物资。而红军运输力不及的剩余物资，则被分配给当地群众。[75] 这种行动，使得红军得到沿途各地群众的支持，因此受到鼓舞而参加红军的少数民族也不在少数。例如，在经过官渡之后，在当地清真寺阿訇的支持下，有几十位回民加入红军，与之前红军第五军团中甘肃回民战士一起，成立了单独的回民队伍，以便照顾回民战士的饮食习惯。[76]

除了平等贸易之外，红军在长征沿途还做了大量的政治工作，以求磨合在不同少数民族地区内因为生产关系不平等而引起的资源剥削以及不对等贸易形成的对汉族的敌视态度。红军承认少数民族上层对民众的强大影响力。例如，在离开甘肃省通渭县后红军发现，沿途的回民村庄与汉族聚居地之间往来甚密，语言相通，对汉族的态度也较为和善。红军驻扎下来之后，可以直接拜访当地阿訇，在阿訇的招呼下，红军得以暂时借宿在当地回民家中，且粮食也可以"照市价卖给红军"。而在四川阿坝藏族地区卓克基镇，藏民对汉人有较强的仇视心理。在红军经过时，甚至有藏民杀害掉队红军的事件发生。但是，在到达卓克基一星期后，红军通过与当地首领交涉,说明其与以往驻军完全不同,且纪律严明。于是,当地藏民开始愿意向红军出售粮食,且开始"组织革命委员会"进行工作。[77]

长征途中,红军政治部强调,在少数民族地区进行土地改革时,需要根据"当地情况"和"阶级分化程度"来做具体决定。反对"空喊民族自决和反对帝国主义",而需要把这些问题与"群众的生活需要、民族要求等切实地联系起来"。红军行军途中,有没收教堂土地、禁止帝国主义传教的规定,但是在针对少数民族土司、头人、喇嘛时,工作方法便要更为多样,主要是提倡"经过群众来没收和分配其财产"。同时也要注意联合有"革命意义"的民族上层人士。鼓励在民族内部自发进行革命武装活动,配合红军。在宗教问题上,除了坚持信仰自由之外,还明确规定"政教必须分立,喇嘛寺绝不能干涉政权机关"。[78]

这种"发动群众、经过群众、依靠群众的路线",[79] 上层路线与群众工作相结合的办法,[80] 反对大汉族主义,培养少数民族红军连队中的基层干部,在深入调查少数民族情况的基础上具体制定有针对性的宣传品、布告、传单、图画、标语等,[81] 实际上也成为日后中国共产党"民族区域自治"工作的基本方针。抗日民族统一战线形成初期,中华苏维埃政府在1936年针对回族人民发表的宣言中,也明确表示"我们根据信仰自由的原则,保护清真寺,保护阿訇,担保回民信仰的绝对自由"。在此基础上,中共强调,要联合回族武装,形成抗日联军,这是"一个独立自主的民族所不可少的条件"。中共号召，除此之外，还要"提高回民政治文化的水平"，联合"土耳其、外蒙古、苏联及其他同情中国各民族彻底解放的民族与国家，共同抗日"。[82]在抗日民族统一战线的背景下，这种少数民族的阶级解放被同反殖民的民族独立相结合。

从万里长征到第三世界

在理解了"民族"作为一种世界体系的基础上我们可以发现，"民族解放"实际上是一场联通内外，超越阶级、族裔、血缘等认同的大同事业。同时，这一普遍政治理想的基础，又建立在一个脚踏实地的具有特殊性的"民族"政治环境中。在这一背景下，1931年开始的抗日战争，是一场漫长的、以解放为目标的中国革命中的一部分。一方面，随着日本军事行动在中国的扩张，"帝国主义"这一政治秩序被带到了中国东北、西北边疆。少数民族与汉族一起，开始面临着来自这一政治秩序的压迫。另一方面，随着红军的长征，中国新民主主义革命的反抗任务则又被带进了更广大的中国内陆地带。在反抗的过程中，形成了一个"中华民族"的政治主体。正是在这个意义上，我们才能理解为什么毛泽东在1935年讨论反抗日本帝国主义的策略时，会将长征放到抗日战争的脉络中叙述，将其视为唤醒中国境内各个民族解放意识的"播种机"与面向世界的"宣言书"。[83]

长征为中国共产党直接接触少数民族地区、理解少数民族地区社会经济发展状况创造了基本条件,而在革命实践过程中积累的少数民族工作经验也为后来的中共民族区域自治政策提供了基础。在 1940 年陕甘宁边区文化协会第一次代表大会上,毛泽东开创性地将中国 20 世纪革命总结为一个从"旧民主主义革命"到"新民主主义革命"的阶段性发展。在这一革命叙事里,以 1927 年为界,旧民主主义革命形成于半封建与半殖民地的条件下,是一种带有资产阶级性质的民族独立运动;而新民主主义革命的主体则为逐渐具有政治觉悟的人民,同时,人民又在这一革命过程中逐渐获得政治自觉。这种从旧到新的民主主义革命的转化,在毛泽东看来,与前文所叙述的马克思对作为世界体系的"民族"关系变迁有着紧密联系。只有将中国革命放在世界革命的整体秩序关系中,才能真正理解革命本身在历史发展过程中的进步价值,也更能超越简单的威斯特法利亚体系所规定的那种狭隘的、排外的、以私有土地为基础的"民族主义"。革命者对民族"治理"与民族关系的理解,也在长征这一实践过程中,真正转化为一种"实事求是"的政治方法和理论态度。马克思所描述的那种民族与民族之间的普遍联系,以及在这一联系过程中形成的民族间作为"公共财产"的文化,也在长征这一新民主主义革命的实践过程中,以平等贸易为载体,构成了毛泽东所描述的"中华民族的新文化",即"新民主主义的文化"。这种超越了简单的"民族国家"范畴的民族与国家主权观念,也更在解放战争结束之后,随着中华人民共和国的成立,进一步拓展到对整个世界民族独立运动的认识中。

在长征与根据地边区建设过程中积累起的农村、少数民族工作经验"态度是正确的，其工作是有成绩的"。[84] 并且，这一系列在新民主主义革命军事活动时期积累的农村、少数民族地区工作经验更成为新中国政治建设的重要组成部分。新民主主义革命具体社会环境的差异，使得中国和苏联也有了不同的革命经历。而在这一过程中，少数民族参与革命运动，贡献在于"驱逐敌人，共同创造同一国家"。这与苏联少数民族为了"打破帝国与殖民地的关系"而进行的解放斗争不同。[85] 因此，中华人民共和国的民族区域自治"是中华人民共和国领土之内的，在中央人民政府统一领导下的，遵循着中国人民政治协商会议共同纲领总道路前进的，以少数民族聚居区为基础的区域自治"。[86]

《共同纲领》第51条中保证的少数民族区域自治也是在追求共同保障"统一"和"共和"这一脉络中得到确认。其自治机关中不单需要保障在各民族杂居情况下各个民族在地区政府中的代表权，还通过《共同纲领》第50条，强调了民族间的平等必须建立在"中华人民共和国"统一治权的条件下。在反对大民族主义的同时，也反对"狭隘民族主义"，且明确禁止"民族间的歧视、压迫和分裂各民族团结的行为"。[87]

在社会主义建设初期，《共同纲领》中强调的这种各民族平等关系，其表现方式中很重要的一部分，便是类似红军在长征时期与少数民族之间进行的平等贸易。在新中国成立

第三章 再造民族 *147*

初期的民族自治工作中，首先是要"把（少数民族）经济搞好"，否则民族区域自治便是"空头支票"，而"帮助少数民族发展经济，很重要的一环是贸易"。并且，这种作为经济工作重心的贸易工作"要免除层层中间剥削，使他们（少数民族人民）少吃亏"。[88]为达成这一目标，政府干预与行政命令起到了很大作用。当时少数民族经济工作的重点是，调动中央力量，统筹调配，促进经济落后地区的发展，并达到"促进人民生活水平提高"的目的。这种针对少数民族进行的贸易活动，首要原则是要"实行公平的即完全按照等价交换原则去进行的贸易"，[89]甚至还要"有意识地准备赔钱"。[90]这种贸易活动的重点并不在于营利，实际上更注重通过"平等互利"，甚至是汉族"多补贴、多支出"的形式，使"少数民族同胞多得一些利益"。同传统的"朝贡贸易"这种差序格局不同，以"平等互利"为基础促进的经济发展，其最终目标，则是一个统一的在生产力进步这一历史逻辑中论证的社会革命理想。周恩来在1950年政务院第三十七次政务会议上讨论西北地区民族问题时谈到一个新疆的案例。他提到，新疆曾经在国外订购了一些肥皂等日用货品，但由于新中国成立后国内物资调配支援，他们获得了不少这类用品，因而希望退订同类进口产品。周恩来特别提出，"花点外汇不要紧，还是要把这批货买回来。东西多了，价钱就便宜点，使新疆人民多用一些，国家可以给他们补贴些外汇"。[91]只有这样，才能"从过去压迫和被压迫的民族关系改变为平等、互助的关系；从经济上对少数民族进行掠夺与剥削的政策改变为帮助少数民族发展生产、物畅其流的政策"。[92]

在具体实行方法上，这类平等贸易强调其政治属性，并且在这个过程中，从中央到地方的各级党政机关从未缺席。少数民族地区的贸易工作者作为党与国家的代表，必须是"政治工作者，是一个艰苦奋斗的全心全意为人民服务的优秀勤务员"，他们的任务是"通过经济和贸易活动，把全国少数民族更亲密地团结起来，以巩固国防"。贸易工作要以国营机构为主，在地广人稀、居民分布较分散的地区，还要在国营机构组织下，适当发展"正当私商"，并帮助少数民族地区建立集市，通过国营贸易机构或流动小组，保证国家对这类集市的有效监管，促进各族人民贸易公平交易。而在有条件组织合作社的地区，"应积极扶助合作社的发展"，同时要"大力推销少数民族的土产特产"。[93] 在这种"有买有卖"的贸易网络下，除了内地轻工业、农具等各类产品向少数民族（以及乡村）的输入之外，还有少数民族地区生产的农副业产品向城市与经济发达地区的输出。而在这种贸易交流过程中培养并成长起来的少数民族干部，是新中国成立初期少数民族区域自治的平等政治基础。

这种在国内革命斗争中积累起的民族工作经验，与对民族解放及其过程中的平等政治问题的认识，在中华人民共和国成立之后扩展到国际层面，并形成了对国际"民族解放"运动的政治理解与外交政策。周恩来在1951年的一次讲话中提到，"民族问题在今天的国际地位与过去不同了，民族问题的国际地位不是降低了、削弱了，而是提高了、加强了"。在他看来，与18世纪以来随着资产阶级兴起而产生的民族主义运动不同，20世纪的民族独立运动对抗的首要目标是一个作为全球秩序的资本主义及其殖民帝国主义扩张战略。这种资产阶级的压迫"不仅对外压迫和剥削别的民族，还对内压迫和剥削本国的无产阶级和少数民族"，因此，这种由于阶级压迫而形成的矛盾对立，虽然在各个地区的具体表现形式不同，但其背后的逻辑却相同。[94]

这个语境下的"民族"实际上已经超越了殖民主义与自由主义秩序下谈到的内外有别的"民族"概念。对当时的中国来说，自上而下谈意识形态是不符合革命实践经验的。周恩来在万隆会议的发言中，首先提到中国代表团里的穆斯林成员达浦生。他从中国共产党在国内政治实践中坚持的民族平等政策，延伸到中国对世界平等秩序的认识。他强调，我们要承认民族差异，不但需要在中国内部认同中华民族之间发展的差异，也需要在世界范围内承认各民族发展的差异。只有在承认差异性的基础上，我们才能支持民族解放运动。这一解放运动更高的政治目的是"求同"。这一认识，实际上与中国内部"少数民族区域自治"政策中承认差异、追求统一的辩证观念是一致的，是对中国革命经验的总结与发展。

从这个基础出发，我们再回到本章开头提出的问题。在处理第二次世界大战之后民族独立运动浪潮时，一个无法避免的困境是：在新独立的国家中，普遍的民族志式的历史叙事虽然强调了民族独特性，并以此回应和批判了由旧殖民主义带来的"普遍性"知识，但是，这种叙事并未处理如何在独立之后进行团结、进一步在世界范围内进行反对霸权主义斗争、建立新世界平等秩序的问题。

中国在其独特革命经验基础上总结出了一种具有普遍性意义的对"民族自治"的理解。正如在新民主主义革命时期，对民族"自治"问题的理解需要在一个统一全国的框架任务中去理解一样，在20世纪50年代反殖民运动浪潮中，我们也需要跳出18世纪欧洲语境下形成的分裂式民族主义话语，去理解这一时期具有强烈分裂和排外倾向的民族解放运动。同时，在一个更为宏大的重构新世界秩序的脉络中，这种民族独立运动的意义才能够在"世界人民大团结"的新局面中展开。这种新秩序的基础，则是在本质上对发展权利平等的认可。

从周恩来在1951年对民族解放运动的讨论中我们能发现，中国革命者并不会将世界的"民族问题"与中国内部的"民族区域自治"问题割裂来看。周恩来率领的中国代表团在1955年万隆会议上的表现以及各种公开讲话也传递了同样的精神。在正式参加万隆会议之前，中国便确定了"争取扩大世界和平统一战线，促进民族独立运动"的总方针。[96]这实际上是抗日民族统一战线精神的进一步延伸。周恩来在万隆会议上的首场讲话里提出，在殖民帝国主义的世界秩序下，亚非两洲诸多国家跟中国一样，面对着被压迫的共同命运。而反对殖民、争取并维护"民族独立"、"保障世界和平"以及在此基础上进行的合作,则是在这种共同命运下生长出的共同目标。在补充发言中,周恩来进一步提到,各民族内部的宗教、文化与经济发展阶段差异并不影响这种命运共同体的团结。他以新中国成立后的民族区域自治以及宗教自由为例,强调在这种平等观念下,中国非但不会将大汉族主义的霸权意志强加给国内少数民族,更不会向世界其他各民族施加霸权。[97] 这种联通内外的平等观,其论述基础在于对民族/地区社会经济发展阶段差异的认可。区分民族区域的国家治理的目标在于确保多元社会能最大限度地保障平等发展权利。而周恩来在万隆会议上通过"和平共处五项原则"表述出来的"不干涉内政"政策,则同样是对世界不同地区平等发展权利的支持。

对于同样经历过民族革命运动的中国来说,"干涉主义"代表了一种不顾地方社会发展特性、教条主义式的霸权。这一霸权不单包括直接的武力干涉,也包括了意识形态层面的压力。这种霸权表现为曾经给中国革命带来过巨大创伤的"外国经验"。而在万隆会议上提出的"不干涉主义"政治话语,则合理地回避了民族独立运动中纷繁复杂的分裂结构与意识形态问题。当然,所谓"不干涉主义",不能被视为一种放任不作为的态度。相反,这是针对干涉主义提出的一种政治对抗性话语,正是在20世纪霸权结构外部所形成的最具有政治意义和理论价值的话语之一。对"民族解放"运动的认同,以及中国在万隆会议上超越意识形态二元对垒的政治实践,实际上为我们这个世界提供了一种新的认识逻辑。

在二元论逻辑基础上，我们理解的世界黑白分明。我们对于国家利益的分析，实际上建立在一种对主权的洛克式认识的基础上。这种主权带有明确的私有财产属性，边界明晰，内外分明。在这种二元逻辑基础上形成的冷战式思维，极大地影响了今天我们对这个世界的理解方式。在这种零和式的二元逻辑基础上，制度与意识形态的同质化被认为是"永久和平"的基础。这种永久和平的基础映照了中国寻找新型"国-民关系"现代政治与革命历史中，那种形成于19世纪末20世纪初语境下的民族"同化"观念。而随着中国革命的发展，在其斗争实践中逐渐形成的"民族区域自治"，则提供了一种新的平等政治方法。万隆会议中所体现的"求同存异"的态度，是在现实上承认发展差异的存在，并认可通过反帝反殖民建立起的现代"民族国家"对推动发展并最终消除差异的重要价值。正如通过民族区域自治而统一起来的中华人民共和国一样，第三世界的独立运动为这个世界的未来也提供了一种大团结的平等政治理想。

注　释

[1] 这一表述来自于 Akhil Gupta 和 James Ferguson 对民族国家秩序下文化问题的批判性讨论。参见 Oakes, T., and Patricia L. Price, ed., *The Cultural Geography Reader*, London and New York: Routledge, 2008, p. 61。

[2] Kedourie, Eile, *Nationalism*, London: Hutchinson & Co. Publishers LTD, 1960.

[3] Kedourie, *Nationalism*, pp. 78-80.

〔4〕Kedourie, *Nationalism*, p. 80.

〔5〕Renan, *Qu'est-Ce Qu'une Nation?*, p. 28. 这篇演讲的英文版参见 Eley and Suny, *Becoming National: A Reader*, pp. 42-56。

〔6〕Anderson, "Internationalism: A Breviary", pp. 7-8.

〔7〕Eile Kedourie, *England and the Middle East: The Destruction of the Ottoman Empire 1914-1921*, Hassocks, Sussex: The Harvester Press, 1978.

〔8〕关于凯杜里对于这一问题的看法，以及他与以赛亚·柏林（Isaiah Berlin）在民族主义及犹太复国主义问题上的冲突，请参见 Martin Sieff, "Isaiah Berlin and Elie Kedourie: Recollections of Two Giants", *Convenant* 1, no. 1 (November 2006)。Martin Sieff 曾经先后师从两人。他从犹太教内不同宗派间文化传统差异，以及由于出生地域差异（柏林是俄国犹太人）所造成的历史与政治环境差异角度出发，对他们二人理论观点的异同做出了分析。

〔9〕Eric Hobsbawm, and Terence Ranger, ed., *The Invention of Tradition*, Cambridge: Cambridge University Press, 2012.

〔10〕Eric Hobsbawm, *Nations and Nationalism since 1780*, *Programme*, *Myth*, *Reality*, 2 ed., Cambridge: Cambridge University Press, 1990, pp. 2-3.

〔11〕关于19世纪末20世纪初中国"民族"观念的产生及其与日本近代化运动的思想史关联，请参见王柯：《"民族"：一个来自日本的误会》，载《二十一世纪》2003年6月号，总第77期，第73—83页。

〔12〕《中国人民政治协商会议共同纲领》，载中央档案馆编：《中共中央文件选集》（第18册），中共中央党校出版社1992年版，第548页。关于清朝与中华民国之间的法统继承关系，特别是在这其中牵涉到的蒙、满、藏、回、汉五族对清朝主权的共同接续，请参见章永乐、杨昂、郭绍敏、高全喜等在《环球法律评论》、《中外法学》以及《经略》（网刊）上发表的一系列文章。章永乐：《大妥协：清王朝与中华民国的主权连续性》，载《环球法律评论》2011年第5期；杨昂：《清帝〈逊位诏书〉在中华民族统一上的法律意义》，载《环球法律评论》2011年第5期；郭绍敏：《大变局：帝制、共和与近代中国国家转型》，载《中外法学》2011年第5期；高全喜：《政治宪法学视野中的清帝〈逊位诏书〉》，载《环球法律评论》2011年第5期；以及海裔：《辛亥革命中的国家主权连续性问题》，载《经略》（网刊）2011年第9期。此处不再赘述。

〔13〕例如，金炳镐主编：《中国民族理论百年发展1900—1999》，辽

宁民族出版社2008年版。

〔14〕这类新清史学派的论述，可以参见 Rawski, Evelyn Sakakida, *The Last Emperors: A Social History of Qing Imperial Institutions*, California: University of California Press, 1998; Perdue, Peter C., *China Marches West: The Qing Conquest of Central Eurasia*, Cambridge, Mass: Harvard University Press, 2005; Hostetler, Laura, *Qing Colonial Enterprise: Ethnography and Cartography in Early Modern China*, Chicago and London: University of Chicago Press, 2001; Elliott, Mark C., *The Manchu Way: The Eight Banners and Ethnic Identity in Late Imperial China*, Stanford: Stanford University Press, 2001。

〔15〕这一问题最近最为深入的讨论来自明石钦司：『ウェストファリア条約——その実像と神話』，慶應義塾大学出版会2009年版。

〔16〕关于这部分内容，请参见管彦波：《明代的舆图世界："天下体系"与"华夷秩序"的承转渐变》，载《民族研究》2014年第6期。

〔17〕关于清末边疆治理方式在世界格局动荡过程中的变化，请参见阿地力·艾尼：《清末边疆建省研究》，黑龙江教育出版社2012年版。

〔18〕梁启超：《爱国论》，氏著：《梁启超文集点校》（第2集），云南教育出版社2001年版，第666页。

〔19〕孙宝琦：《出使法国大臣孙上政务处书》，载《东方杂志》第1年（1904年）第7号。

〔20〕梁启超：《商会议》，氏著：《梁启超文集点校》（第3集），云南教育出版社2001年版，第1321页。

〔21〕梁启超：《政治学大家伯伦知理之学说》，氏著：《梁启超文集点校》（第1集），云南教育出版社2001年版，第450页。

〔22〕关于梁启超对伯伦知理国家论的阐发，请参见章永乐：《旧邦新造，1911—1917》，第3章。

〔23〕《端方等为设局筹办江南地方自治折》，载中国第二历史档案馆编：《中华民国史档案资料汇编》（第1辑），江苏古籍出版社1991年版，第102—103页。

〔24〕《各国地方自治制考》，载《东方杂志》第4年（1907）第10期，第440—452页。

〔25〕《宪政编查馆核议城镇乡地方自治章程并另拟选举章程折》，载《清末筹备立宪档案史料》（下册），文海出版社1981年版，第726页。

〔26〕张謇：《日记1903年5月16日》，氏著：《张謇全集》（第6

卷），江苏古籍出版社1994年版，第494页。

〔27〕胡春惠：《民初的地方主义与联省自治》，中国社会科学出版社2011年版，第32—34页。

〔28〕《端方等为设局筹办江南地方自治折》，载中国第二历史档案馆编：《中华民国史档案资料汇编》（第1辑），江苏古籍出版社1991年版，第102—103页。

〔29〕这种官商勾结的社会状况，以及随之形成的晚清地方主义倾向，连同这种经济分化造成的阶层分化，参见张玉法：《中国现代史》，东华书局1977年版，第50—52页。

〔30〕关于在地方自治条件下，地方"绅权"的急速膨胀以及地方主义盛行对民国政治的影响，参见魏光奇：《清末民初地方自治下的"绅权"膨胀》，载《河北学刊》第25卷第6期，2005年11月，第143—150页。

〔31〕关于龚自珍以及魏源等人对新疆建省的讨论，参见阿地力·艾尼：《清末边疆建省研究》，黑龙江教育出版社2012年版，第66—71页。关于张格尔叛乱以降，清廷内部关于是否弃守新疆的讨论，见阿地力·艾尼：《清末边疆建省研究》，第75—78页。

〔32〕徐中煜对林则徐被贬新疆、开垦屯田的历史有简单讨论，但并未深入处理林则徐治理海疆经验与治理陆疆经验之间的转换。参见徐中煜：《交通态势与晚清经略新疆研究》，黑龙江教育出版社2013年版，第44—49页。

〔33〕《复陈新疆情形折》，载左宗棠：《左宗棠全集·奏稿七》，岳麓书社1982年版，第173页。

〔34〕同上，170—174页。

〔35〕《联魁为筹备立宪新疆情况特殊拟变通办理折》，载中国第二历史档案馆编：《中华民国史档案资料汇编》（第1辑），江苏古籍出版社1991年版，第106—108页。

〔36〕当然，清朝道光年间在云南、西北等地发生的回民起义，从形式上看，确实有明确的族群认同特色。但是，需要强调的是，"回"并非一个真正意义上的族裔民族概念，而更多的是一种类似于"汉"的文化认同范畴，其基础是对伊斯兰教的共同信仰。民族学界直至20世纪中叶对"回"是否能够认定为"族"仍存在争议。

〔37〕关于辛亥革命前后孙中山等人的民族论，参见［日］松本真澄著，鲁忠慧译：《中国民族政策之研究——以清末至1945年的"民族论"

为中心》，民族出版社2003年版，第56—64页。

〔38〕关于这一点已有不少论者仔细讨论过。参见杨昂：《民国法统与边疆民族——以清帝逊位诏书为中心》，载《环球法律评论》2011年第5期。以及章永乐：《旧邦新造，1911—1917》，北京大学出版社2011年版。

〔39〕《中华民国临时约法》，载中国第二历史档案馆编：《中华民国史档案资料汇编》（第2辑），江苏古籍出版社1991年版，第106页。

〔40〕《清帝宣布退位旨》，载中国第二历史档案馆编：《中华民国史档案资料汇编》（第2辑），江苏古籍出版社1991年版，第72—73页。

〔41〕孙中山：《咨参议院推荐袁世凯文》，载中国社科院近代史所编：《孙中山全集》（第2卷），中华书局1986年版，第85页。

〔42〕孙中山：《复蒙古联合会蒙古王公电》，同上，第89页。

〔43〕关于民国政府选举制度上体现出的民族政策，请参见杨思机：《以行政区域统驭国内民族——抗战前国民党对少数民族的基本策略》，载《民族研究》2012年第3期，第65—75页。

〔44〕《中华民国训政时期约法》，载中国第二历史档案馆编：《中华民国史档案资料汇编》（第5辑第1编），江苏古籍出版社1991年版，第269页。

〔45〕《中华民国宪法草案》，同上，275页。

〔46〕孙中山：《在沪尚贤堂茶话会上的演讲》，载中国社科院近代史所编：《孙中山全集》（第3卷），中华书局1986年版，第324页。

〔47〕孙中山：《在沪欢送国会议员宴会上的演说》，同上，第318页。

〔48〕关于民族主义在国民革命过程中发生的历史过程，特别是在工商业发达、资产阶级根基深厚的开埠大城市中的发展，参见Fitzgerald, John., *Awakening China: Politics, Culture and Class in the Nationalist Revolution*, Stanford, Calif: Stanford University Press, 1998, pp. 112-136。

〔49〕这一问题可以参见杜赞奇分析孙中山对中国社会秘密会党的态度。杜赞奇指出，孙中山对秘密会党作为革命有生力量这一问题始终有种精英主义的态度，"神圣"的民族主义竟然创生于下等社会。实际上，孙中山始终未能真正解释，被看作"乌合之众"的民间会党，究竟如何获得政治意识。参见杜赞奇著，王宪明译：《从民族国家拯救历史：民族主义话语于中国现代史研究》，社会科学文献出版社2003年版，第125—130页。

〔50〕在1996年第48届美国亚洲研究学会（Association for Asian

Studies) 年会的主席演讲中，由罗友枝提出，参见 Rawski, Evelyn S. , "Presidential Address: Reenvisioning the Qing: The Significance of the Qing Period in Chinese History", *The Journal of Asian Studies* 55, no. 4 (1 November 1996): 829-850。

〔51〕这是毛泽东在长沙《大公报》"湖南建设问题"专栏发表的一系列文章中的一篇，题为《"湖南自治运动"应该发起了》，见中共中央文献研究室编：《毛泽东年谱，1893—1949》（上册），中央文献出版社2013年版，第64—65页。

〔52〕这也是上述专栏文章中的一篇，题为《释疑》。见同上，第65页。

〔53〕李资源：《中国近现代少数民族革命史要》，中央民族大学出版社1995年版。

〔54〕See Connor, Walker, *The National Question in Marxist-Leninist Theory and Strategy*, New Jersey: Princeton University Press, 1984, pp. 5-7.

〔55〕下文中与《共产党宣言》相关的所有英文、中文、德文材料均来自 www. marxists. org。

〔56〕这段话的英译为：The bourgeoisie keeps more and more doing away with the scattered state of the population, of the means of production, and of property. It has agglomerated population, centralised the means of production, and has concentrated property in a few hands. The necessary consequence of this was political centralisation. Independent, or but loosely connected provinces, with separate interests, laws, governments, and systems of taxation, became lumped together into one nation, with one government, one code of laws, one national class-interest, one frontier, and one customs-tariff.

其德语原文为：

Die Bourgeoisie hebt mehr und mehr die Zersplitterung der Produktionsmittel, des Besitzes und der Bevölkerung auf. Sie hat die Bevölkerung agglomeriert, die Produktionsmittel zentralisiert und das Eigentum in wenigen Händen konzentriert. Die notwendige Folge hiervon war die politische Zentralisation. Unabhängige, fast nur verbündete Provinzen mit verschiedenen Interessen, Gesetzen, Regierungen und Zöllen wurden zusammengedrängt in *eine* Nation, *eine* Regierung, *ein* Gesetz, *ein* nationales Klasseninteresse, *eine* Douanenlinie.

〔57〕《关于国际帝国主义与中国和中国共产党的决议案》（摘录），

载中共中央统战部编:《民族问题文献汇编,1921.7—1949.9》,中共中央党校出版社1991年版,第8页。该决议在中国共产党1922年第二次全国代表大会上通过。

〔58〕《加拉罕给鲍罗廷的信》,载中共中央党史研究室第一研究部编:《联共(布)、共产国际与中国国民革命运动,1920—1925》(第1卷),北京图书馆出版社1997年版,第389页。

〔59〕《鲍罗廷的札记和通报》,同上,第433页。

〔60〕同上,第449页。

〔61〕同上,第459页。

〔62〕同上,第449页。

〔63〕同上,第469页。

〔64〕《红军第四军司令部布告(摘录)》,载刘先照主编:《中国共产党主要领导人论民族问题》,民族出版社1994年版,第3页。

〔65〕《中国共产党对于目前问题之计划(摘录)》,载中共中央统战部编:《民族问题文献汇编,1921.7—1949.9》,中共中央党校出版社1991年版,第24—25页。

〔66〕萧楚女:《显微镜下之醒狮派》,载《中国青年》1925年10月。

〔67〕《民族问题文献汇编,1921.7—1949.9》,第32页。

〔68〕《国民军中工作方针》,载《中央政治通讯》第10期,1926年11月3日。

〔69〕《中共中央关于西北军工作给刘伯坚的信》,载《民族问题文献汇编》,第46页。

〔70〕《中国共产党第六次代表大会底决议案》,载中共中央书记处编:《六大以来:党内秘密文件》(上册),人民出版社1980年版,第2页。

〔71〕关于抗日战争时期少数民族的参与,以及在日本鼓动下的少数民族地区分裂运动的讨论,参见安井三吉:《少数民族与抗日战争》,载池田诚编著:《抗日战争与中国民众:中国的民族主义与民主主义》,求实出版社1989年版,第113—123页。

〔72〕毛泽东:《中国的红色政权为什么能够存在?》,载《毛泽东选集》(第1卷),人民出版社1991年版,第47页。

〔73〕中共中央党史研究室第一研究部编:《联共(布)、共产国际与中国国民革命运动,1920—1925》(第1卷),第414—415页。

〔74〕毛泽东:《中国的红色政权为什么能够存在?》,载《毛泽东选集》(第1卷),第49页。

〔75〕《中国共产党红四军军党部"共产党宣言"》,载《民族问题文献汇编》,第96页。

〔76〕参见 Hinton, William, *Fanshen: A Documentary of Revolution in a Chinese Village*, New York: Vintage Books, 1966. 以及 Selden, Mark, *China in Revolution: Yenan Way Revisited*, Armonk, N.Y: Routledge, 1995。

〔77〕《中国共产党党章》(摘录),载《民族问题文献汇编,1921.7—1949.9》,第88页。

〔78〕《中共中央给蒙委的信》,载《民族问题文献汇编,1921.7—1949.9》,第100—107页。

〔79〕《中共五中全会政治决议案》,中央统战部、中央档案馆编:《中共中央抗日民族统一战线文件选编》(上),档案出版社1984年版,第184—209页。

〔80〕《中国工农红军布告》,载《中国共产党主要领导人论民族问题》,第4页。

〔81〕陈云:《随军西行见闻录》,载刘统编:《亲历长征——来自红军长征者的原始记录》,中央文献出版社2006年版,第21—49页。

〔82〕[美]埃德加·斯诺:《西行漫记》,东方出版社2005年版,第196页。

〔83〕陈云:《随军西行见闻录》,第36页。

〔84〕杨定华:《雪山草地行军记》,载刘统编:《亲历长征——来自红军长征者的原始记录》,第77、95页。

〔85〕《中国工农红军四方面军政治部关于少数民族工作的指示》,载《民族问题文献汇编,1921.7—1949.9》,第358—361页。

〔86〕张闻天:《红色中华》,1934年6月28日。

〔87〕例如,长征部队进入回民区域需要先征求当地阿訇意见,参见《中国工农红军第一方面军关于回民区域政治工作》,载《民族问题文献汇编,1921.7—1949.9》,第344页。

〔88〕《中国工农红军总政治部关于争取少数民族的指示》,载《民族问题文献汇编,1921.7—1949.9》,第339—340页。

〔89〕毛泽东:《中华苏维埃中央政府对回族人民的宣言》,载《六大以来》(上),第764—765页。

〔90〕根据《毛泽东选集》，这一表述最早出现在毛泽东1935年12月27日在陕北瓦窑堡会议之后瓦窑堡党的活动分子会议上作的报告中。题为《论反对日本帝国主义的策略》。原文为："我们说，长征是历史记录上的第一次，长征是宣言书，长征是宣传队，长征是播种机。"参见毛泽东：《毛泽东选集》（第1卷），人民出版社1991年版，第150页。日本毛泽东文献资料研究会编辑出版的《毛泽东集》收录了1935年12月25日瓦窑堡会议通过的《关于目前政治形势与党的任务决议》，其中也有类似的表述，原文是："中央红军以十二个月工夫，用两万五千里的长征，战胜了蒋介石的长追，宣告了帝国主义及其走狗蒋介石围追堵截的破产……并以宣传队的作用向着他纵横驰骋的十一个省二万万以上的民众指出了解除痛苦救亡救国的道路；以播种机的作用，散布了许多革命的种子。"参见竹内实监修、毛泽东文献资料研究会编辑：《毛泽东集，1935.11—1938.5》（第5卷），苍苍社1983年版，第21页。

〔91〕毛泽东：《中国共产党的民族政策》，载《中国共产党主要领导人论民族问题》，第30页。

〔92〕周恩来：《关于我国民族政策的几个问题》，载《中国共产党主要领导人论民族问题》，第169—170页。由于历史和经济发展状况差异而形成的中国与苏联民族自治政策的差异，在1940年李维汉对回族问题的讨论中已经得到了比较系统的论述，参见罗迈：《回回问题研究》，载《解放》1940年6月16日，第109期。

〔93〕李维汉：《有关民族政策的若干问题》，载《李维汉选集》，人民出版社1987年版。

〔94〕《中国人民政治协商会议共同纲领》，载《民族问题文献汇编，1921.7—1949.9》，第1290页。

〔95〕邓小平：《关于西南少数民族问题》，载《中国共产党主要领导人论民族问题》，第57—58页。

〔96〕《毛泽东年谱，1949—1976》（第1卷），第350页。

〔97〕邓小平：《关于西南少数民族问题》，载《中国共产党主要领导人论民族问题》，第58页。

〔98〕周恩来：《关于西北地区的民族工作》，载《中国共产党主要领导人论民族问题》，第48—49页。

〔99〕《社论：开展少数民族地区的贸易工作》，载《人民日报》1951年9月14日，第1版。

〔100〕同上。

〔101〕周恩来:《民族解放运动的国际地位和作用》,载中华人民共和国外交部、中共中央文献研究室编:《周恩来外交文选》,中央文献出版社1990年版,第34—37页。

〔102〕《参加亚非会议的方案(草案)》,1955年4月5日,载《毛泽东年谱1949—1976》(第2卷),第363页。

〔103〕周恩来:《在亚非会议全体会议上的发言》,载《周恩来外交文选》,第112—125页。

第四章
反帝团结

欲动天下者，当动天下之心。

——毛泽东《致黎锦熙信》，1917年8月23日

1950年抗美援朝揭开序幕后不久，世界民主青年联盟代表团访问中国。期间，《人民日报》刊登了大量对于各国青年代表的采访。其中对阿尔及利亚代表的采访颇能反映出新中国对"团结"问题的重视及对其政治意义的理解。访谈表示，"对朝鲜人民和美帝进行的正义战争，阿尔及利亚人民也和全世界爱好和平的人民一样，用最大的同情来支援他们，而且以最大的关怀注视着他们的胜利。因为朝鲜人民今日的战斗，正是他们明天行动的最好模范。"[1] 这种在世界各个角落发生的反帝反殖民运动，也许并没有实际的组织联系，但对这类反抗运动的集中报道与深入讨论，则将中国本身的革命与社会主义建设历史置于一个更为广泛的世界政治变迁的历史性框架中。在这个脉络里，对越南、阿尔及利亚、叙利亚等地反帝反殖民运动的道义性"支援"，构成了

一种强大的精神力量,并赋予了中国当时正在进行的抗美援朝与社会主义建设以更为普遍与神圣的意义。

在西方传统外交史的讨论中,这种对第三世界民族独立运动的道义支援并未受到重视。传统的外交史叙事脉络,更关心"世界革命"这一政治理想主题在"实力政治"层面的表现。在这种研究框架下,对于"世界革命"的分析,随着共产党全国政权的建立而演变为"革命外交"政策的逻辑基础。这一叙事包含了两个基本假设:一是对"外交"(diplomacy)观念的国家中心式(state-centric)的理解,二是将革命简化为一种持久的暴力对抗。在此基础上发展起来的对新中国"革命外交"的理解,便被简单归纳为本质上"非外交"的,非左即右、非敌即友式的粗暴斗争态度,[2] 或是一种暴力的干涉主义表现,并试图以此"佐证"新中国在坚持万隆精神上的实用主义逻辑与霸权立场。也正是在这种逻辑里,新中国的外交政策也被看作是新中国"革命后革命"语境中的一个组成部分,并且随着内政变化不停地发生着转变。[3]

然而,回到中国革命的历史现场,我们可以发现,对于"革命"概念的理解除了暴力反抗之外,还包含了被压迫者之间的联合与团结。也正是在"团结"这一国际主义的前提下,新中国发展出了对世界范畴内反帝"革命"的丰富理解。基于这个背景,"世界革命"不能被简单地理解为以干涉为目的进行的暴力革命输出。事实上,在新中国成立之初,那种在国际主义精神框架下,以反帝反殖民维护世界和平为目标，对第三世界民族独立运动的普遍道义支持恰恰构成了这种"世界革命"图景的基本框架。而不理解"世界革命"背后的道义关怀，便无法理解新中国在和平运动、国际援助、文化外交等一系列重要活动背后的逻辑，及其传递的对世界平等秩序的理想。

在接下来两章的讨论中我们会发现，这一世界革命的主题，以及与之密切联系的国际主义精神，超越了一般的主权国家与党派界限，贯穿了整个中国现代革命的政治实践，并最终构成了新中国成立初期人们政治身份认同以及想象世界方法的重要基础。

"民族问题"背后的霸权秩序

在西方现实主义理论框架下，世界革命被视为共产主义运动内部用以掩盖大国沙文主义政治的说辞。世界革命的理想因此也沦为冷战时期社会主义阵营内的"新殖民主义"霸权。从逻辑上，以绝对的分离性民族主义为核心的历史叙事进而成为对这种"新殖民主义"的回应。所有在不同民族历史与社会发展过程中出现的不平等现象，则被冠以一个"民族问题"的总称，反过来被作为武器，参与到强权政治的对抗。这种以排他的民族观念为基础，通过有选择地推动民族自决（self-determination）的手段，来进行强权政治对抗的模式，从19世纪维也纳体系形成时便被采用。我们可以发现，在19世纪中，获得英国积极承认并支持的民族独立运动或者属于欧洲旧帝国的殖民地,或者来自于全球贸易路线上一些关键的,属于奥斯曼与中国这两个非西方帝国的传统治权范围之内的民族地区。英帝国对于前者,特别是那些拉丁美洲西班牙帝国殖民地独立的支持毫不犹豫。而针对欧洲大陆君主国之间的战争,卡苏里子爵(Viscount Castlereagh, 1769—1822)则采取了著名的不干涉政策(Non-intervention)[22]。维也纳体系所维护的和平,因此也成了新旧欧洲世界霸权之间缠斗的平台。1822年的维罗纳会议(Congress of Verona)则从实质上终结了维也纳体系,并也凸显出了欧洲"五霸共治"模式的脆弱。[23]

从维罗纳会议之前英国的议会讨论中我们可以看到,英国与西班牙美洲帝国之间的贸易联系已经存在多年。英国制造与商业资产阶级绝不容许这种联系受到任何阻碍。1822年7月,在维罗纳会议举办之前3个月,卡苏里子爵便向威灵顿公爵表示,英国对拉丁美洲的政策只关乎英西关系,与法国、俄国或其他任何国家无关。[24] 虽然,在19世纪的英国,这种以对抗西班牙为目标而对拉丁美洲独立的支持被表述成自由主义英国对世界"普遍民族独立"(universal national independence)的推动,[25] 然而,事实上,卡苏里子爵对世界范围内的民族独立毫无兴趣。他仅仅有选择地在拉美(针对西班牙帝国)、意大利以及希腊(针对奥斯曼)积极推动不干涉主义政策,而在维也纳体系内部,尤其是西班牙革命问题上,则反对法国协助镇压。英国甚至直接参与支持西班牙反政府游击队。这也就彻底打破了由奥地利首相梅特涅精心构建的那种"五霸共治"的平衡体系。

最终,卡苏里子爵的继任者坎宁在维罗纳会议上由于西班牙问题而彻底与法国决裂。他表示,"现在的时局,重新回到了一个有益的状态(wholesome state)。国家自谋前程,上帝关爱世人(Every nation for itself and God for us all)!"[26] 在梅特涅看来,英国这个被"革命精神"(revolutionary spirit)影响"坏到骨子里的"国家,现在终于"赤裸裸地站在世界面前了"。[27] 同样,在过了将近一个世纪之后,新兴的美国也采用了同样的方式,以有选择性地推动民族自决权,开始了对旧霸权(英国及整个欧洲旧大陆)的挑战。

当我们将目光从欧洲转向整个世界之后可以发现,维也纳体系带来的和平非常有限。对1840年的英国来说,奥斯曼土耳其帝国与俄罗斯帝国则是继拿破仑之后,与英国利益更为密切相关的国际力量。1840年7月15日,英国、奥地利、普鲁士、俄国与奥斯曼帝国签订了《伦敦协议》(Convention of London)。巴麦尊勋爵认为,一个稳定的奥斯曼帝国将会为欧洲的安定提供基础,他希望通过扶持奥斯曼来防止俄国单方面控制博斯布鲁斯海峡这一通往印度洋贸易的关键隘口。为了达到这一目的,他不惜武装干涉埃及帕夏穆罕穆德·阿里的叛乱,炮击贝鲁特,以期维护《伦敦协议》中规定阿里从叙利亚和黎巴嫩撤军的诉求。也正是他,在1827年的《伦敦条约》(Treaty of London)中,要求奥斯曼帝国承认希腊人的自治。这种一边扶持、一边遏制的策略,直接体现了英国当时的基本战略目标,即维持一个稳定但不那么强大的奥斯曼,使之在欧洲自由贸易帝国秩序中发挥平衡作用。

在了解了 19 世纪这一背景后,我们再来审视"民族问题"的叙事,便能发现其背后的霸权主义隐喻,以及与殖民历史的关系。今天,我们讨论的殖民主义问题,基本来源于欧洲 18 世纪末期海外扩张过程中形成的一种法律秩序。在这种被今天国际社会普遍认同的国际法秩序中,那种在欧洲历史中形成的民族国家主权是国际行为的主体。从格劳秀斯(Hugo Grotius)时代开始,这一民族国家主权规范便是对欧洲传统中帝国(主要是罗马帝国)的"治权"(*imperium*)以及教皇的专制权利(*potestasabsoluta*)的有效拒斥。从这个角度看,欧洲历史上现代民族国家的形成,是对原有帝国治权及教权统一的分裂的结果。这种分裂的基础,是在自然共同体基础上发展起来的绝对主义君主权力。对欧洲内部来说,君主的绝对主义主权建立在一个亚里士多德式的"自然共同体"内部。这一自然共同体的基础是"自给自足"($αuι τάρκεια$, self-satisfaction)。

今天"民族国家"观念中的核心概念"民族"(*nation*)来自于西塞罗。其拉丁语词源是 natus,指的是有共同祖先的全体人群。这种血缘上的共通性与今天的种族(race)观念相近。然而,缺少了政治共同体(*populus*)的认识,单纯的种族共同体(*natio*)无法形成健康的、具有自我保卫能力的、可以独立生存的群体。[28] 种族共同体的自我保卫能力的形成是一个主权与治权分离的过程。[29] 在民族国家主权观念基础上形成的有限的边界（border），恰恰是对在帝国治权基础上形成的边疆（frontier）的对抗。其历史动力，恰恰来自欧洲历史中罗马皇帝治权统一的结束与地方封建领主主权分裂的兴起。[30] 其本质上，是对耕作土地（cultivated land）的所有权的确认。[31]

从17世纪开始，从民族国家主权基础上发展起来的欧洲国际法体系也开始用于规范欧洲国家在海外殖民地的行为。而国际法作为一种普遍法（universal law），其普遍性基础实际上来自于美洲的殖民者们对于滑达尔（Emer de Vattel）和格劳秀斯发展起来的国际法规范的进一步诠释。[32] 从本质上说，这种欧洲民族国家国际法体系的普遍性是具有明确边界的，其自然法（Natural law）的特性从根本上将其适用范围规定在信仰基督教的白人世界内。格劳秀斯认为，所谓自然法实际上是对"基督徒认可的合法性"（what is lawful for Christians）的认可。[33]

只有从17世纪国际法自然法的起源及其发展层面上，我们才能理解殖民主义背后的法律意义。对欧洲国家来说，只有欧洲内部民族国家的主权才是神圣的。而当干涉行动出现在欧洲之外的地区时，则并未对这种（欧洲国家）主权的神圣性提出挑战。这类干涉与扩张行动仅仅需要遵循简单的强权政治逻辑。欧洲殖民者在殖民地行为的合法性，恰恰基于它们对殖民地人民已有主权形式的否认。因而，我们可以发现，这种殖民行为在格劳秀斯国际法中实际上被表述成对未耕种的"无主之地"（*Terra nullius*）的占有以及对海洋这

第四章 反帝团结

类"无主财产"(res nullius)的使用与分配。离开了对财产权有意识的分配这一"欧洲中心"的历史背景,我们便无从理解殖民主义的真正含义。反之,如果简单用当代语境下的"殖民主义"去重新解读17—18世纪世界史范畴内,发生在欧洲及基督教世界之外的主权及治权行为,便显得极其无力。

当然,在法律实证主义思潮的影响下,国际法自19世纪开始渐渐剔除其自格劳秀斯以来的自然法色彩。然而,这个过程中形成的实证主义普遍性却已经不单单服务于欧洲的殖民主义秩序。在美国式的世界图景中,民族国家主权的普遍性通过对民族自决的推崇而扩大到欧洲之外。而这种看似对普遍主义秩序的推进,其本质仍旧是正在兴起的新霸权对欧洲殖民帝国主义秩序旧霸权的挑战。在19世纪末,这种挑战的主要"战场"则主要集中在西方世界之外,以推动有限的民族自决或强权之间利益均沾为表象,以国际法理论讨论为政治实践形式展开。[34] 美国作为一个新兴的势力,在其新教长老会(Presbyterian)传教士们的协助下,开始将国际法推广到包括中国在内的非西方世界中。[35]

中国"天下"秩序中民族国家主权意识的出现,其历史动力来自于两种西方世界霸权格局更替中出现的冲突。这种冲突的复杂性更体现在不同霸权力量之间从现实主义权力政治的角度出发,对同一种普遍性话语差异性的使用。这种多重标准的运用不但存在于两种相互竞争的霸权之间,也存在于霸权内部针对不同地区不同问题的不同处理方式上。具体来说，我们既能看到欧洲旧世界殖民霸权针对中央统一性的主权的漠视，也能看到在殖民秩序下，对地方分裂性的自决权的鼓励。[36]这种欧洲现代殖民帝国主义的扩张，在思想上也对非西方世界造成了巨大影响。例如，在奥斯曼帝国衰亡与19世纪末自我转型的历史中，当代政治话语中的"民族问题"作为殖民知识的一部分，开始在这个非西方的普世帝国内部生根发芽，在很大程度上刺激了奥斯曼帝国的分裂与现代土耳其的建构。同时，我们也能看到，19世纪的美国，作为一个新兴的力量，也开始对民族自决及其背后的政治普世话语进行策略性诠释，并进而挑战了欧洲殖民世界秩序。然而，这种对旧殖民世界秩序的反抗却很快也发展成一种新的干涉主义霸权。[37]

19世纪出现了几种普遍性话语之间的冲突。同时，在西方普遍主义话语内部，欧美新旧大陆也开始出现分裂。这种分裂也伴随着对欧洲国际法秩序普遍主义话语的再诠释。也只有透过非西方世界，我们才能真正看到那种似乎是铁板一块的西方现代性政治历程内部存在着的巨大冲突。现代世界秩序形成于这种复杂的冲突关系中。对于民族身份的认同也需要被放在这个背景下理解。从欧洲殖民秩序角度出发，"民族"观念的理论基础来自于19世纪中期发展起来的所谓科学种族主义。[38]随着19世纪生物分类学的发展，一种用"科学"的标尺对人类种族进行分类的尝试也开始兴起。除了对人类从体质上进行的分类之外，一个更基本的问题则是为这种体质性差异提供合理化解释。在环境决定论的影响下，人种的体质多样性被看作是物理环境特别是耕作条件影响下的必然差异。在古生物学创始人瑞士解剖学家乔治·居维叶（Georges Cuvier）看来，人类主要分为三个迥异的种群，即高加索白种人（Caucasique）、蒙古黄种人（Mongolique）以及伊索比亚黑种人（Éthiopique）。造成这种人种差异的基础是各大洲迥异的古气候环境。这种环境差异进而造成了文明程度的差异。如苦寒的北亚、北欧，以及美洲森林的环境造就了占据那片大陆的"野蛮"捕猎人，而中亚与非洲的沙漠盐碱地养育了那些游牧的半开化（demi-civilisées）族群。他们一直与周边的农业国家冲突不止。诸如波斯、印度、中国这类农耕国家（les pays cultivés）物产丰富，反之也受富饶所累，因而需要专制集权君主进行组织保护，这种专制主义又阻碍了工业的发展。在居维叶看来，只有不受野蛮人（Barbares）干扰、气候平和的南欧才是真正的文明（civilisation）的起源。[39] 这段叙述中最有意思的论述是居维叶对文明的分类。[40]

从词源上说，文明（civilisation）与耕作（cultivés）密切相关。这一点在之前对殖民权利的讨论中也能得到佐证。然而，一片土地耕作与否在19世纪殖民知识中并非是"文明"的唯一例证。从居维叶的讨论中我们发现，工业的发展、在其影响下兴起的社会财富积累与中产阶级个人主义才是现代文明的标志。农业（l'agriculture）与文明是两种不同的人类社会进化阶段。前者的兴盛，并不能直接导致后者的发生。能否从一个落后阶段发展到一个高级阶段（avancé son développement），一个重要的因素是环境。在居维叶看来，包括中国在内的一些国家，它们仅仅算作是"农耕国家"。这类国家在专制主义（despotisme）统治下，社会形式落后，国民软弱无力，因而难逃被人征服的命运。在这个意义上，这类农耕国家与"半开化"的游牧民族并无二致。从这种"野蛮/半文明/文明"的生物学分类中，我们也同样可以找到在欧洲殖民秩序中，从国际法及道德层面对其在非西方地区进行殖民活动的合法性叙述的基础。顺着这条逻辑线索，欧洲的殖民则被描述成"文明化任务"（civilizing mission）。其文明指向是非常明确的，即朝向欧洲工业化式的"现代化"计划。在这种过程中出现的针对非欧洲白人的政治经济霸权同"文明化任务"的普遍主义政治话语出现了冲突，同时也出现了对非白人权利的认可与殖民扩张经济效益最大化需求之间的冲突。在这多种冲突之下出现的一系列诸如"原住民问题"（aborigine question）、"黑人问题"（negro question）等，恰恰体现了这种以社会达尔文主义道德历史观及工业现代化为基础的殖民主义普遍话语理论上巨大的漏洞，也正是这些问题的存在，使得殖民主义普遍话语下建立的世界秩序始终处在冲突与反抗、中心与边缘这类尖锐对立的困境之中。

世界革命语境下的民族问题

作为一种分离性力量的民族主义及在此基础上建立起来的民族国家，很可能仅仅是欧洲历史的一种地方性经验。这种理论假象之所以被视为普遍,与殖民秩序在世界的扩张密不可分。[41] 作为一种历史的倒叙,作为分离性力量的民族主义又限定了我们今天对国家组成模式及国际法世界秩序的想象能力。实际上,如果超出民族国家历史叙事维度,伴随着去殖民运动而兴起的民族国家/民族主义本身,可以被看作是对旧霸权进行反抗的世界性历史浪潮中的一个组成部分。

如果将这一过程放在两次世界大战之间的世界历史背景中考察我们便能发现,民族主义在西方之外地区的兴起,同时呼应了当时那种试图通过超越民族国家想象、构建地区或者世界范围内整体性的政治认同,进而尝试构建新的平等秩序的政治实践过程。在这一世界性的浪潮中,想象世界整体秩序的方法开始在各地出现。此过程又造就了诸如国联与英联邦这类建立在不同普遍主义政治想象基础上的超国家(supra-state)国际组织,并作为构建国际秩序的行动者(actor)进行活动。同时,还出现了诸如泛伊斯兰主义(pan-Islamism)、和平主义(Pacifism)、泛亚洲主义(Pan-Asianism)、雅利安主义(Aryanism)等一系列以调动宗教、种族、政治信仰、地区认同为基础的非国家行动主体(non-state actor)。这些共同体想象方式的一个共性是,它们均试图对19世纪殖民帝国主义霸权主导下的世界秩序提出回应。从现象上来看,这类政治想象都建立在一种最基本的反帝、反旧霸权话语之上。而由于旧霸权在世界各地的作用模式不同,对抽象的"霸权"的具体反应形式及其政治展开则更加多样。[42] 在随后的历史进程中，诸种想象世界秩序的模式或者与种族/民族国家为中心的政治叙事结合，成为新霸权秩序的话语基础，或者彻底脱离了国家/社会的公共空间，成为仅仅属于一部分人的政治想象。

然而，也正是在这种旧霸权与新霸权冲突的政治夹缝中，第三世界的民族独立运动一度获得了生命，进而成为追求国际平等秩序的有机参与者。随着《大西洋宪章》的颁布，越来越多的第三世界国家民族独立运动开始以此为法律依据。1956年的苏伊士运河危机便是这种矛盾关系的直接体现。纳赛尔在一次讲话中强调，他不但是以埃及阿拉伯人的名义发言，也是以"所有自由国家的名义"发言。他的批评直指"那些《大西洋宪章》国家"，认为他们对第三世界独立运动的干涉，违反了《大西洋宪章》所依据的根本原则。[43] 正是第三世界的民族独立运动，将对民族革命的政治判定变成了一个具有普遍性可能的全球道义问题，而不是单纯二元的资本主义对抗共产主义的冷战思维。从这个意义上说，是第三世界民族主义运动在第二次世界大战之后的政治行动，为今天国际法体系下民族平等原则提供了道德内涵与政治保障，也使原本作为一个霸权秩序规则的文本，变成了具有全球普遍性价值的准则。

与自上而下对民族认同的想象相比，那种自下而上的斗争行动则更能发挥政治的整合作用。在这个意义上，来自被压迫地区以反帝反殖民形式出现的军事斗争，本身便发挥了一种整合作用，最大限度地将社会各阶层、集团，各地区的分散力量组织到一场国家身份建设的现代进程中。[44] 同样,在1917年俄国革命胜利时,那种超国家的"世界资本主义危机",仅仅在革命推动者们的理论叙述中作为一种基本的全球性历史大前提。而真正对革命成功起着关键作用,并发挥了社会调动与政治整合功能的,则是列宁所表述的对俄国经济状况的理解,以及在危机中寻找"有利于全体人民"道路的需求。因此,列宁才提出关于"只有国家资本主义才能拯救俄国"的基本认识。[45]

列宁认为,"拯救俄国"这一似乎建立在民族主义基础上的国家实力政治命题,在共产主义革命的前提下,还存在着一个进步与落后的差别。而能否建立超国家的无产阶级认同,则是决定这种进步意义的核心内容。这一点,在其与罗莎·卢森堡就民族自决权问题的争论中得到了很好的体现。在这场论争中,卢森堡的论点建立在对19世纪波兰民族主义性质的判断上。在她看来,19世纪上半叶波兰民族主义兴起的物质基础与中欧地区受资本主义发展影响而形成的那种民族国家认同有着根本差异。波兰的民族主义"根源于未开化的封建经济",本质上是一种占据统治地位的贵族对其社会地位身份的确证。[46] 卢森堡提出,现代民族主义与民族国家作为一种统治者的经济需要,本身并不具有普遍的进步意义。在19世纪世界资本主义体系中,波兰的工业从一开始便是具有依附性的出口工业。因此,波兰的资产阶级从起源上便是一种"殖民化的产物"(a product of colonization),是"移植到波兰土地上的外来物"(alien body transplanted into the

Polish soil），带有"明显的反民族因素"（antinational factor）。[47] 在这里，卢森堡将殖民理解为资本主义全球化过程中与弱小及经济不发达地区/国家之间形成的霸权关系。而在这种关系中，"民族主义"的认同在世界不同地区则形成了不同的政治动力，进而形成了对"国家"这一政治认同概念阶级性差异的具体判断。

这种将殖民视为一种霸权关系的理解，也直接影响到了后来西方马克思主义历史学家们对第三世界的认识。在斯塔夫里雅诺斯的论述中，第三世界是一个随着15世纪欧洲商业资本主义发展而不断扩大的概念。一个国家是否属于第三世界，并不取决于它的地理位置，而取决于其在国际经济结构中的客观地位，它指的是"那些在不平等的条件下参与最终形成全球性市场经济的国家和地区"。[48] 从这个意义上看，随着16世纪欧洲经济中心转移至西北欧，波兰乃至整个东欧地区的确如沃勒斯坦所判断的那样，成为欧洲的世界经济中欠发达的国家。[49]

在这个基础上，我们重新回顾卢森堡对波兰民族主义的判断便可以发现，卢森堡对民族自决的批判，主要针对的是在世界资本主义霸权压迫下，在发展落后的、处于被压迫地位的"较小的和次要的"国家中，自上而下地强行推动"形式上独立的人民的'自决'"的模式。[50] 卢森堡强调，这种条件下形成的民族主义热情，以及在这种热情推动下构建的国家，并不能成为改变这种经济不平等地位的动力。因此，这种民族概念"兼具乌托邦式和反动的特征"。[51] 而在

第四章 反帝团结 *177*

这种民族概念下形成的国家以及对"国家利益"的诉求，则无疑成为既得利益阶层意志的体现。[52] 在这个判断基础上，卢森堡对超国家的阶级联合寄托了更大希望。她更进一步从理论上试图将她的判断普遍化。她认为，"民族权利"（rights of nations）不应当作为社会主义政党讨论民族问题时自身立场的标尺。因为，包括"民族"、"权利"甚至"人民意志"（will of the people）在内的这些概念本身，仅仅是在无产阶级与资产阶级之间早期那种幼稚的、并无明确政治意识的对抗中产生的概念。在19世纪欧洲弱小国家的政治背景下，民族问题（nationality question）与其他社会与政治问题一样，本质上是一个"阶级利益的问题"（a question of class interests）。而对一个组织起来的、具有阶级意识的无产阶级来说，再使用这些概念则成为一种历史的矛盾（historical contradiction）。[53]

正如卢森堡对民族主义的批判一样，列宁为民族自决权的辩护也需要被放在19世纪末20世纪初欧洲政治背景下理解。列宁分析民族自决权政治意义的基本前提是俄罗斯解放运动。他强调，在谈论民族问题时，必须面对民族问题的"特殊性"。[54] 与波兰不同，在19世纪欧洲的世界体系中俄国主要作为一个霸权的施加者出现。在列宁看来，俄国作为一个帝国，其政治主体则是标榜着大俄罗斯主义的"封建主"。列宁强调，在这一前提下，如果否定俄国马克思主义者在"纲领上规定分离权"，便是无疑从事实上帮助了这类霸权者，帮助"大俄罗斯民族的黑帮"享受特权。同时，在俄国这种强大的现实政治压迫下,独立自主成为大俄罗斯民族的特权。大俄罗斯民族对帝国内其他民族的压迫,便表现在俄国对(大俄罗斯)民族主义的强调上。因此,强调(弱小)民族的分离权,无疑是俄国本身寻求平等的解放斗争的重要组成部分,更是俄国"替自己扫清走向解放的道路"的必要过程。[55] 在列宁随后对帝国主义(imperialism)的著名分析中我们可以清晰地看到,通过对俄国作为列强在世界殖民扩张过程中的巨大影响力,以及俄国银行业在整个欧洲金融寡头资本主义秩序中盘根错节的互利与依附关系的分析,列宁充分说明了俄国在整个帝国主义世界秩序中,作为压迫者的地位。[56] 而只有在这个反对(大俄罗斯)帝国主义政治的前提下,才能真正理解列宁为什么会认为(欧洲)弱小民族独立运动是在更广大范围内产生无产阶级社会革命运动的前提。列宁进一步提出,随着资本主义生产关系的全球扩张,这种民族之间的压迫与被压迫关系也会在世界范围内扩张。在资本主义的全球秩序下,绝大部分亚洲地区或者作为列强(Great Powers)的殖民地,或者作为被压迫民族,在不平等的国际体系中作为依附者存在。因此,在这类地区,以民族运动为动员模式的对抗活动,无疑是对这种不平等秩序最有力的打击,也是被压迫民族自我"觉醒"的过程。[57] 在列宁看来,这种压迫民族对被压迫民族"分离权"的支持超越了民族界限,并能够佐证建立跨国家的阶级大联合的可能性。这种阶级联合的可能则是判断民族独立进步意义的重要基础。列宁引用了1905年瑞典社会主义者支持挪威独立权的案例,以此说明这种在工人阶级中间、超越了民族界限和作为资产阶级与贵族特权的国家利益,站在"兄弟阶级团结"(fraternal class solidarity)基础上的联合,恰恰体现了(弱小)民族自决行动的进步性。[58]在1916年第一次世界大战期间,列宁又进一步对民族自决与国际主义关系的问题做了阐发。他强调,那些借口"为了社会革命"而"否定"民族问题的人无疑是普鲁东主义者。真正的马克思主义者是"着眼于各先进国家无产阶级阶级斗争的利益"的。在这个基础上,作为压迫者的大俄罗斯民族,则必须站在基于阶级联合的国际主义精神上,通过支持被压迫民族的自决来"获得解放"。[59]

如果把列宁与卢森堡就民族自决权的辩论放在20世纪世界革命脉络中来看,其复杂性则更为明显。用斯大林的表述,即民族问题仅仅是"改造现存社会制度的总问题的一部分"。[60]并且,随着俄国革命的胜利,它从欧洲"反对民族压迫的斗争的局部问题,变为各被压迫民族、各殖民地及半殖民地从帝国主义之下解放出来的总问题"。[61]斯大林以苏维埃政权承认芬兰独立为例,指出俄国十月革命"社会主义革命性"的根本在于它超越了狭小的地区范围与民族国家利益,并以阶级联合为政治基础与理想,超越了卢森堡所指出的那种资产阶级式民族主义政权的片面性。[62]在此基础上,斯大林给出了一个有中心有边缘的世界革命图景。由于十月革命的胜利,俄国毫无疑问成为这场世界革命运动的"中央"。这一革命浪潮"势必要扩展到边疆去"。这种革命运动的蔓延首先在俄国领土范围内出现。原有俄国边疆的"民族政府"与在"边疆工农与俄国工农"联盟影响下的"民族群众"彻底决裂，进而促成了在阶级认同基础上建立起的"社会主义联盟"的形成。[63] 斯大林对民族问题的讨论，一方面吸收了卢森堡式的对（俄国境内）民族政府反动性的认识；另一方面又融合了列宁站在对大俄罗斯民族主义批判角度对"自决权"革命性的论述。因此，在斯大林看来，民族自治政府的革命性，完全取决于统治阶级的阶级性。压迫不但包括来自外部的民族压迫，也包括来自于国家内部的资产阶级政权。因此，只有在本质上是超民族的无产阶级联合基础上出现的自治，才是真正意义上反压迫的"民族自由"。苏维埃政权的正当性，以及它得以保持俄国原有疆域的合法性基础，则都来自于对自由的保障以及在此基础上形成的政治平等。[64]

毫无疑问，从卢森堡到斯大林对民族问题的讨论中，无论是关于民族主义还是国际主义的认识，都基本建立在对欧洲社会政治历史的基础上。虽然在列宁与斯大林的分析中，"东方"作为"被奴役的殖民地和半殖民地"，成为被压迫民族反抗斗争世界性意义的重要组成部分，但是，我们也必须看到，他们对这些在欧洲之外有着迥异社会经济地理条件的民族的认识，很大程度上停留在逻辑推论或是经验论的层面。甚至在斯大林的表述中，我们还能感受到那种明确的差序观念。在这种差序格局中，东方扮演着一个从属性的角色。它是（在西方发生的）无产者世界革命斗争过程中，

"经过俄国革命"而新开辟的"反对世界帝国主义的革命战线"。[65] 而真正确立十月革命以及整个20世纪共产主义革命世界性意义的,则恰恰来自于广大"东方"内部发生的革命实践。也正是这场发生在"第三世界"内部的政治实践,为我们理解民族独立与国际主义问题提供了更为丰富的历史经验。

作为世界革命一部分的中国革命

在分析了民族国家秩序下对"民族"的内涵与在共产主义革命语境下对"民族"理解的差异之后,我们便能发现,那种以民族独立来否定世界革命理想的话语,是一种通过批评来进行规训的行动。以"民族问题"为抓手的对世界革命的批判,试图将一种完全不同的普遍主义世界理想,纳入一个旧的对国际秩序的理解范式中。而在接下来的讨论中,笔者希望从不同路径切入,从中国革命的经验出发,尝试发掘世界革命理想背后,重新阐述民族独立与世界解放之间的辩证关系。

作为一场漫长的社会革命,发生在1911年的中国革命开启了整个20世纪世界革命的序幕。这场革命的世界性是随着20世纪的进程而逐渐显现出来的。无论是20世纪初期的辛亥革命、俄国十月革命、中国新民主主义革命,还是在第二次世界大战结束之后开始的第三世界独立运动,缺少了任何一部分,都无法真正理解这场世界性的政治变革在平等政治发展进程中所扮演的重要角色。单纯从性质上来看，旨在推翻帝制的辛亥革命，其基本的政治动员话语与汉族民族主义的崛起关系密切。然而，随着政治革命目标的发展，革命建国的基础很快从"排满"变成了"五族共和"。[66] 这种通过革命而进行的"五族"之间的政治整合，从形式上，甚至要更早于斯大林描述的那种在俄国十月革命胜利后对原有帝国疆域内少数民族地区以"苏维埃民族共和国联邦"形式进行的整合。然而，无论是"五族共和"，还是"苏维埃民族共和国联邦"，两种自上而下的政治模式都无法真正从实践上体现出革命的另一层重要目标——再造新人。此外，在民国初年那种依照美国模式而构想出的"五族共和"并未真正处理如何在非汉族地区群众中间建立"共和"观念的问题。

在列宁和斯大林的叙述中我们看到，俄国社会主义革命中，这种超民族的"国际主义"式的认同基础来自无产阶级的政治觉醒。如果单纯像俄国革命者们那样，将中国与波斯、土耳其等"东方"国家，同质化地理解为资本主义世界秩序中被压迫的殖民地或半殖民地，那么其作为一个整体的"民族独立"便完全可以不言自明。但是，无论是卢森堡还是列宁和斯大林所描述的民族主义，都无法真正解释发生在欧洲之外地区的政治变动。辛亥革命从"反满独立"到"五族共和"的转变，体现了中国革命中民族问题的双重性。一方面，反满的政治任务反映了卢森堡所指出的民族主义从"占据统治地位的贵族对其社会地位身份的确证"到对这种确证的反叛；另一方面，革命之后建立的中华民国临时政府迅速转向"五族共和"，表明以汉人为主体的南方革命者们清醒地认识到汉民族主义不可能作为立国基础，这种转变则可以与列宁对大俄罗斯主义的批判相呼应。而之后随着国共分裂而开始的"新民主主义革命"阶段，则更进一步地将更具普遍意义的阶级问题纳入革命的实践过程中。从这个意义上看，相比俄国革命，中国革命在更广大的"东方"世界中，更具有范本价值。与在19世纪资本主义全球扩张过程中成为殖民地和半殖民地的旧帝国一样，中国一方面在世界秩序层面上，作为被压迫者，面临着来自资本主义全球贸易的不平等对待；另一方面，在旧帝国疆域内，其民族多样性又使得其内部存在作为主体或/和居于统治地位的"民族"对少数或/和居于被统治地位的"民族"的压迫。[67] 因此，中国革命，乃至许多第三世界国家后来的民族独立运动，都面临着需要处理主体/统治民族作为压迫者和被压迫者双重身份的复杂革命任务。

在中国共产党正式成立之前，不少中国知识分子便已经开始将"改造中国"这一命题与"改造世界"的理想相结合。其目的是通过对世界问题的介绍与分析，"把中国人村落的眼光改变方向直射到世界上去"。[68] 这一目标，与毛泽东早期筹办问题研究会时的志趣大致相同。在1919年10月见诸《北京大学日刊》的那份《问题研究会章程》中，毛泽东罗列了70多项包含了国内国际经济、金融、政治、社会等多类别的"问题"。这份列表从一个侧面展现了当时一部分知识分子理解世界秩序变迁动态的愿望以及他们关心的广度。在毛泽东的列表中，第二十六"土耳其分裂问题"与第二十七"埃及骚乱问题"同中东伊斯兰世界相关。[69] 其中前者应当指的是从20世纪初土耳其第二次宪政时期（1908—1922）青年土耳其党人革命之后，奥斯曼帝国伴随着一系列与欧洲列强战争而逐渐解体的历史过程。后者则应当指的是1918年第一次世界大战停战后不久，埃及在代表团党（*Hizb al-Wafd*，中文一般音译为华夫脱党）推动下出现的一系列反英民族主义暴动。[70]

虽然，并没有史料明确显示，这份旨在解决影响"现代人生之进步"的问题的单子中有多少问题得到了深入的讨论，但是我们仍旧能够通过这份1919年的清单，看到一个基本的世界图景想象框架。毛泽东认为，中国和世界的这种关系是从根本上改造世界的入手点与长远目标的关系。在1921年新民学会会员新年大会上，毛泽东表示，"改造中国与世界"比"改造东亚"更具价值。因为，提出世界，是为了明确"吾侪的主张是国际的"；提出中国，是为了"明吾侪的下手处"。"中国问题本来是世界的问题，然从事中国改造不着眼及于世界改造，则所改造必为狭义，必妨碍世界。"[71] 在毛泽东看来，所谓世界主义，是"愿自己好，也愿别人好，质言之，即愿大家好的主义"。与之相对的是"殖民政策"，即"只愿自己好，不愿别人好，质言之，即损人利己的政策"。[72]

那么，在中国革命的政治实践中，人民的主体认同又是如何在"民族独立"与"国际主义"的辩证中形成的？更重要的是，这种认同又是如何作为一种民众的政治体验，自下而上地构成了人民主体意识觉醒，并成为"改造中国"的基础的？理解这组问题，必须重新回到"中国革命是世界革命的一部分"这一命题的历史构成中去。随着中国革命的逐步推进，探讨中国和世界革命的关系，开始从知识分子的问题意识转变为政治实践的目标之一。作为一种政治体验的国际主义，最初伴随着中国工人运动兴起。邓中夏在其经典的对中国工人运动的历史叙述中，将其与世界工人运动的关系视为"'现代式的'工会运动"的基础。与传统中国劳工以行会、帮口或秘密结社等形式出现的"下等社会"组织形式不同，这种形成于"欧战结束"后"世界革命高潮"期间的工会及斗争，其现代性体现在这种组织形式及其运动所具有的超越自身利益与指向未来世界整体秩序重建的面向。邓中夏表示，它与1920年土耳其的民族革命等事件一起，共同形成了20世纪世界性反对"资本主义制度"的高潮。[73] 虽然早在1922年共产国际"四大"时，国际共产主义运动便很明确意识到土耳其凯末尔革命对无产阶级运动的敌意。[74] 1927年的国共分裂又进一步从现实上提醒了共产国际，中国国民革命重复土耳其凯末尔革命悲剧的可能性。[75] 然而，即便如此，邓中夏在1930年发表的《中国职工运动史》仍旧将土耳其革命作为世界"革命高潮"的一部分。在这一逻辑上我们可以发现，这一"革命高潮"的表述，并不仅仅是对现实状况的描述，而更作为一种对历史发展逻辑及世界秩序变迁进程的整体性判断，并自上而下地从理论上为当时发生的一系列地区性和具有小集团特点的对抗行动，提供了一种面向未来的普遍性意义。

人民政治主体意识在中国革命进程中的形成还包含了在革命理想下出现的跨阶级的大联合，特别是工农的联合。随着这一发展，建设国家与国际主义双重认同的理想也随着民族革命的进程被带入了乡村。这种双重性的认同基础，在抗日战争结束后仍旧持续为联系差异巨大的城乡政治诉求、建立普遍的国家认同、调动人民主体性提供了重要保障。1927年国共分裂之后，中国共产党的工作重心开始逐渐转向农村，其随之也不得不开始重新思考工作方法及重新阐释阶级革命在中国社会政治背景下所面临的理论性问题。1927年，在赤色职工国际（Profintern）领导下，汉口举行了太平洋劳动会议，并成立了太平洋劳动会议秘书处（Pan-Pacific Trade Union Secretariat）作为赤色职工国际的亚太分部。在5月31日由全国农协和湖北省农协召开的欢迎大会上，毛泽东在致辞中强调，中国农民运动同"全世界工人阶级携手前进"。他表示，中国革命是世界革命的一部分，"在过去只能有空洞之口号，然而今天欢迎会上已充实了此口号的内在性"。[76] 实际上，如果仅仅从工人运动的角度出发，中国革命的国际主义性很早便有了体现。在1922年安源路矿工人罢工胜利之后，安源很快出现了共产党组织的产业工人工会和消费合作社。它作为中国革命的样板，被视为"中国的小莫斯科"。[77] 在裴宜理的讨论中，早期共产党领导人在安源进行的政治实践,可以被看作是整个中国革命发展的试验田,它标志着中国共产党从纯粹的劳工运动开始转向建立农协以及工农联盟,并在此基础上创立中国工农红军。在建立了革命的武装后,中国共产党的革命走进了全新的阶段。

对早期从事工农运动的中国共产党成员来说,相比"中国革命是世界革命的一部分"这一命题,更重要的一个现实问题首先是在运动过程中取得工人农民的信任,并进一步建立起跨地域、宗族甚至阶级的认同。毛泽东在他的一份报告中便谈到,在中国乡村,"封建的家族组织十分普遍",革命者无论在哪一村,哪一县,都面临着家族组织的障碍。而最大的阻力,"不在大的豪绅,而在中间阶级"。[78] 在 1949 年之前,这种通过面对共同敌人的革命动员建立起的认同可以被放在"斗争政治"(contentious politics)的框架内理解。[79] 在土地革命时期,在党的核心组织积极分子中间进行政治教育,在基层以暴力革命形式进行群众动员,两者通过武装斗争相联系,这种直观且具体的斗争目标在革命初期的确有效地成为革命者政治认同的基础。[80] 但是,革命并不止于暴力本身,对未来普遍的平衡秩序的理想与不懈追寻,赋予了暴力以革命的意义。从这个意义上看,暴力作为革命行动的动员与自我表达形式之一,其政治意义恰恰建立在对平等和自主这一"人类解放"命题的追求之上。这一点,在道格·麦克亚当(Doug McAdam)和查尔斯·梯利(Charles Tilly)等人对法国大革命的讨论中,被表述为"残酷的暴力内战"(brutal civil war)与"向民主的平稳过渡"(smooth transition to democracy）两种历史路向的矛盾。[81] 然而，在中国革命的脉络里我们发现，向平等政治的过渡与革命暴力互为因果。而在两者之间建立起联系的基础，则是对中国革命反帝反封建双重任务的判断。在这一条件下，国际主义想象本身究竟是一种以阶级为基础的认同，还是一种更具普遍性可能的政治理想？要理解这个问题，我们需要回到早期中国共产党对"工农联盟"重要性认识的变化中。

对于中国产业工人来说，其对"帝国主义"压迫最切身的感受来自于罢工及其被镇压的经验。而在广大的农村，土地革命所提出的反封建的政治目标则更为直接。早期革命实践通过工农联盟这种方式，尝试将两者的革命任务融合在一起。在1926年湖南第一次全省农民代表大会上，农民被作为反抗国际帝国主义压迫的一分子，跟工人一起，被纳入了整个"中华民族解放"的宏大政治目标之中。"满脚牛粪，终年劳碌"的农民针对土豪劣绅的"自救运动"，同时也承载了"为了解除一切被压迫的民众的痛苦""解放整个的中华民族"的政治理想。在代表大会开幕式的发言末尾，毛泽东强调，工农参与国民革命，这是与"帝国主义肉搏"的行动。这种革命中"工农团结"的未来，必然是"工农解放"，进而达到"一切革命的民众解放"；国民革命的成功，其未来将会是"世界革命成功"。[82] 虽然这种地方性的农民反抗和面向世界与未来的"民众解放"相关联，在国民革命时期，其"理论的意义还没有发挥"，"以致人们还只是模糊地认识这个问题"。[83]

在政策上，共产党在苏区的政治实践中，很早便有意识地试图通过宣传动员的模式，向群众传达这种"暴力反抗"与"人类解放"之间的关联。1933年，中共川陕苏区省委借苏联十月革命十六周年和中华苏维埃中央政府成立两周年之际，制定了九条宣传动员提纲。在提纲中，反围剿的军事任务作为中国苏维埃的胜利，与苏联通过五年计划进行社会主义建设并取得的经济成就一起，被作为一个整体，为"全世界无产阶级和被压迫群众"的斗争提供了重要的信心和榜样。这种"穷人的胜利"不但经过了外部的军事斗争，也是内部政治斗争的结果。[84] 在这一时期的中国革命语境里，国际主义的政治理想是通过以"反帝拥苏运动"为基础的政治调动传达给群众与干部。在川陕省委宣传部编印的《宣传资料》中，中国革命被放在整个殖民地与半殖民地反抗帝国主义运动的脉络中叙述，并着重说明直接影响农民切身利益的土地革命与反帝的民族革命任务之间存在的密切联系。资料中强调，"民族革命战争"如果不与打击土豪劣绅的土地革命任务相结合，不与国际主义的"巩固苏维埃政权"相结合，那么便无法真正反对帝国主义，推翻对农民和"广大劳苦群众"的压迫，最后得到彻底胜利。[85] 这一时期的工作体现了中国共产党对中国革命任务多重性的深刻认识。在1948年毛泽东的《在晋绥干部会议上的讲话》中，这一多重任务也被精确地概括为人们耳熟能详的"三座大山"。

随着日本开始全面侵华，中国革命中"民族革命"的任务更加紧迫。"中国革命是世界革命的一部分"这一命题也逐渐具体成为民族主义与国际主义关系的讨论。在抗日战争背景下进行的武装斗争，无疑对构成"中国革命是世界革命的一部分"这一认同有着举足轻重的作用。同时，也必须认识到，除了这种反法西斯斗争的世界性政治诉求之外，中国革命的斗争行动还包含着强烈的内向的社会解放愿望。这种解放的愿望包含着独立、和平与民主三个层面的政治诉求。特别是民主建设，则成为中国革命中暴力的地方性冲突转化为具有积极意义的阶级斗争与社会改造运动。[86]

战争时期的民主建设主要包含两类。一类是在抗日民族统一战线下进行的面向全国的抗战动员宣传；另一类是在解放区内进行的土地改革与政治建设。1935年12月23日，中共中央瓦窑堡会议之后，"神圣的民族战争"的特性得到进一步强调。[87] 中共中央强调，随着日本的全面入侵，"日本帝国主义变中国为殖民地"，此时的中国革命也开始进入到了全国性的大革命阶段，并且"在世界是战争与革命的前夜"。[88] 这场"民族战争"创造了被压迫民族之间联合的可能，能够使得"蒙回两族（首先蒙古）反日反中国统治者的斗争提到武装斗争的程度，并把他们的斗争同我们的斗争直接结合起来"。[89] 同时，也能够对内调动起"中国工人阶级与农民中更落后的阶层，使他们积极参加革命斗争，而且广大的小资产阶级群众与智识分子，现在又转入了革命"。[90]

这种具有民族性的武装斗争，一方面将原先具有地区性特点的暴力冲突融合到一起，而中国作为殖民地与半殖民地

第四章　反帝团结　*191*

的特点,又使得这种民族性的武装斗争具有了更广泛的普遍意义,成为"世界革命力量"增长的一个重要标志。从另一方面来看,这种世界革命的大背景又对中国革命的胜利提供了更大范围的协助。因此,当中国革命胜利之后,这种反帝国主义的民族独立又可以进一步"帮助着世界的革命"。[91]在1938年召开的中国共产党六届六中全会的报告中,毛泽东将这个关系概括为:"只有全民族的解放才能有无产阶级与劳动人民的解放,爱国主义就是国际主义在民族革命战争中的实施。"[92]

很快,随着1939年世界性反法西斯战争的展开,中国的"民族战争"也开始在实践上与世界发生了联系。1937年秋天,英国左翼书籍俱乐部(Left Book Club)出版了美国记者埃德加·斯诺的《西行漫记》(*Red Star Over China*)。据俱乐部创办人维克多·格兰兹(Victor Gollancz)描述,这本书获得了前所未有的成功,自出版后很快卖出了十万册,成为左翼书籍俱乐部吸收新读者的磁石。[93]斯诺的报道很大程度上帮助了英语世界的读者们建立起了中国革命与欧洲反法西斯浪潮之间的联系。左翼书籍俱乐部也就此推动成立了著名的英国援华委员会(the China Campaign Committee, 1937—1945)。[94]

这种对中国抗日战争的道义和物资支持,从其意识形态上,并不同中国革命发生直接联系。而是欧洲左翼从支援被压迫人民反帝反殖民运动的角度出发,对中国政府的支持。这一兴趣主要在欧洲知识分子对帝国主义与殖民的自我反思过程中展开。在这一过程中出现的反对帝国主义联盟（The League against Imperialism）也可以被看作是后来整个第三世界运动的起点。[95] 在《西行漫记》之后，包括《新政治家》（*New Statesman*）主编金斯莱·马丁（Kingsley Martin, 1897—1969），女权运动家、英国首位女性推事（magistrate）玛格丽·福莱（Margery Fry, 1874—1958），重要的工党理论家哈罗德·拉斯基（Harold Laski, 1893—1950），以及英共机关报《工人日报》（*Daily Worker*）记者阿瑟·克莱格（Arthur Clegg, 1914—1994）等一系列有影响的左翼知识分子，开始将中国的战争放在与欧洲命运（进而也是世界命运）相关的反帝反法西斯人民联合阵线（Popular Front）的脉络中进行理解。在哈罗德·拉斯基一篇名为《中国与民主》（*China and Democracy*）的文章中，这种中国"地方性战争"与"民主"这一人类平等政治理想的关系被表述为这样一个过程：日本的侵略是"人类文明史中邪恶的转折点"，"是军事独裁政府对中国自生的民主进程的有意扼杀"。[96] 在欧洲知识分子看来，中国的革命并未被欧洲历史中针对教士阶层的暴力玷污。因此，在国共组成联合阵线之后，蒋介石在欧洲左翼知识阶层中的形象也很快从原先的"独裁者"、"狡诈的土匪"（shifty bandit）变成了基督徒领袖、新时代的乔治·华盛顿。[97]

正是在这种反法西斯国际主义精神的驱动下，越来越多的西方知识分子开始进入地处边区的革命根据地，成为根据地百姓独特的世界体验的一部分。1938年，在斯诺到访延安之后不久，世界学生联合会（Rassemblement Mondial des

Étudiants)代表团也来到中国。代表团由世界学生联合会秘书长英国人詹姆士·柯乐曼(James Klugmann,1912—1977)[98]率领,成员包括美国人莫莉·雅德(Molly Yard,1912—2005)[99]、加拿大人格兰特·拉德(Grant Lathe,1914—2007)[100],以及英国人伯纳德·福禄德(Bernard Floud,1915—1967)[101]。在到达中国之前,柯乐曼和福禄德还途经印度,并会见了尼赫鲁。1938年5月21日,在辗转经过新加坡、中国香港之后,柯乐曼和福禄德来到了汉口。并在汉口与随后到来的雅德和拉德会合。[102] 在汉口,代表团四人除了参与国民党组织的活动外,还会见了刚从莫斯科回国的王明。在5月26日一场约有15 000名学生参加的大会上,王明感谢了来访的代表团,并号召全世界学生与青年人,为了新中国,为了世界和平联合起来。[103] 通过汉口八路军办事处的联络,代表团还于当年6月29日到达延安。7月12日,代表团四人在窑洞里访问了毛泽东。在访谈中,毛泽东向他们解释了中国共产党的持久战和联合阵线等战略。同时,毛泽东还强调,学生是和平的使者,通过学生,世界人民可以进一步了解中国抗日战争的重要性,并进一步支持抗战。[104]

这种在反法西斯战争基础上构成的国际主义认同也进一步巩固了中国共产党对民族革命与世界革命关系的叙述。中国抗战在国际主义联合中,证明了"在民族生活上受着各种各样的压迫与侮辱的国家,也能满怀着胜利的信心抵抗最野蛮最横暴的法西斯进攻"。这场战争,将中国——这一受压迫与侮辱的国家——放在了"保护全世界的民主与文明的国际斗争"的最前线,也将地理距离遥远的不同国家的人民"联结在一起",目的是"打倒人类的公敌"。[105]

在抗战进程中,除了国民政府的战争动员宣传之外,共产党在根据地进行的政治工作中,国际主义也是一个重要的组成部分。其主要表现形式为对敌伪进行的"国际形势"分析教育,以及作为根据地"民主建设"一部分的政治动员学习。当然,按照地域差异,各个根据地具体进行斗争的方式、人员构成也各有不同。这种重视具体人群与地区差异、灵活调整工作方法的经验,是中国共产党"从实践出发"指导思想的重要来源之一,也在 1949 年之后对外交往的过程中起了重要作用。

从抗战同盟的组成成分上来看,中国作为世界反法西战争一部分的特点则更为明显。1942 年 10 月,晋绥根据地召开晋西北临参会。作为根据地民主政治建设的一个重要组织形式,临参会是将村民主选举向地区扩大的政治实践。在临参会上,共有参议员 145 人,其中共产党员 47 人,其余包括国民党员、各党各派、无党派及各阶层抗日人士。其中还包括了"满、回、国际友人、朝鲜民族的代表"。在临近香港的华南抗日根据地,东江纵队的游击队员包括了"香港的工人"、"当地农人"、学生以及过去在东江一带的红军游击队。其指挥员曾生则曾在香港组织工人运动。在太平洋战争爆发之后,东江纵队开始从作战行动上,直接配合驻港英军。而随着香港沦陷,东江纵队也开始负责"抢救沦陷区国际友人、同胞、侨商",以及帮助来自美国和印度的失散军事战斗人员进入内地。[106]

除了战争行动之外,这种自我解放与世界解放之间的互动关系也成为"人民"改造"世界观"的有机部分。这种世界观的改造在诸如韩丁(William Hinton)等国际左翼知识分子看来,无疑是"改造世界"运动中的一部分。[107] 而对于解放区的普通人民群众来说,这一改造世界的过程,更是一场"认识世界"方法的巨大变迁。通过公共媒体讨论、民主生活、政治教育、社会运动等多种形式,认识世界与改造世界两者之间发生了有机联系,并进而形成了"人民"这一政治主体的主体性。在解放区土地改革运动中,这种世界观的改造被具体为从"政治翻身"到"经济翻身"再到"文化翻身"三个步骤。在这个过程中,原先那些在政治地理上处于边缘、在政治与经济秩序上位于底层的农民,随着自身经济状况的发展以及对于"天下/世界"认识的扩展,逐渐建立起了自身命运与"社会"乃至人类政治历史发展局势这类抽象认同之间的联系。

无论是在抗日战争时期还是在解放战争时期,或者是之后的社会主义建设时期,这种"世界观"的改造,从工作方法上均可被看作是"群众工作"的一部分。从基本指导思想上来看,"群众工作"是促进"革命的主观力量"出现,并进而"推进革命的高潮"的基本要素。在中国革命的经验中,"革命高潮"不仅仅是一种对于客观形势的判断,还包含了这种通过社会调动而加强"革命的主观力量"的行动。[108] 因此，即便在经历过1927年的重大损失之后，中国共产党仍旧做出了"国际的革命形势对于中国革命是有利的"这一判断。从理论上看，这一判断的基础是世界资本主义秩序存在的内外危机。这种危机"在殖民地反而表示得更加明显"，特别是"最近殖民地所发生的一切革命运动——叙利亚埃及的反帝运动、摩拉哥的独立运动、荷领印度的大暴动、印度的不断罢工与纷扰、中国的革命等，都表示世界资本主义的大矛盾集中于殖民地"。[109] 这种在世界反帝反殖民大背景下理解中国革命进程及意义的立场连接了整个20世纪的中国革命与社会建设历史。然而，这种抽象理论认识只有在后来的革命根据地政治建设中才真正具有了实践意义，并将"自下而上"作为一个基本的工作原则。

在1938年冀豫晋省委提出的《新形势下省委工作的新任务》中，"群众工作"被视为"建立根据地的最基本工作"，并提出"自下而上地发动斗争，争取建立群众组织"，"并从斗争中建立其经常教育、本身工作及组织作用"，避免"从上而下强迫的统治的组织及发动民众的方式"。[110] 教育及文化建设工作，在这种改造群众、推动群众"文化翻身"的过程中扮演着极为重要的角色。戴伯韬在总结山东省莒南县金沟官庄的群众文化建设工作经验时提到，"群众性的文化教育不但由于人民在政治经济上翻了身，……而且随着政治经济的不断发展，文化教育也是不断向前发展的。……群众有甚么样的政治经济斗争，我们就需要有一个甚么样的思想教育与之配合……而文化教育也会掉个头来起指导作用，推动政治经济向前发展的"。[111] 这种针对特别是农村文盲群众的文化教育,除了识字之外,还包含了社会、科学、数学、文艺等多方面的综合性教育。其目的是让人民群众"可以拿文化这个武器来求个人和人民大众的更大解放,建立一个新的中国"。在进行群众文化教育时,除了将科学文化知识与"本村本地区的实际任务和工作"结合之外,还需要进行引申,以追求"向建设新民主主义国家后,人民生活如何丰富,生产如何科学的思想教育提高"。文化教育的重要任务之一是,要避免仅仅满足农民群众的"经济要求",不去改造"农民狭隘看不到整个的及远大的利益","不进一步提高他们的阶级觉悟"这样的错误。通过提高政治意识,促进学习热情,达到"发展生产",推进"生产现代化",并"逐渐把落后的农业现代化,向工业文明推进"。其工作原则是"小道理与大道理结合""远的和近的结合""过去未来和现在结合""内里与外力结合",以及"文化知识与生活结合"。只有将本村本地区的政治经济文化翻身的行动"引到为中国被压迫劳动人民和世界劳动人民革命利益的奋斗的意识上去","扩展他们的眼界和认识",把"将来社会如何好和现在比过去已经进步结合起来",才能"提高群众的政治水平",并保证不落在"客观形势的发展后面"。[112] 这种文化与政治工作相结合的经验在后来的对第三世界的外交活动中也有体现。

在新中国成立之后,这种既包含了对未来的想象,又结合当前生活实际进行群众教育的工作方法,也可以在第三世界国际主义精神基础上所做的社会调动中找到。无论从方法，还是其政治目标来看，这种公共媒体讨论、民主生活、政治教育、社会运动等形式，在中国人民群众中建立起的国际主义共同体想象，无疑是这种从解放区走出来的"文化翻身"运动的延续。

新中国的成立，并不意味着"中国革命"的胜利与进一步"世界革命"的开始，而应当被理解为通过"建国"这一"政治翻身"以及社会主义改造这一"经济翻身"的政治活动，将新中国的独立变为"人类解放"这一"世界革命"进程中一个具有象征性意义的事件。同时，这个过程也伴随着"文化翻身"、建设"人民"政治主体性的实践尝试。在这个过程中，以《人民日报》为平台进行的宣传活动，以及民众有组织地对《人民日报》内容的学习讨论，则扮演了非常重要的角色。作为党报，《人民日报》一方面将党的世界观通过多种形式，传达给作为读者的广大民众，另一方面通过讨论与学习，又使民众将这类信息内化为自身认识世界的知识。

注　释

〔1〕《阿尔及利亚的青年运动 访问阿尔及利亚代表克拉巴》，载《人民日报》1950年9月27日，第8版。

〔2〕杨奎松：《新中国的革命外交思想与实践》，载《史学月刊》2010年第2期，第62—74页。

〔3〕例如：Chen, *Mao's China and the Cold War*。

〔4〕这方面的讨论卷帙浩繁。从国际共产主义运动角度切入，可以

参见 Pons, Silvio, *The Global Revolution: A History of International Communism 1917-1991*, Translated by Allan Cameron, Oxford: OUP Oxford, 2014。莫里斯·迈斯纳对中国革命中共产主义意识形态的政治作用及其历史发展的讨论也很具代表性, Meisner, Maurice, *Mao's China and After: A History of the People's Republic*, 3 edition, New York, NY: Simon and Schuster, 1999。

[5] Brzezinski, Zbigniew K., *The Soviet Bloc: Unity and Conflict*, New edition, Cambridge, London: Harvard University Press, 1967, pp. 271-272.

[6] 列宁的文章参见《关于民族或"自治化"问题》, 载《列宁全集》(第43卷), 人民出版社1987年版, 第349—355页。关于祖巴对这一问题的讨论, 参见 Dzyuba, Ivan, *Internationalism or Russification? A Study in the Soviet Nationalities Problem*, London and Southampton: The Camelot Press Ltd., 1968, pp. 60-62。关于赫鲁晓夫时期的民族政策, 特别是针对乌克兰地区进行的语言教育政策及其政治影响, 参见田鹏:《语言政策、民族主义思潮与前苏联的解体》, 载《民族社会学研究通讯》2012年7月31日, 第116期, 第9—18页。

[7] Dzyuba, "Internationalism or Russification?", *A Study in the Soviet Nationalities Problem*, pp. 92-96.

[8] 同上, 第92页。

[9] 同上, 第30—33页、第93页。

[10] 西方学界从这个角度切入, 并将祖巴苏联民族问题的讨论进一步理论化的第一本系统性著作可以参见 Conquest, Robert, *The Last Empire: Nationality and the Soviet Future*, Hoover Institution Press, 1986。康奎斯特在20世纪60年代还编辑过一本小册子, 主要梳理苏联历史上对于民族问题的基本政策与理论, 用以回应苏共当时针对美国黑人民权问题的批评。参见 Conquest, Robert, ed, *Soviet Nationalities Policy in Practice*, London: The Bodley Head, 1967。

[11] 这类叙述可参见 Joel Beinin, *Was the Red Flag Flying There? Marxist Politics and the Arab-Israeli Conflict in Egypt and Israel*, 1948-1965, Berkeley: University of California Press, 1990; Lawrence L. Whetten, *The Canal War: Four-Power Conflict in the Middle East*, Cambridge, MA: The MIT Press, 1974; Edward Taborsky, *Communist Penetration of the Third World*, New York: Robert Speller & Sons Publishers, Inc., 1973。

[12] Gaddis, *We Now Know: Rethinking Cold War History*, pp. 25-29.

〔13〕见加迪斯对凯南战略思想的叙述。在他对凯南的讨论中,凯南的遏制战略显示出这些冷战早期的美国战略家们并不希望建造一个新的帝国,相反,他们担心,在美国民众心中,"国际主义"这种普遍主义话语可能与美国光荣独立的传统相左。在他们看来,美国更乐意成为这个世界新一代具有权威地位的经理人(hegemonic manager),而不是建立一个新的帝国。参见 Gaddis, *We Now Know: Rethinking Cold War History*, p. 39。

〔14〕Mastny, Vojtech, *The Cold War and Soviet Insecurity, the Stalin Years*, New York and Oxford: Oxford University Press, 1996, pp. 15-17, and pp. 54-55.

〔15〕Ouimet, Matthew J., *The Rise and Fall of the Brezhnev Doctrine in Soviet Foreign Policy*, Chapel Hill and London: The University of North Carolina Press, 2003, p. 65. 另外还可以参见 Chulos, Chris J., and Timo Piirainen, *The Fall of an Empire, the Birth of a Nation: National Identities in Russia*, Ashgate, 2000; David Brandenberger, *National Bolshevism: Stalinist Mass Culture and the Formation of Modern Russian National Identity*, 1931-1956, Cambridge, MA: Harvard University Press, 2002, pp. 78-123。

〔16〕Golan, *Soviet Policies in the Middle East, from World War Ii to Gorbachev*, pp. 1-3.

〔17〕英语世界最新一本关于这个问题的著作是 Jeremy S. Friedman, *Shadow Cold War: The Sino-Soviet Competition for the Third World*, Chapel Hill: University of North Carolina Press, 2015。

〔18〕Golan, *Soviet Policies in the Middle East, from World War Ii to Gorbachev*, pp. 9-10.

〔19〕从这一观点出发分析对中苏分离及其对第三世界革命的影响,可以参见 Friedman, *Shadow Cold War: The Sino-Soviet Competition for the Third World*。

〔20〕Odd Arne Westad, *The Global Cold War: Third World Interventions and the Making of Our Times*, Cambridge and New York: Cambridge University Press, 2007.

〔21〕这类讨论,可以参见 Muhamad S. Olimat, *China and the Middle East, from Silk Road to Arab Spring*, London and New York: Routledge, 2013; John Calabrese, *China's Changing Relations with the Middle East*, London: Pinter Publishers, 1991; Mohamed Bin Huwaidin, *China's Relations with Arabia* and the Gulf 1949 - 1999, London: Routledge, 2002; Christopher Davidson, "Persian Gulf-Pacific Asia Linkages in the 21st Century: A Marriage of Convenience?", in *Kuwait Programme on Development, Governance and Globalisation in the Gulf States*, London: The Centre for the Study of Global Governance, LSE, 2010; Lillian Craig Harris, *China Considers the Middle East*, London: I. B. Tauris & Co Ltd. Publishers, 1993.

[22] D. L. Hafner, "Castlereagh, the Balance of Power, and 'Non-Intervention'", *Australian Journal of Politics & History* 26, no. 1 (1980): 71-84.

[23] 关于这种"五霸共治"模式内部的冲突, 参见 Jr. Irby C. Nichols, *The European Pentarchy and the Congress of Verona*, 1822, Hague: Martinus Nijhoff, 1971。

[24] Ibid., 22.

[25] Archibald Alison, *Lives of Lord Castlereagh and Sir Charles Stewart*, London: J. M. Dent & Sons, 1861, pp. 171-172.

[26] 转引自 Robert Jervis, "Security Regimes", in *International Regimes*, ed. Stephen D. Krasner, Ithaca: Cornell University Press, 1983, p. 180。

[27] 转引自 Roy Bridge, "Allied Diplomacy in Peacetime: The Failure of the Congress 'system', 1815-23", in *Europe's Balance of Power 1815-1848*, ed. Alan Sked, London: The Macmillan Press Ltd., 1979, pp. 34-53。

[28] 参见菲利普·内莫:《教会法与神圣帝国的兴衰——中世纪政治思想史讲稿》, 张竝译, 华东师范大学出版社 2011 年版, 第 364—374 页。

[29] Alexander C. Diener and Joshua Hagen, eds., *Borderlines and Borerlands: Political Oddities at the Edge of the Nation-State*, New York: Rowman & Littlefield Publishers, Inc., 2010, pp. 4-11.

[30] 具体可以参见 Simon Schama, *A History of Britain: At the Edge of the World? 3000 BC-AD 1603*, New York: Hyperion, 2000, p. 34。See also Christopher Whittaker, *Frontiers of theRoman Empire: A Social and Economic Study*, Baltimore: Johns Hopkins UniversityPress, 1994; Derek Williams, *The Reach of Rome: A History of the Roman Imperial Frontier 1st-5th Centuries AD*, New York: St. Martin's, 1997; Stephen Mitchell, *A History of the Later Roman Empire*, Malden, Mass: Blackwell, 2007, pp. 81-86, 338-343.

〔31〕关于主权与财产权的关系讨论，参见 Edward Keene, *Beyond the Anarchical Society*, Cambridge: Cambridge University Press, 2002, p. 62。

〔32〕关于美国独立运动过程中托马斯·杰斐逊等人从殖民地财产私人所有权的角度对滑达尔等人的诠释，请参见 ibid, pp. 97-119。

〔33〕Hugo Grotius, *The Right of War and Peace*, 3 vols., vol. 1, Indianapolis: Liberty Fund, 2005, p. 125, 199.

〔34〕关于美国从威尔逊开始的针对欧洲殖民秩序的政治挑战，参见 Westad, *The Global Cold War: Third World Interventions and the Making of Our Times* 15-22。

〔35〕在19世纪的中国，翻译西方国际法的重要美国人包括伯驾（Peter Parker）和丁韪良（W. A. P. Martin）。这一部分的历史和文本分析参见 Zhiguang Yin, "Heavenly Principles? The Translation of International Law in 19th-Century China and the Constitution of Universality", *European Journal of International Law* 27, no. 4 (November 1, 2016): 1005-1023。关于这种国际法在霸权主义全球政治中的作用，及其对非西方地区帝国秩序崩溃的影响，参见 Turan Kayaoğlu, *Legal Imperialism: Sovereignty and Extraterritoriality in Japan, the Ottoman Empire, and China*, Cambridge: Cambridge University Press, 2010。

〔36〕关于欧洲殖民霸权对"民族自决"及国家主权观念在诠释中国少数民族地区问题上的策略性应用，参见汪晖：《东方主义、民族区域自治与尊严政治——关于"西藏问题"的一点思考》，载《天涯》2008年第4期。

〔37〕关于这方面的讨论，参见 Westad, *The Global Cold War: Third World Interventions and the Making of Our Times*。

〔38〕不少今天的研究者们策略性地将这一名词称作 pseduoscientific racism（伪科学种族主义）。

〔39〕Georges Cuvier and Pierre André Latreille, *Le RèGne Animal Distribué D'aprèS Son Organisation, Pour Servir De Base à L'histoire Naturelle Des Animaux Et D'introduction à L'anatomie ComparéE*, 4 vols., vol. 1, Paris: Deterville, 1817, pp. 79-80. 本书1827—1835年间由一名英国律师、博物学爱好者爱德华·格里菲斯（Edward Griffith）陆续译成英文，包括插图在内，共16卷本，书名为 *The Animal Kingdom: Arranged in Conformity with its Organisation*。本段内容的英文译文参见 George Cuvier, *The Animal King-*

dom: *Arranged in Conformity with Its Organization*, trans. Edward Griffith, Charles Hamilton Smith, and Edward Pidgeon, 16 vols., vol. 1, London: William Clowes and Sons, 1827, pp. 95-96。

〔40〕居维叶这一对文明发展阶段的论述在英文新译本中得到很好的表述,原文如下: The glacial climates of the north of both continents (Asia and Europe), and the impenetrable forests of America are still inhabited by the savage hunter or fisherman. The immense sandy and salt plains of central Asia and Africa are covered with a pastoral people, and innumerable herds. These half civilized hordes…rush like a torrent on the cultivated countries that surround them, in which they establish themselves, but to be weakened by luxury, and in their turn to become the prey of others. This is the true cause of that despotism which has always crushed and destroyed the industry of Persia, India, and China. Mild climates, soils naturally irrigated and rich in vegetables, are the cradles of agriculture and civilisation, and when so situated as to be sheltered from the incursions of barbarians, every species of talent is excited; such were (the first in Europe) Italy and Greece, and such is, at present, nearly all that happy portion of the earth. 参见 Philip D. Curtin, ed., *Imperialism*, New York: Harper & Row, Publishers, 1971, pp. 7-8。

〔41〕关于这一历史过程,特别是西方世界秩序观以现代国际法为载体在非西方地区的扩张,可以参见 Zhiguang Yin, "Heavenly Principles? The Translation of International Law in 19th-Century China and the Constitution of Universality", *The European Journal of International Law* 27, no. 4 (2017): 1005-1023。

〔42〕近来,一些研究者开始从全球史角度切入,讨论这种多样性的有关国际秩序想象在世界各地的展开。他们的成果对我们理解20世纪世界秩序的形成,以及背后的多样性政治因素,甚至理解今天世界问题的历史复杂性具有非常重要的价值。关于这种多样的世界秩序想象在南亚的展开,参见 Ali Raza, Franziska Roy, and Benjamin Zachariah, eds., *The Internationalist Moment, South Asia, Worlds, and World Views, 1917-1939*, New Delhi, California, and London: Sage Publications, 2015。关于泛伊斯兰主义与泛亚洲主义的比较研究,参见 Cemil Aydin, *Politics of Anti-Westernism in Asia: Visions of World Order in Pan-Islamic and Pan-Asian Thought*, New York: Columbia University Press, 2007。

〔43〕纳赛尔讲话可参见"The Suez Canal Problem, 26 July – 22 September 1956", US Department of State Publication, no. 6392, Washington: GPO, 1956, pp. 345-351。

〔44〕关于武装斗争对于国家身份（national identity）建设的作用，可以参见亨廷顿对冷战之后"美国国民性"问题的深入讨论。Samuel P. Huntington, *We Are We? The Challenges to America's National Identity*, New York: Simon and Schuster, 2004.

〔45〕关于这一问题的讨论，参见吕新雨：《托洛茨基主义、工农联盟与"一国社会主义"——以苏联20世纪二三十年代党内斗争为视角的历史考察》，载《开放时代》2016年第5期，第157—180页。

〔46〕Rosa Luxemburg, "The National Question and Autonomy", in *The National Question-Selected Writings by Rosa Luxemburg*, ed. Horace B. Davis, New York: Monthly Review Press, 1976, pp. 175-182.

〔47〕Ibid., 176.

〔48〕L. S. Stavrianos, *Global Rift, the Third World Comes of Age*, New York: William Morrow and Company, Inc., 1981, pp. 39-43.

〔49〕Immanuel Wallerstein, *The Modern World System: Capitalist Agriculture and the Origins of the European World Economy in the Sixteenth Century*, vol. I, New York: Academic Press, 1974. 关于波兰随着欧洲商业资本主义发展而逐渐走向世界资本主义体系边缘的论述，主要参见其第五章。关于波兰作为这一时期这一体系中的第三世界的论述，参见Stavrianos, *Global Rift, the Third World Comes of Age*, pp. 65-68。

〔50〕Luxemburg, "The National Question and Autonomy", pp. 129-131.

〔51〕Ibid., p. 177.

〔52〕Ibid., p. 137.

〔53〕Ibid., pp. 137-138.

〔54〕V. I. Lenin, "The Right of Nations to Self-Determination", in *V. I. Lenin Collected Works*, ed. Julius Katzer, Moscow: Progress Publishers, 1964, pp. 410-414.

〔55〕"Critical Remarks on the National Question", pp. 30-32.

〔56〕*Imperialism, the Highet Stage of Capitalism, a Popular Outline*, Peking: Foreign Languages Press, 1970, pp. 53-72.

〔57〕"The Right of Nations to Self-Determination", p. 400.

〔58〕Ibid., pp. 425-429.

〔59〕V. I. Lenin, "The Socialist Revolution and the Right of Nations to Self-Determination (Theses)", in *V. I. Lenin Collected Works*, Moscow: Progress Publishers, 1964, p. 150-151.

〔60〕斯大林:《马克思主义与民族、殖民地问题》,人民出版社1953年版,第106页。

〔61〕同上,第113—114页。

〔62〕同上,第109页。

〔63〕同上,第110页。

〔64〕同上,第112—113页。

〔65〕同上,第115页。

〔66〕近年来,关于这一从武昌起义到中华民国临时政府成立短短几个月时间里,革命者对"五族共和"建国的认识的讨论已有不少,具体可以参见章永乐:《"大妥协":清王朝与中华民国的主权连续性》,载《环球法律评论》2011年第5期。

〔67〕对于"民族"观念在中国19世纪以来历史语境中的变迁,参见上一章的讨论。

〔68〕本社同人:《为什么发行这本月刊》,载《少年世界》1920年第1卷第1期,第1页。

〔69〕毛泽东:《问题研究会章程》,载《北京大学日刊》第467号,1920年10月23日。

〔70〕关于1918—1919年埃及革命的历史,参见 M. W. Daly, ed., *The Cambridge History of Egypt*, vol. 2, Cambridge: Cambridge University Press, 1998, pp. 239-251.

〔71〕中共中央文献研究室编:《毛泽东年谱,1893—1949》(上卷),中央文献出版社2002年版,第75页。

〔72〕同上,第71页。

〔73〕邓中夏:《中国职工运动简史》,载《民国丛书》(第2编),上海书店1991年版,第1—10页。

〔74〕中共中央档案研究室第一研究部编:《共产国际、联共(布)与中国革命档案资料丛书》(第2卷),北京图书馆出版社1997年版,第364页。

〔75〕关于共产国际内对中国革命和土耳其革命的认识,参见中共中

央档案研究室第一研究部编:《共产国际、联共(布)与中国革命档案资料丛书》(第6卷),第75—76页,第150页,以及第171页。关于这个讨论的历史梳理,参见黄志高:《凯末尔革命与二十世纪二十年代共产国际、苏联的对华工作》,载《中共党史研究》2009年第2期,第55—61页。

〔76〕中共中央文献研究室编:《毛泽东年谱,1893—1949》(上卷),中央文献出版社2002年版,第213页。

〔77〕Elizabeth J. Perry, *Anyuan: Mining China's Revolutionary Tradition*, Berkeley: University of California Press, 2012.

〔78〕毛泽东:《井冈山前委对中央的报告(1927年4月3日)》,载毛泽东文献资料研究会编,竹内实监修:《毛泽东集》(第2卷),北望社1971年版,第47页。

〔79〕关于斗争政治的定义以及以此对法国大革命问题的分析,参见Doug McAdam, Sidney Tarrow, and Charles Tilly, *Dynamics of Contention*, Cambridge: Cambridge University Press, 2004, pp.4-7。关于地方性认同机制及其对中国革命的影响,参见〔美〕裴宜理:《上海罢工:中国工人政治研究》,江苏人民出版社2001年版。关于采用"斗争政治"框架分析中国革命进程中的认同建构问题,以及在这个过程中调动群众参与武装斗争的困难分析,参见尹钛、张鸣:《中国红色革命中的认同和"政治行动主体"》,载《二十一世纪》2011年6月号,第44—62页。

〔80〕Lucien Bianco, *Peasants without the Party: Grass-Roots Movements in Twentieth-Century China*, Armonk, NY: M. E. Sharpe, 2001, p. xiii.

〔81〕McAdam, Tarrow, and Tilly, *Dynamics of Contention*, pp. 160-190.

〔82〕《湖南第一次全省农民代表大会开幕敬告民众》,湖南省博物馆编:《湖南全省第一次工农代表大会日刊》,湖南人民出版社1979年版,第7页。

〔83〕毛泽东:《新民主主义论(1940年1月19日)》,载毛泽东文献资料研究会编,竹内实监修:《毛泽东集》(第7卷),北望社1971年版,第151页。

〔84〕《十六周年和二周年——中共川陕省委宣传部动员提纲》,载刘昌福、叶绪惠编:《川陕苏区报刊资料选编》,四川省科学院出版社1987年版,第67—70页。

〔85〕《帝国主义侵略中国与民族革命战争》,载刘昌福、叶绪惠编:

《川陕苏区报刊资料选编》，四川省科学院出版社1987年版，第76—83页。

[86] 参见尹钛、张鸣：《中国红色革命中的认同和"政治行动主体"》，第53—58页。

[87]《中央关于目前政治形势与党的任务决议（瓦窑堡会议）》，载中央档案馆编：《中共中央文件选集（一九三四——一九三五)》（第10册），中共中央党校出版社1991年版，第599页。

[88] 同上，第598页。

[89]《中央关于军事战略问题的决议（瓦窑堡会议）》，载中央档案馆编：《中共中央文件选集（一九三四——一九三五)》（第10册），中共中央党校出版社1991年版，第592页。

[90]《中央关于目前政治形势与党的任务决议（瓦窑堡会议）》，第601页。

[91] 同上，第602页。

[92] 毛泽东：《中国共产党在民族战争中的地位（1938年10月12—14日）》，载竹内实监修、毛泽东文献资料研究会编辑：《毛泽东集》（第6卷），北望社1971年版，第242—243页。

[93] 关于英国左翼与中国民族革命及其后来新中国社会主义建设时期的关系，参见Tom Buchanan, *East Wind: China and the British Left*, 1925-1976, Oxford: Oxford University Press, 2012。

[94] 关于英国援华委员会的成立过程及其影响，参见同上，第68—74页。

[95] 反对帝国主义联盟1927年成立于布鲁塞尔。关于这一组织及其与第三世界运动的关系，参见Prashad, *The Darker Nations, a People's History of the Third World*, pp.16-30。

[96] Harold Laski, "China and Democracy", in *China Body & Soul*, ed. Ernest Richard Hughes, London: Secker and Warburg, 1938, 77, 82.

[97] 对于蒋介石在欧洲英语世界中形象的变化，参见Buchanan, *East Wind: China and the British Left*, 1925-1976, p.65。

[98] 柯乐曼是英国共产党成员，前克格勃成员瓦西里·米特罗金（Vasili Mitrokhin）泄露给西方的档案（The Mitrokhin Archives）透露，柯乐曼在招募著名的"剑桥五子"（Cambridge Five）中扮演了重要角色。

[99] 玛丽·亚历山大·"莫莉"·雅德是美国20世纪重要的女权

运动家，同时也是罗斯福夫人（Eleanor Roosevelt）的助手之一。

〔100〕格兰特·亨利·拉德是生物化学家，1938年代理加拿大麦吉尔大学基督教学生协会秘书长时访问过中国。

〔101〕伯纳德·福禄德在1938年访华时为英国工党成员，1960年代初成为英国独立电视（ITV）劳资关系委员会主席。

〔102〕关于这次代表团的活动，以及柯乐曼与共产国际之间的关系，参见 Geoff Andrews, *The Shadow Man: At the Heart of the Cambridge Spy Circle*, London: I. B. Tauris, 2015, pp. 88-101。共产党方面的回忆，参见金城：《延安交际处回忆录》，中国青年出版社1985年版，第40—46页。

〔103〕Ibid., p. 94.

〔104〕关于这次访谈的材料，参见金城：《延安交际处回忆录》，中国青年出版社1985年版，第40—46页。

〔105〕毛泽东：《中英两国人民站在一条战线上！（1939年6月1日）》，载竹内实监修、毛泽东文献资料研究会编辑：《毛泽东集》（第6卷），北望社1971年版，第339—341页。

〔106〕同上，第71—72页，第92—94页。

〔107〕[美] 韩丁：《翻身——中国一个村庄的革命纪实》，北京出版社1980年版，第12页。

〔108〕《中央通告第十五号——目前政治形势与群众工作》，载中央档案馆编：《中共中央文件选集（一九二八）》（第4册），中共中央党校出版社1989年版，第689页。

〔109〕《中央给润之、湘赣边特委及四军军长的指示》，载中央档案馆编：《中共中央文件选集（一九二八）》（第4册），中共中央党校出版社1989年版，第664页。

〔110〕《努力开展群众工作》，载太行革命根据地史总编委会：《太行革命根据地史料丛书之七：群众运动》，山西人民出版社1990年版，第106页。

〔111〕白桃：《从一个村庄看怎样建设农村文化?》，载白桃等人：《从一个村看解放区的文化建设》，胶东新华书店1947年版。

〔112〕同上。

第五章
国际主义

在埃及南部尼罗河流域一个俯瞰阿斯旺大坝基址的高地上，本报记者要求一位衣衫褴褛的工人摆出伸开手臂指着水坝基址的姿势照一张相……但是，当记者给阿斯旺的这位工人小费时，他却马上转过身去，只是亲切的握手和再三的感谢才使他情绪好转。向导解释说，马哈穆德知道他刚才所指的是什么以及它的意义，并且对因摆出手指水坝基址的姿势而得到小费感到受了侮辱。……许多埃及人有生以来第一次感受到一种民族尊严，一种全民族正在有所作为、有所向往的感情。

——《洛杉矶时报》1979 年 10 月 27 日的报道

1958 年 7 月 14 日清晨 4 点左右，伊拉克自由军管组织领导人阿卜杜勒·卡里姆·卡西姆发动军事政变，推翻国王费萨尔二世。[1] 伊拉克共和国正式成立。革命之后的新政权很快得到了来自阿拉伯联合共和国的承认。7 月 15 日，革命后的伊拉克退出与约旦共同建立的亲美的哈希米联盟 [Hashemite union, 即阿拉伯联邦（Arab Federation）]。16 日，包括中国、苏联在内的社会主义国家也纷纷承认伊拉克共和国。17日，伊拉克与苏联正式建交。与此同时，英美两国则开始向中东地区派遣军队，试图阻止伊拉克革命向外蔓延。[2] 阿拉伯民族主义媒体很快指出，这种帝国主义干涉的背后，实际上是统治者与人民之间的对立。[3] 虽然新成立的卡西姆政府内部矛盾重重，新诞生的共和国也面临着内外多重挑战的危机，[4] 但是新中国在伊拉克1958年革命之后迅速以极大的热情对伊拉克革命以及随后的黎巴嫩人民抗议美军进驻事件进行了全面的声援。如果将此举放在一般的外交史研究框架里，便无法真正理解其背后深层次的政治含义。从1958年7月17日到8月25日伊拉克共和国正式与中华人民共和国建交这一个多月时间，刚刚开始"大跃进"、全力进行社会主义建设的中国各个阶层都将会在这场似乎从地缘政治与意识形态上都与新中国无关的中东政治事件中，经历一场重要的政治自主意识的再发现。这场不成功的民族主义革命，如果从现实政治的角度出发，很容易被看作是论证新中国失败的"革命外交"思想的一个脚注。[5] 但是，正是通过这种在国际主义精神框架下进行的全民政治活动，毛泽东在新中国成立之前便提出的"中国革命是世界革命的一部分"这一命题才真正在现实中与普通人的生活再次发生联系。[6] 同时，全民调动参与世界事务及全球格局问题的讨论，其背后的政治逻辑也直接呼应了毛泽东对人民是"创造世界历史的动力"这一判断。[7]

1958年7月17日下午4时，北京天安门广场前挤满了北京各行各业的群众。时任中共北京市委书记刘仁在广场前宣布"北京各界人民抗议美国武装侵略黎巴嫩，支持伊拉克共和国，支持黎巴嫩民族独立运动大会"正式开始。据7月18日的《人民日报》消息，参加这次聚会的北京各界人士多达50万。[8] 在集会上，时任中共中央政治局委员、北京市市长彭真发表了一则简短的讲话。讲话中，彭真表示，这场群众集会是为了"支持伊拉克共和国，支持黎巴嫩人民民族独立运动，要求美帝国主义的军队立即撤出黎巴嫩，反对美国干涉阿拉伯各国人民的内政，并庆祝伊拉克民族独立运动的伟大胜利"。[9] 彭真的讲话一句一顿，以便现场的阿拉伯语翻译发言。参加集会的还有一些来自阿拉伯联合共和国的代表，以及许多当时正在中国采访的外国记者。在他们中间，就有萨特的好友、波伏娃的情人，法国导演克洛德·朗兹曼（Claude Lanzmann）。他当时以法国著名左翼杂志《快报》(*L'express*)记者的身份来到北京。一周之后，他在《快报》上以一篇长文向法国读者描述了这一"惊心动魄的景象"。《快报》的读者看到了一场发生在欧亚大陆东边的盛大聚会。除了公开演讲之外，广场上还有工人、学生们演出的各种话报剧，读者们像现场的北京群众一样，看到了被锁链压迫的阿拉伯人民、举着鞭子的阿拉伯暴君，还有他们背后趾高气扬的美国军人，也看到了"成千上万的北京人在灯光辉煌的大街上川流不息地走过"，按照"职业、企业和市区"组成的代表团，在"距离天安门两百公尺"的英国代办处门口示威。[10] 五天之后，这份报道又以摘要的形式，出现在《人民日报》上。它作为这个时代文化政治的一个标志，构成了当时新中国普通人国际主义共同体想象的基础，并与新中国社会主义建设时期的诸多政治行动一起，形成了一种复杂的有机关系。这种关系，塑造了新中国最具现实感的人类解放时刻。

在彭真的讲话中，伊拉克革命是"伊拉克人民"、"阿拉伯人民"，以及"全世界一切爱好和平的人民"的共同胜利。它是一个对"帝国主义在中东的殖民统治"的沉重打击，并且将带来亚非各国民族独立运动的"新高潮"。发生在伊拉克的革命事件以及随后美军在黎巴嫩登陆被看作是1956年埃及苏伊士运河事件和1957年叙利亚危机的延续，其主线是帝国主义对世界和平的威胁，以及亚非国家通过民族解放运动斗争对和平秩序的维护。[11] 彭真的演讲还强调，美国还"武力侵占着我国的领土台湾"，因此中国人民的反帝斗争不但在历史上，更在现实上同发生在阿拉伯世界的这一系列民族独立运动产生联系，是全世界"反帝国主义、反侵略的前线上的斗争"。[12] 这种将阿拉伯反美运动与中国台湾问题的政治联系在随后8月炮击金门之后则更具现实意义。毛泽东在1958年9月8日最高国务会议第十五次会议上，将这一联系形象地描述为世界各地套在美国头上的"绞索"。他表示，凡是美国搞了军事基地的地方，都成为"战争贩子"身上的绞索。其中，有两条绞索最为重要，"一个黎巴嫩，一个台湾"。由此造成的紧张局势可以"调动世界人心"。[13]

彭真的讲话基本是1958年7月16日中国政府反对美国武装干涉黎巴嫩声明以及外交部承认伊拉克共和国政府的电

文内容的进一步阐述。在这两份公开声明中，中国表示，首先，中国和伊拉克之间的合作关系及人民友谊的基础是万隆原则；其次，中国人民将会是这场大规模的反对帝国主义、保卫民族独立与世界和平斗争的重要力量。除了在外交部部长陈毅代表中华人民共和国政府致电伊拉克共和国外交部部长阿卜杜拉·贾巴尔·阿勒贾迈尔（Mohammed Fadhel al-Jamali）的电文中，"中国政府"作为行为主体出现过一次之外，《人民日报》《光明日报》等主要全国性媒体在报道中都集中体现了人民在这一全球性事件中的主体性地位。[14]

发生在 1958 年天安门广场上的这一幕情景，实际上为我们提出了一系列至今仍有意义的历史与政治问题。国际主义究竟在 20 世纪中期的世界政治中扮演着怎样的角色？在新中国的内政与外交实践中，国际主义与民族独立之间的关系是如何被表述的？中国革命与世界革命的关联又是如何被具体化的？在新中国成立初期，国际主义精神又是如何作为一种政治调动力量，与普通人的日常生活发生联系，并参与到全民性的政治教育运动中的？这种联系反过来又如何在反对霸权与建设世界新秩序的进程中发挥作用？在这一章中，我们将通过新中国成立前后对中东地区相关的事件及知识的叙述，尝试理解新中国以第三世界国际主义作为一种政治调动与斗争策略，介入第二次世界大战之后世界平等秩序构建的历史过程。

新的爱国主义

在世界反法西斯的背景下，抗日战争与世界人民解放运动构成了一个有机的整体。这场庞大的以反帝为任务的解放运动，并未随着1945年日本与德国的投降结束，而是随着世界形势的变迁，进一步延续到第三世界的民族独立运动中。1960年日本人民抗议"安保条约"的运动，以及包括整个第三世界民族解放运动在内的政治反抗，在这个意义上，都是这场漫长世界革命的一部分。正如长征将中国革命的中心转移到了边疆（及乡村）那样，第二次世界大战之后的民族独立运动也将世界政治的未来转移到了资本主义世界秩序下的边缘——广大的第三世界。

1949年11月16日，由世界工会联合会（World Federation of Trade Unions）主持的亚洲、澳洲工会会议（Trade Union Conference of Asian and Australasian Countries）在北京召开。[15] 这是新中国第一次举办国际会议。按照世界工联的组织架构，其负责与各国工会以及工人运动联络的"国家中心、出版与信息关系部"（Department of Relations with National Centres, Press and Information），按照地理区域一共分五个局，其中第四局为"中东局"，其所涵盖的地理范围包括了亚洲和澳大利亚。这其中便包含了中国。[16] 此次会议，到会的包括伊朗、朝鲜、韩国、古巴等31个国家工会代表共计117人。大会一共举行了17天，在这期间，各国代表团还分头前往了上海、天津等几个刚解放的主要城市进行参观交流。世界工联主席、法国人赛扬（Louis Saillant, 1910—1974）在大会中的报告中提到，"中国人民和中国人民解放军的胜利，在欧洲、非洲、亚洲、美洲各国的人民间"，形成了"广大热情"。并且，"是人类进步的一大成功"。这种世界工人的大联合，是"世界保卫和平阵营中的一分子"。世界工联在这一世界性的"大转变的潮流中"不能"毫无主见"，站在"和平阵营、民主阵营"和"反帝国主义这一面"，才能在这一世界性的"新纪元"中"获得自己的地位"。[17]

新中国对于这次活动的宣传基本也按照这一和平运动的线索进行。从世界工联主席赛扬11月1日中午到达布拉格开始，新华社记者便开始向中国国内发回追踪报道。第一则新闻于11月3日刊载于《人民日报》头版。中国读者从中读到了记者在布拉格的旅馆中，访问正准备经莫斯科前往北京的世界工联主席及副主席。读者们了解到，在赛扬离开法国之前，还收到了一份来自毛主席的电报。赛扬觉得，这份电报"对于巩固世界和平与世界工人阶级事业的前途，有极大的重要性"。读者们还认识了随行的世界工联副主席、墨西哥人托列达诺（V. Lombardo Toledano, 1894—1968），并听到他说"中国人民的胜利对于拉丁美洲殖民地、半殖民地的人民是一个极大的鼓励"。[18] 随后，在《人民日报》连续一个月对会议进程的追踪报道里，读者们还看到了名为"阿里·麻莫得·沙德"[19]的伊朗代表带来的有关伊朗工人运动的消息。11月19日的《人民日报》上，刊载了他会议讲话的全文。文中首先向"中国人民致敬",因为"中华人民共和国所树立起来的新的红旗,更增强了以苏联为首的和平与民主阵营的力量"。随后,演讲回顾了1946年以来伊朗联合工会理事会与世界工联之间的联系,并强调"中国的蒋介石",与"印度的尼赫鲁、伊拉克的伊利萨德、南斯拉夫的铁托、西班牙的佛朗哥"以及"伊朗的巴拉非"一样,"都是民族利益的出卖者"。[20]

与这则严格按照苏联口径展开的演讲不同,11月22日的《人民日报》上刊载了一篇对阿里·麻莫得·沙德的访问报道。报道的重点,则延续了中共解放前便形成的对殖民地与半殖民地民主运动的态度,重新落到了伊朗人民"向英美帝国主义进行英勇斗争的情形",并着重展现英美帝国主义者对伊朗石油利益的贪婪以及伊朗"职工的、青年的、妇女的和人民党的组织"这些"民主力量"的联合,对"英美帝国主义"的抗争。[21] 这种立场,还在与亚澳工会会议几乎同时进行的亚洲妇女代表会议中得到体现。在开幕演讲中,邓颖超特别提出"中东曾经是全世界伊斯兰文化的中心"。这也代表了亚洲文化的"悠久和高度发展"。而如果说"亚洲各民族人民在近代是曾经落伍"的话,那么这也是"外国帝国主义和本国反动派的残酷压迫、超度剥削和愚民政策所造成的结果"。[22] 这次会议上,邀请了一名来自以色列的妇女代表。她在其大会发言中提到,"中国人民的胜利,是全世界被压迫民族的新的鼓舞"。这一胜利激励以色列建立"独立民主的犹太和阿拉伯国家"。以色列应当联合"阿

第五章 国际主义 217

拉伯人民",进行"反对帝国主义的斗争"。[23]

在 1949 年新中国成立前夕,中国共产党意识到在社会各阶层中树立"新的爱国主义"的重要意义。这种新的爱国主义延续了革命时期对中国革命与世界革命辩证关系的叙述,将爱国主义的政治目标放在了"国际主义"的平等秩序理想之中。对新中国的人民来说,爱国包含了国际层面的保卫和平运动以及国内层面的社会主义建设两个重要内容。在新中国成立初期,新中国尝试通过保卫和平运动的形式与非共产主义国家进行接触。然而,直至万隆之前,这类和平运动仍主要在国际共产主义民主运动的框架内展开。

1949 年 10 月 1 日,刚刚成立的新中国以中央人民政府外交部长周恩来的名义向当时还在北京和南京的各国大使馆和公使馆寄送了当日发布的中央人民政府公告。公告最后一句话向世界各国政府宣布:"凡愿遵守平等、互利及互相尊重领土主权等项原则的任何外国政府,本政府均愿与之建立外交关系。"在随公告一同寄送的公函中,周恩来还强调:"中华人民共和国与世界各国建立正常的外交关系是需要的。"第二天的《人民日报》全文刊载了公告与公函,同时还配发了一篇题为《不可战胜的人民国家》的社论。社论中强调,"坚决保卫人民国家的利益","恢复与发展现有的生产","发展新民主主义的人民经济与文化教育事业",以将一个"落后的农业国"建设成为一个"文明进步的工业国"。社论指出,为了达成这项志业,需要通过"亲密地团结国际友人""积极参加世界政治事务","增进中国和各国人民的合作",以求"保卫世界的和平"。[24]

对于还处在解放的喜悦中的"站起来"了的中国人民来说,这种在和平运动框架内展开的新世界图景为战后的工作提供了新的方向,并帮助将"中华民族"追寻"中国人民"这一政治主体性意识的过程,从战争条件转入和平发展时期。一方面,国家的经济重建要求大家"在不妨害工作、学习和战斗的条件下设法进行生产",并且只要"全体人民在各人的岗位上适当地进行一致的努力,我们的困难就能更快地克服"。另一方面,通过发展生产恢复经济,巩固已得的胜利,"我们就更加能够担负我们的国际责任,就更能鼓励那些被压迫国家的人民起来斗争,争取他们自己的解放"。[25] 围绕亚澳工会会议而展开的全国性学习与宣传活动基本体现了这一以生产建设支援世界解放的精神。除了《人民日报》《解放日报》《工人日报》等主要全国性媒体对这次大会的跟踪报道之外,劳动出版社还在其"劳动丛书"中,出版了《亚澳工会会议介绍》,作为"国际知识"的一部分,向全国工会发行。北京电影制片厂也于11月20日制作发行了新闻片《亚澳工会会议》,在北京市"国民、大华、解放、北洋、同乐、中国"六家电影院播放,并向华东、东北各地区投放了10个影片拷贝。[26] 根据宣传学习这一系列有关亚澳工会会议的资料,东北、华中、华东等各地工厂工会还组织创造生产新纪录的运动,开始采用"献礼"的形式,调动工人生产积极性。[27]

总的来说,新中国早期的和平运动,基本上延续了抗日战争和解放战争期间对于民族解放运动反帝反封建任务的认识。其目的在于，要将"不同类型国家"的各类代表，"集合在一起，团结一致，相互学习，交换经验，建立深厚的友谊，来共同反对帝国主义、封建主义和侵略战争，为争取民族的独立、人民的民主，为保卫世界的持久和平"而"共同奋斗"。[28] 以民族解放和反帝为基本精神的和平运动还进一步延续了新民主主义革命进程中对于民族团结的塑造。

在针对1952年10月2日至12日召开的亚洲及太平洋区域和平会议展开的动员和宣传活动中，中国伊斯兰教协会筹备委员会作为一个重要的参与者，出现在公众媒体上。[29] 在这种语境下展开的对"保卫世界的持久和平"的讨论，其目的在于为战后"经济建设和文化建设"提供重要保障。这与受到帝国主义干涉的"伊斯兰教国家人民的民族解放"运动目标一致，也与整个世界的民族解放运动任务相一致。[30] 同时，当时正在进行的朝鲜战争，作为一个帝国主义对亚非民族独立运动进行直接军事干涉的案例，在与会代表的讨论中，与中东地区民族主义独立运动的斗争发生了联系。伊朗和伊拉克的代表在发言中强调，"中国、朝鲜、越南和马来亚的人民为争取和平与独立而进行的光荣与英勇的斗争"不单单是"鼓舞我们的力量"，也是"我们的榜样"。中东地区，特别是"苏彝士运河"*"达达尼尔海峡"等"战略动脉"，对帝国主义来说，甚至要"比朝鲜更为重要"。[31] 此

---

* 即苏伊士运河。

外，没有中东地区的石油，帝国主义的"战争机器"就"不能开动"。[32] 因此，亚洲与中东地区进行的民族独立运动与武装保卫和平的运动，则是在世界范围内反抗帝国主义秩序、追寻"全人类的繁荣生活"的斗争过程中，极为必要的组成部分。

与战争时期的情况相比，新时期的斗争以"和平民主运动"为基调。除了防止战争的出现，建设成为更主要的任务。因此，在新时期，"新的爱国主义"一方面包含了为了保卫新政权而进行的"消灭反动派残余的斗争"，另一方面也包含了对"投身经济、政治、军事、文化的建设"的要求。同时，这种爱国主义，"是与进步人类的国际主义相一致，而与民族侵略主义和排外主义不相容的"。在这个政治表述中，"反帝"这种对抗性的"争取解放的革命运动"，与争取团结、互相尊重的"和平民主运动"相互关联，共同形成了新中国对国际主义精神理解的内涵。[33] 这一以"建设"为主要任务的"和平民主运动"进程，是新中国人民"文化翻身"的重要组成部分，也成为新中国理解"国际主义"和"爱国主义"辩证关系的基础。如果说在抗日战争时期，针对"日本帝国主义"进行的军事和政治斗争塑造了一个中华民族的政治认同，那么在解放战争末期开始的，伴随着新中国社会主义建设而展开的针对"美国帝国主义"以及后来的英法"帝国主义"以及"苏联社会帝国主义"的斗争，则成为构成"中国人民"这一政治身份主体性的重要部分。它通过对"帝国主义"这一敌人的反抗，以及对

"世界人民的民主力量"这一朋友的团结，塑造了新中国平等政治话语的一个基本逻辑框架，并将中国"广大人民""拒绝支持反动统治"这一谋求"中国民族的权益"的斗争，放在了一个更大的人类解放框架中。[34]

对新中国人民来说，以抗美援朝为代表的对"美国帝国主义"的武装斗争是新时期理解帝国主义问题最直观的国际主义政治体验之一。然而，在中国直接参与到这场军事斗争之前，一种世界范围内被压迫人民对帝国主义的反抗便已经成为共产党对世界秩序叙述的重要部分，并进入到普通人的日常生活中。早在抗日战争时期，解放区内发行的报刊及新闻广播、漫画、板报等一系列面向群众的宣传媒介都是推广这种世界秩序叙述的重要组成部分。以1941年4月1日开播的延安新华社国语广播电台为例，在其一天中下午至午夜的四个小时播音时段里，节目内容便包括了"国内国际新闻""科学常识""音乐""革命故事"等多种形式。[35] 1945年9月抗战结束之后，该台更名为延安新华广播电台（XNCR），开始向全国广播来自"沦陷区和大后方同胞"的声音，播音内容则基本上延续了之前的体例。[36] 除了音乐及演讲等内容，还包括"经过人民立场和观点整理过的国际国内重大消息，特别有世界各国工人运动和民主运动的介绍"。此外，还有来自"世界各国正确的、进步的舆论介绍"。广播中的新闻内容，还可以由听众抄收，并"可在地方报纸刊载，可用以出版墙报黑板报，也可供亲戚朋友传阅"。

当时，新华社在各地的通讯社就广播的接受情况做过一次调查，发现"南至广东，北达张家口"都能很清晰地收到延安新华广播电台的广播。新华社提议，广播作为一种"动员和宣传群众"的好办法，希望各个解放区"每个县城或重要市镇，最好至少购置一架，安放热闹街口，按时开放，让老百姓大家听到"。[37] 延安新华广播电台的广播语言除了"文字"（即书面语）之外，还包括"口语"和"英文"。[38] 其英语新闻主要向"讲英语的世界各地听众播送有关中国时事的简明、真实的报道"，向听众展现"全人类五分之一的人民正在排除一切障碍走向新的民主生活"的故事，并表示，这种巨大的社会变迁"将对今后世界发展的道路发生深刻的影响"。[39]

如果说通过广播展现的世界民主运动和中国解放之间的关系更具现时感，那么通过报纸以及在此基础上进行的群众政治学习与讨论，则为这种国际主义"世界观"形成提供了重要的群众性理论资源。在这其中，阿拉伯地区作为第二次世界大战之后反抗殖民与帝国主义主要的政治现场，很早便成了解放区以及之后新中国关注的一个重点。1946年5月15日，中共晋冀鲁豫边区机关报《人民日报》创刊，发行量将近一万份。同年5月29日，在《人民日报》创刊之后不到两个星期，其头版便刊发了三则与中东地区密切相关的短讯。第一则是关于埃及亚历山大港群众与英军的冲突。第二则为转载路透社电讯，内容是阿拉伯国家对英美巴勒斯坦委员会提议向巴勒斯坦地区移入十万犹太人的抗议。最后一则是有关黎巴嫩政府改组。[40] 在此之后，《人民日报》便开始关注阿拉伯地区埃及和巴勒斯坦的民族独立运动。直至新中国成立之前,《人民日报》的消息来源,除了编译各国通讯社的新闻简讯之外,主要还是苏联的报刊评论。从内容上看,这一阶段针对中东问题的表述,除了展现阿拉伯国家"日益滋长的民族运动",受美国支持的"犹太恐怖主义"与英国、埃及政府的冲突,以及"阿拉伯人民独立要求"之外,还涉及对美英这两个新老帝国主义在阿拉伯问题上出现的矛盾、阿拉伯国家要求废除不平等条约的斗争,以及诸如1930年签订的《英伊友好同盟条约》(The Anglo-Iraqi Treaty of 1930)对阿拉伯国家经济独立负面影响的简单介绍。此外,还有少量内容,介绍中东地区共产党(特别是以色列共产党)对阿拉伯民族独立问题的支持。[41] 虽然这类消息内容简单,但我们可以发现,从消息的采编及叙事的形式上,这类对阿拉伯世界要求民族团结,特别是"回犹两族人民"团结,超越党派偏见,共同反抗不平等条约,以及受帝国主义压迫的状况,很容易与中国群众反压迫的历史经验发生情感上的联系,并与当时重点进行的反美反蒋解放斗争形成直接的呼应。阿拉伯世界这种民族团结、阶级联合的政治诉求,也为中国共产党当时在解放战争背景下进行的政治与军事斗争提供了更具普遍意义的国际主义共时性。

这种对阿拉伯世界反抗运动的叙述将"弱小民族对帝国主义压迫的斗争"这一主题从中国的历史经验扩大到了国际范畴中,并从知识上丰富了当时群众的世界图景,同时也将多民族的世界想象纳入了一个整体性"人民解放"的政治理想之中。而在这其中，从第二次世界大战结束之后便开始浮现的巴以问题也得到了《人民日报》的关注。从19世纪晚期欧洲内部诞生的犹太复国主义（Zionism），以及同时期在欧洲殖民秩序背景下诞生的阿拉伯民族主义及伊斯兰现代化运动，是第二次世界大战结束之后出现的巴以问题最重要的历史基础。而随着第二次世界大战之后国际秩序的变迁，特别是美国的参与，这一19世纪的"欧洲内部"问题，也很快成为新秩序形成过程中极为重要的冲突核心。[42]处在解放战争时期的中共在1946年6月16日的《人民日报》上，便刊载了一则关于美国"设立巴勒斯坦委员会"的短讯。短讯中所指的委员会，即时任美国总统杜鲁门于1946年6月11日发布命令成立的"巴勒斯坦及其相关问题内阁委员会"（Cabinet Committee on Palestine and Related Problems）。[43]该委员会成员包括国务卿詹姆士·贝纳思（James F. Byrnes）、战争部长罗伯特·帕尔逊（Robert P. Patterson），以及财政部长约翰·史尼德（John Wesley Snyder）。其基本任务则是推动向巴勒斯坦地区移入10万犹太难民，建立独立的犹太人的国家。当时，英美还正在英美联合调查委员会（Anglo-American Committee of Inquiry）的框架下，就巴以建国问题进行磋商。两国的主要冲突在于，英国方面希望以道义上支持阿拉伯民族主义的方式，通过阿拉伯国家维持其在中东地区的影响力。而美国杜鲁门政府则更希望通过支持以色列独立，一方面获取国内犹太选民的支持，另一方面则能够在中东地区扩展其世界影响力。[44]《人民日报》在对这则消息的报道最后加了一则按语，"英国在美国压力下，曾同意十万犹太人（有美国资本背景者）移入巴勒斯坦，后又多方推诿。上述行动，为美国势力积极渗入中东之明证"。[45] 这种着重表现英美冲突及新旧霸权对中东地区干涉的基调，基本代表了1946—1949年这段时间《人民日报》对中东问题的大致态度。

从1947年10月14日起，《人民日报》开辟了一个名为《读报辞典》的不定期栏目，专门对报纸上出现的社会科学、政治、地理、经济、国际关系等各类新名词进行简单解答。[46] 这一栏目至1958年最后一次出现为止，共对约200多个新概念进行了解释。当然，介绍新概念的功能不仅仅由这一个栏目承担。除此之外，还有《学习讨论》《答读者》等一些栏目，也承担着传播新概念的责任。关于阿拉伯世界的观念，最早出现在1949年1月18日的《读报辞典》中。此时的《人民日报》已成为中共中央华北局机关报。这一期里，《人民日报》除了向读者介绍了包含"埃及、伊拉克、叙利亚、黎巴嫩、沙特阿拉伯、叶门*和外约旦"在内的、以阿拉伯人为主的"阿拉伯国家"，以及"根据1947年11月29日联合国安理会对巴勒斯坦问题"这个"合理的决定"成立的"据有巴勒斯坦一半以上的面积，约等于江苏省的八分之一"的"以色列国"之外，还以夹叙夹议的口吻，向读者介绍了"巴勒斯坦委员会"。这里的"巴勒斯坦委员

---

* 即也门。

会",指的是1948年12月11日联合国大会第194（III）号决议通过设立的联合国巴勒斯坦和解委员会（United Nations Conciliation Commission for Palestine）。该委员会由美国、法国和土耳其组成。其任务是接替在当年9月17日，第一次中东战争停火谈判期间，在耶路撒冷以色列控制区内被犹太复国主义者枪杀的联合国调解专员（United Nations Mediator in Palestine）、瑞典红十字会会长福克纳·博纳多特伯爵（Folke Bernadotte）的工作。[47] 在介绍中，作者表示，这个委员会"由有意破坏民族自觉原则的五强中的美、英、法、'中'"指派成员组成，因此"不能真正解决阿犹纠纷"，甚至还只是他们取得"在巴勒斯坦的石油权利的一个工具"。[48] 随后的几期栏目里，《读报辞典》又通过"自治领"（Dominion），向读者介绍了英帝国主义通过名义上赋予殖民地立法、行政权的形式，"缓和其殖民地人民日益增长的反抗"，继续维持其殖民帝国主义对殖民地支配的统治形式。[49] 并通过介绍"摩洛哥""阿尔及尔""突尼斯"[50]"外约旦"[51] 等国家的情况，向读者展现了英法两个老帝国对中东国家的殖民统治。通过介绍"叙利亚"和"中东油管"[52] 等概念，进一步将帝国主义追求中东石油利益的信息传递给读者。

我们可以看出，在这段时间，从基本政治立场上，中共对巴勒斯坦问题的态度基本与苏联一致。从1947年5月14日的联大会议开始，苏联便提出，阿拉伯人和犹太人应当按照民族自决的原则，成立两个相互独立的国家，或者是联邦国家。[53]《人民日报》的文章基本反映了这种两国方案。但是，在具体表述中，我们看到《人民日报》支持巴以两国各自独立建国时的理论表述并未落到维护"自治权"上，而是从被压迫民族反抗的角度出发，一方面以支持以色列建国来反对英国殖民主义，另一方面又以支持巴勒斯坦阿拉伯民族独立来反对美国帝国主义对中东的干涉。同时还强调，英美在中东地区的这种角逐，不但威胁了"近东和平，而且已经开始破坏了和平"。[54]

除此之外，这个时期对阿拉伯世界反抗的介绍还从另一个侧面反映了"民族团结"这一在中国革命进程中发展起来的观念。1947年9月1日在陕北发行的《人民日报》第3版，刊载了一则题为《埃及人民示威反对美国 军警弹压造成流血惨案》的短讯。短讯中提到时任埃及总理诺克拉希（Mahmoud Fahmy Nokrashy Pasha）镇压群众运动，在开罗、亚历山大与塞得港造成数百人伤亡。

虽然在1949年之前，《人民日报》为数不多的几次涉及"回教兄弟会"的报道中，态度随着苏联对待伊斯兰主义态度的变化而有较大的差异。有时，中共会跟随苏共的态度，将其称为"亲法西斯组织"，[55]但绝大多数时候，则视其为有一定积极作用的民族力量，突出强调其反帝反殖民的政治行动。而总体来说，从这段时期对阿拉伯世界反抗的介绍中我们可以看出，中共对世界未来秩序的一个基本想象，即在反帝反压迫的基本任务下，"阶级的友爱填补着民族的隔阂，工人与进步分子的团结更是一天天密切"。[56]这一点，即便在新中国成立之后，乃至后来"三个世界"的理论中，都能找到影子。

作为反帝斗争的国际主义图景

20世纪50年代,新中国意识到,在共产主义运动框架下,通过与各国共产党以及亲共力量进行联合的和平运动,并不能真正向殖民地与半殖民地国家说明"反帝"这一战略任务的普遍性意义。并且,这种在共产主义运动框架内进行的和平运动受到苏联国家利益变动的影响极大。[57] 在1946年至1955年万隆会议的这段时间里,苏联的兴趣主要集中在伊朗与土耳其这类与苏维埃安全直接相关的国家。[58] 但这并不代表中国的国际主义政治理想受到了这种政治现状的限制。

在抗日民族解放战争之后,"人类解放"的国际主义政治理想成为新中国社会建设过程中重要的政治调动力量。在这一时期,发生在亚非拉地区的民族独立运动,特别是这些地区遭受的经济以及武装干涉,使"帝国主义"这一抽象的不平等秩序成为一种具象的政治体验。

从中国对中东地区民族解放斗争的认识中我们可以看到,新中国对国际主义的理解延续了1949年之前的一些基本观念。它包含了从战略角度出发,超越阶级认同而进行世界范围内反帝民族大联合的愿望。中东和近东作为一个地理范畴,在1949年之后,随着阿拉伯世界的解放运动再次被重新介绍给新中国的民众。1957年《人民日报》的"答读者问"中，便解答了什么是"中东"和"近东"的问题。这些地理观念基本沿用了当时苏联百科全书中的解释。其中，中东地区包含了伊朗和阿富汗；而近东则包括了土耳其、叙利亚、黎巴嫩、以色列、埃及、苏丹、沙特阿拉伯、伊拉克、约旦、也门、阿拉伯半岛上英国的殖民地和保护国以及巴林群岛。同时，在习惯上，有时这两个概念会被不加区分地使用，并且有时还会包括"巴基斯坦和北非一些国家"。虽然，中近东的概念在当时的中国也经常被使用，但是也有读者表示，这两个概念所指的地区，对中国来说实际上处于西方，因此，不能"跟着别人称这些地区为中东或中近东"。《人民日报》的编辑对此表示赞同。并表示，虽然在习惯上，我们"没必要反对使用这些名称"，但是"我们称这个地区为西亚和北非地区是更为准确的"。[59] 从实际运用上，我们可以发现，在官方文本中，"西亚北非"在20世纪50年代之后便开始成为指代"中近东"地区的正式概念。

对这一地区的地理命名，是与对该地区的战略与政治认识密切相关的。中东被看作是欧亚非的连接点，是帝国主义"保证它对亚洲和非洲的殖民地控制，维系崩溃中的殖民体系"的关键。因此，"中东人民如果取得了独立"，那么"帝国主义不但不可能继续保持在亚洲的残存的殖民地，而且连非洲也将保不住。影响所及，拉丁美洲人民的民族独立运动也将高涨"。[60] 这一判断，很大程度上也是延续了对中国革命经验中一个关键的辩证关系的理解，即对"民族独立"这一地区性革命诉求与"反帝"这一对世界范围内平等秩序的追求。1957年11月18日，在各国共产党和工人党代表会议上，毛泽东发表了"东风压倒西风"的论述，其中提到，这个问题是不能用钢铁数量多少来做决定，而是首先由人心的向背来做决定的。[61] 这可以被看作是从战略角度出发，对世界范围内团结问题的一个基本认识。

在抗美援朝之后，随着南亚与中东地区独立斗争的兴起，毛泽东意识到，"非共产党领导的国家也可以和美国闹独立性"。他特别提到"印度、印度尼西亚、叙利亚、埃及等国"。[62] 在1956年苏伊士运河事件之后，毛泽东1957年在北京召开的省市自治区党委书记会议上表示，国际形势上，帝国主义国家的争夺"集中在中东这个具有重大战略意义的地区"。这种冲突反映了世界上"两类矛盾和三种力量"，"两类矛盾，一类是帝国主义跟帝国主义之间的矛盾，即美国跟英国、美国跟法国之间的矛盾，一类是帝国主义跟被压迫民族之间的矛盾。三种力量，第一种是最大的帝国主义美国，第二种是二等帝国主义英、法，第三种就是被压迫民族"。而对中国来说，"我们可以利用他们的矛盾，这里很有文章可做"。[63] 在这之后，毛泽东在最高国务会议第十一次扩大会议上发表的《如何处理人民内部的矛盾》的讲话中，又进一步阐发了"三种力量"的概念，并界定其为"一种叫社会主义，一种叫民族独立运动，一种叫帝国主义"。在这其中"第二种力量在某些问题上，如和平问题，反对帝国主义问题，可以跟我们合作"。这里对两类矛盾的判断，基本上同1946年以后《人民日报》中反映出来的对巴以问题的认识相一致。而在此基础上延伸出来的对"三种力量"的判断,则直接构成了之后作为理解世界秩序关系的"三个世界"理论的政治基础。

新中国这种对民族解放运动的看法,其基本考虑在于体现一种在斗争中形成的、超越意识形态认同的、最广泛的、反帝的团结。这种团结不但包括了与民族独立运动力量的团结,也包括了在社会主义力量内部的团结。这一点在1957年毛泽东最后一次出访苏联之前,便通过尤金转达给了苏联方面。中国方面表示,需要在团结的立场上,反对战争,争取和平,并且支持民族解放运动。这种支持一方面要"走十月革命的道路",另一方面也需要"按照各国的民族特点进行工作"。之所以这么提,也考虑到需要照顾当时社会主义国家内的矛盾。尽可能地谋求社会主义国家之间的团结,不要让帝国主义揪住社会主义国家间矛盾而"大肆宣传"。[64]这个原则也决定了中共当时对苏共二十大赫鲁晓夫秘密报告以及匈牙利危机态度的基本出发点。从战略上,帝国主义的目的"是拼命地想保持住自己的地盘"。而只要"我们内部巩固",那么来自帝国主义三个军事集团(北大西洋公约、马尼拉条约、巴格达条约)的性质便不会是侵略性,而成为防御性的。[65]而也正是这种维护世界霸权利益的企图,引发了来自"亚洲、非洲、拉丁美洲"的反帝斗争,这就好比"在全世界钉了许多桩子",把美国"自己的腿也钉在桩子上了"。[66]

随着1958年伊拉克革命之后,英美武装进驻黎巴嫩和约旦，新中国的和平运动出现了一个新的契机。1958年7月21日，毛泽东在会见苏联大使尤金的时候表示，"我们搞和平运动很难，人家说是共产党搞的，效果不大。现在美英侵入了黎巴嫩和约旦两国，起了宣传员的作用。谁主张和平，谁搞战争，不是很清楚吗？世界各地蕴藏着革命力量。在保卫和平的口号下，在亚非拉美三洲到处酝酿着反帝反封建的革命"。[67]

1958年7月18日《人民日报》第8版，刊登了一张模糊的照片，并配发了袁鹰的一首现代诗。这首题为《黎巴嫩一小孩》的诗第一部分是对照片内容的描述。《人民日报》的读者们看到了这样一个景象：在贝鲁特街头，一个黎巴嫩小孩紧咬着嘴唇，愤怒地看着从美国船上走下的美国兵。[68]诗的后半部分则是对这位"黎巴嫩小孩"的愤怒心情所进行的阐发。诗中描述：

> 美国兵踩着的，
> 是他母亲的胸脯，
> 美国坦克压着的，
> 是阿拉伯人的幸福。
> 阿拉伯人站起来，
> 热血倾入地中海，
> ……
> 黎巴嫩小孩的誓言，
> 是全阿拉伯人的心声，

在这小孩背后,

站着全世界人民![69]

正如毛泽东所判断的那样,英美武装干涉黎巴嫩和约旦,为原本面目模糊的"霸权"与"帝国主义"提供了真实的现实政治面孔。万隆会议上在多个亚非国家,特别是阿拉伯国家表述中的那种"殖民主义的多种形式",在此刻则无疑具象成为"英美帝国主义"。恰是这种对霸权主义的道德批判,才使得新中国的"和平运动"得以超越意识形态壁垒,并使得帝国主义及对其的反抗这两个抽象的概念因在1958年阿拉伯世界的事态发展而获得了"肉身"(embodiment),并在大众文化中获得其生命。

应该说,1958年伊拉克革命对后来毛泽东三个世界战略观念的形成有很大影响。在1958年7月14日卡西姆领导的自由军官革命中,共产党力量也起到了一定的帮助作用,并且共产党人在随后的卡西姆政府里也有很大影响。一个例子是,1959年1月25日,尽管伊共还不是伊拉克合法政党,但其官方刊物《团结人报》(*Ittihad al-Sha'b*)仍获得了出版许可。然而,卡西姆政府与共产党之间的默契却并未维持很久。到了1960年初,开始出现安全部门拘押共产党人和工会领导人的事件。当年5月1日国际劳动节游行中,游行队伍又遭到了伊拉克民族主义者和反共分子的冲击,此事件造成50名亲共人士受伤、5名死亡。5月下旬,几乎所有共产党支持下开办的民主青年联合会(Union of Democratic Youth)

活动中心都被关停。[70] 然而，就在1960年5月9日，毛泽东在河南省委交际处接见伊拉克文化代表团时仍旧强调，帝国主义作为一种世界秩序，需要通过"团结人民的大多数"来对其进行抵抗。"要战胜帝国主义，需要广泛的统一战线，要团结一切可能团结的力量，这是我们的经验。"他表示，"人民就是上帝"。[71] 甚至，"为了接近群众、团结群众"，共产党人还可以进清真寺，进教堂。[72] 在毛泽东看来，新中国与阿拉伯世界之间是通过"反帝"和"建设"这两个目标联系起来的。这两个共同目标，将中国变成了阿拉伯世界的"朋友"与"兄弟"。同样，对新中国来说，阿拉伯世界也是"我们的朋友和兄弟"。[73]

8月6日的《人民日报》又开始进一步讨论拉丁美洲的反抗活动。像之前介绍中东地区形势一样，《人民日报》通过国际知识栏目介绍世界情况，并借此将反帝的世界革命任务与新中国的建设任务结合在一起。《人民日报》在这一期中介绍了拉丁美洲基本的政治地理情况，并配发了一张由世界知识出版社和地图出版社（1953年由15家出版社合并而成，1987年更名为中国地图出版社）共同提供的拉丁美洲反抗活动形势图。此外还报道了巴西、智利、墨西哥等国的罢工及抗议活动。同期中，还报道了农村广播网在黑龙江省的普及对农民了解"天下大事"的重要意义，以及对"改变人民政治思想面貌和提高农民政治觉悟"发挥的巨大作用。

在这个基础上，我们再看1946年提出的"中间地带"

观念，便具有了更丰富的内涵。1964年，毛泽东在回顾了西北非地区独立运动的基础上，对"中间地带"作出了一个更接近"三个世界"的阐述。"我们说有两个中间地带，亚洲、非洲、拉丁美洲是第一个中间地带，欧洲、加拿大、澳洲、日本是第二个中间地带。……这个话不是现在才讲的，一九四六年就讲了。那个时候没有分第一、第二，只讲了中间地带，讲苏联同美国之间是中间地带，包括中国在内。"而帝国主义侵略中间地带的目的同"反华的性质一样"，其目的"是要整个中间地带"，"想控制世界"。[74] 1965年3月23日，在会见叙利亚外交部长哈桑·穆拉维德一行时，毛泽东说："我们是友好国家，有共同目标，第一是反对帝国主义，第二是建设国家。"[75] 因此，在"中间地带"进行的联合，与整个世界反抗帝国主义霸权的目标是一致的。1967年第三次中东战争期间，在会见锡兰共产党中央政治局委员、书记处书记桑穆加塔桑时，毛泽东进一步总结了对阿拉伯民主主义反抗运动的理解，以及对其内部出现的大联合态势的希望。他认为，这种发生在地中海和中近东目的在于争夺石油利益的局部战争，使得英美帝国主义处于相当被动的地位。阿拉伯国家可以通过封锁苏伊士运河、截断运油管道的方式，对帝国主义进行严重的打击。也正是在这种战争进程中，"阿拉伯国家的情况发生了很大变化"，不仅仅是埃及、叙利亚这些阿拉伯民族主义国家之间，甚至包括沙特、约旦在内的"老殖民地国家"，都开始团结起来，用联合的方式进行斗争。[76]

国际主义与地区霸权

1956年7月,通过政变上台的埃及民族主义政权宣布将苏伊士运河收归国有。两个月之后,在中国共产党第八次全国代表大会上,毛泽东在开幕词中,明确表示对这一运动的支持。在讲话中,毛泽东认为,发生在埃及的这一民族主义运动,可以被放在一个更广大的"亚洲、非洲和拉丁美洲各国的民族独立解放运动"中去理解。[77] 而这一民族独立解放运动,虽然不是一个"共产主义问题",却是"反对帝国主义"的世界性政治运动的重要组成部分。[78] 毛泽东在苏伊士运河事件中坚决支持埃方的立场,在当时列席中共第八次全国代表大会的其他59个国家代表中,引起了非常热烈的正面反应。会议结束不久,围绕苏伊士运河问题,爆发了第二次中东战争。埃及军队在西奈半岛的作战中损失严重。埃及驻华大使12月向中国提出要求给予援助。此时距离中埃建立大使级外交关系仅仅半年。

然而,中国对于亚非拉国家反殖民主义以及民族独立的政治支持,并不能被完全放在一个共产主义全球革命理想的话语框架中去理解。这一点在新中国与阿拉伯国家的关系中有集中体现。纳赛尔时期的埃及是建立在阿拉伯民族主义的意识形态基础上的。由于其对共产主义及泛伊斯兰主义这类具有强烈超民族主义倾向意识形态的敌视态度,纳赛尔时期埃及国内的共产主义运动几乎销声匿迹。1958年末,针对叙利亚埃及联盟问题，阿拉伯国家共产党均对纳赛尔提出了强烈批评。作为反击，纳赛尔开始大肆逮捕埃及国内共产党分子，并对具有共产党参与的伊拉克革命及革命后的卡西姆政府进行批评。此举引起了中国共产党的强烈反应，并在 1959 年 3 月至 4 月间，开始与纳赛尔展开了理论论战。作为斗争的一部分，在 1959 年 9 月底举行的新中国成立十周年庆典上，中国邀请了叙利亚共产党领导人哈立德·巴格达什（Khalid Bakdash）。由于 1958 年在纳赛尔领导下联合阿拉伯共和国的成立，叙利亚国内的共产党活动已在泛阿拉伯民族主义的意识形态影响下被宣布为非法。邀请巴格达什来京，并邀请其在建国十周年庆典上发表讲话，无疑是针对纳赛尔政策的斗争形式之一。巴格达什阿拉伯语的讲话后来在中国国际广播电台上连续播放了三次。

巴格达什的讲话引起了联合阿拉伯共和国的强烈反应，其驻北京临时代办当场退出庆典表示抗议。然而，这种斗争并未在多大程度上影响中埃两国政府之间的往来。这次风波之后的 10 月 7 日，纳赛尔在接受美联社采访时表示，联合阿拉伯共和国认为，中国政府邀请巴格达什的行为是对联合阿拉伯共和国的侮辱。但是，他同时也表示，中国政府在这次事件之后并未有任何继续的敌对举动。而他也并不后悔承认中华人民共和国政府的合法性。纳赛尔由于在苏伊士运河事件中的表现，被阿拉伯世界普遍当作英雄一般的人物。在他的政治理想中，阿拉伯作为一个统一的民族，应当在一面旗帜下独立建国。在这一世俗的政治理想中，反对帝国主义与殖民主义是一个很重要的认同基础。在纳赛尔看来，帝国主义并不仅仅指传统意义上的英美帝国主义，还应当包括苏联在内新兴的共产主义帝国。同万隆会议上伊拉克指责苏联为"新殖民主义"的声音相同，纳赛尔对于共产主义意识形态下的国际主义精神是持相当的警惕甚至敌对态度的。这种态度很大程度上回应了斯大林时期苏联推行的沙文主义，同时也影响到了对中国的看法。而中国在万隆会议上"求同存异"的外交话语，则充分肯定了反帝反殖民运动的进步意义以及内部的意识形态差异。这在很大程度上也影响到了包括阿拉伯世界在内的亚非拉国家对共产党领导的新中国的态度。

在纳赛尔对中国的批评中，他特别提到了"万隆精神"，并认为中国邀请巴格达什讲话干涉了联合阿拉伯共和国的内政。然而，虽然纳赛尔不懈地反对沙文主义和殖民主义对阿拉伯事务的干涉，然而其本身所推崇的泛阿拉伯民族主义意识形态，却在阿拉伯世界内部形成了一种明显的以埃及为中心的干涉主义势力。纳赛尔主义的政治理念是希望成立一个统一的以泛阿拉伯民族主义为意识形态基础的阿拉伯共和国。在这种政治理念影响下，埃及与叙利亚在1958年初合并，成立了联合阿拉伯共和国。其合并的直接原因来自于，中部公约组织（Central Treaty Organisation）对叙利亚的军事压力。

中部公约组织作为美国在中东地区利益的重要代理人，在纳赛尔主义看来，恰恰代表着殖民主义和帝国主义对阿拉伯世界的压迫，同时也代表着阿拉伯世界内部长久以来在伊斯兰和王室影响下形成的落后保守势力。正因为如此，纳赛尔主义意识形态下的政治反抗目标，与中国革命时期提出的"反帝反封建"目标相重合。在这个基础上，纳赛尔的政治目标才可以被看作是"民族解放运动"。其进步意义必须在全球范围内的民族独立和反对帝国主义目标内去理解。

与泛阿拉伯主义发生冲突的另一种力量来自阿拉伯国家内部的民族主义意识形态。同为旨在反帝反殖民独立运动的政治意识形态，泛阿拉伯民族主义强调树立一种普遍的、广泛的"阿拉伯人"认同。而实际上，在阿拉伯世界内部，其民族和社会差异性巨大，这种单一的"泛阿拉伯"身份很难真正在各个情况不同的阿拉伯国家中产生具有实际政治意义的认同。联合阿拉伯共和国成立之后不久，中部公约组织成员国伊拉克也爆发了由民族主义者阿卜杜勒·卡西姆（Abdel al-Karim Qasim）领导的七月革命。中国很快对此做出回应，本章开头所描述的声援活动便是新中国态度的集中体现。伊拉克1958年革命的领导人卡西姆来自"自由军官组织"。这一组织的成立，直接受纳赛尔革命的影响，然而，革命后的伊拉克面临一个重要的政治选择，即或者直接加入联合阿拉伯共和国，或者是以国内稳定为前提，着重以伊拉克为核心，进行国家建设。民族主义者卡西姆选择了后者。此举引起了纳赛尔的不满，并借此开始支持伊拉克革命中的泛阿拉伯民族主义者，针对卡西姆政权发动政变。而也正是为了稳定民族政权的需要，卡西姆临时倒向了共产党人。在基本消除了国内泛阿拉伯民族主义的威胁之后，卡西姆开始着手清除共产党的影响。执政党这种以民族主义为基础的对政治左右派的清洗，实际上在20世纪后半叶的中东国家中屡见不鲜。

在了解了这一政治背景后，我们重新回到纳赛尔对于中国的批评问题上。纳赛尔当时针对中国"违反万隆会议精神"的言论，实际上并未得到其他阿拉伯国家的认同。其中对此持反对声音最大的便是约旦、伊拉克和突尼斯。在这些国家看来，纳赛尔的泛阿拉伯主义意识形态本身便是一种干涉主义政策。纳赛尔对中国的指责与其在阿拉伯地区实行的沙文主义政策似乎自相矛盾。另外，随着1955年万隆会议上的外交胜利，新中国与阿拉伯多个国家建立起外交与经贸关系。1959年纳赛尔主义在北非阿拉伯地区大行其道的时候，中国也以支持亚非拉国家民族独立运动为指导政策，向包括埃及、伊拉克、黎巴嫩、苏丹、叙利亚、突尼斯以及也门共和国在内的阿拉伯国家，以贸易协议的形式，提供了大量无偿经济和技术援助。这一方面支持了各个国家内部世俗民族主义政治势力的建国运动，另一方面也抑制了泛阿拉伯主义及欧美霸权势力在该地区的扩张。纳赛尔对中国"干涉内政"问题的指责并未很好地得到阿拉伯国家的呼应。很快，1959年10月25日，联合阿拉伯共和国宣布，这一问题已经得到解决，并派回了之前召回的驻北京临时代办。此次事件也未对中埃两国关系产生大的影响。1962年中印边境冲突时，纳赛尔领导的埃及还在两国中间扮演调停角色。

埃及针对中国的指责及其收回苏伊士运河的行动，从纳赛尔主义的政治眼光看，都是一种具有民族主义特性的斗争。然而，两者的后果却截然不同。前者在短时间内得到了政治解决，而后者则迅速演变成为一场局部战争。当然，两者还有很重要的现实政治及国家利益因素差异，因此不能简单地对其进行事件史的比较。但是，这两个事件反映出来的问题却能让我们更好地理解第三世界国家政治，以及第三世界在第二次世界大战之后国际格局形成中扮演的重要角色。

国际主义时刻的世界体验

在 1955 年万隆会议之前，新中国面临的一个政治现状便是来自多方面的封锁以及对共产主义意识形态的敌意。[79] 在这段时间，虽然新中国也在尽力尝试通过向麦加派遣伊斯兰朝觐团的方式，试图通过非共产主义国际运动的途径与阿拉伯国家建立联系，但始终没能取得明显的成果。就在 1952 年亚洲及太平洋区域和平大会之前，中国伊斯兰教界派出了一个 16 人的朝觐团。该团由达浦生大阿訇和依明·马合苏木阿訇担任正副团长。虽然朝觐团未能成功到达麦加，但其在回程途中，在巴基斯坦当时首都卡拉奇短暂停留时，与当地的伊斯兰学者学会成员广泛接触，并出席了埃及大使及沙特阿拉伯公使举行的宴会。[80] 这应当是新中国成立之后，人们第一次在全国媒体上，知悉中国在非国际共产主义运动框架内与阿拉伯世界进行的外交互动。在这之后的 1955 年 7

月19日，即在万隆会议后不久，又一个中国伊斯兰教朝觐团从昆明乘机出发前往麦加。朝觐团的成员来自北京、上海、新疆、甘肃、云南、山东、青海、河北等地，包括回、维吾尔及东乡等民族，由中国伊斯兰教协会副主任努尔穆罕默德·达浦生、优素福·马玉槐及依明·马合苏木率领。[81]这是新中国第一个正式到达麦加的朝觐团。

通过社会建设与中东地区国家建立联系，在新中国，特别是万隆会议之后的和平运动中占据了重要地位。这也同时回应了新中国国内社会主义建设的要求。与早期革命实践中处理与少数民族地区关系时一样，贸易也在新中国与中东国家建立联系中扮演了重要角色。通过《人民日报》，中国人了解到，在万隆会议之后，"叙利亚、黎巴嫩、伊拉克、约旦、沙特阿拉伯、科威特、亚丁、阿曼、巴林等国的许多厂商，都来和中国做生意。中国和阿拉伯国家之间的贸易，从1955年以来，逐年增长"。[82] 1955年8月，中国与埃及签订了贸易协定，之后两国开始互相派遣贸易代表团。就在1956年4月中国贸易代表团访问埃及期间，双方便完成了将近四百万英镑的贸易额。中国购买了大量埃及棉纱，而埃及则购买了中国的钢材、机器以及植物油。[83] 1956年，《人民日报》甚至还喊出了"为了和平，开展国际贸易！"的口号。[84] 在这一时期，人们甚至在《人民日报》的头版读到了诸如这样的故事："中国制造的五灯收音机开始出口"，"供应叙利亚、黎巴嫩"等地，由于"每个零件都加有一层防潮湿的蜡"，因此"可以适应亚非热带地区的环境"。[85]

与早期革命过程中的贸易活动不同，此时的国际贸易活动更多地被结合进新中国人民通过劳动建设来解放世界的叙事里。对新中国的建设者来说，在媒体上读到那些通过自己的生产活动，支援在世界革命前线武装斗争的故事，无疑调动了他们对中国革命本身及反帝军事胜利的记忆与自豪。就在1956年支持埃及人民将苏伊士运河国有化的政治动员中，《人民日报》上除了大量刊载关于苏伊士运河公司国有化的法律依据，埃及报纸新闻摘要，纳赛尔讲话、埃及社会建设情况、历史介绍，伊朗、叙利亚等国共产党代表团在中共八大上发言等消息之外，还通过各类社会文化新闻、读者来信、文艺作品等形式，共同构建了一个以反帝与国家建设为目标的国际共同体想象。新中国的民众会在报纸上读到诸如"我国一批牛羊肉运到了苏伊士港……及时供应了埃及人民新年的需要"这样的新闻，也会看到一户来自"上海江苏路五十四弄二十七号"的人家给埃及家庭写的公开信，了解到这家人"这几天"起身的第一件事，"就是打开收音机收听有关你们正义的斗争的消息"，了解到这户人家相信，"中国水利工作者正在利用和改造江河为人民谋福利"，并"对埃及的同行"抱着"殷切的期望"，因为他们"根据自己亲身的体验"，"坚决相信埃及人民一定能够管理好苏彝士运河，阿斯旺水坝也一定能够在埃及人手里建造起来！"[86]

这种丰富的国际主义共同体认同，构成了当时中国人日常生活的一个重要部分。而在创造这一国际主义共同体的过程中，大众文艺作品则扮演了重要的媒介作用。在1958年中国支援伊拉克革命、反对英美武装干涉黎巴嫩和约旦的过程中,《人民日报》的读者们可以在第8版上读到包括诗歌、歌曲、短剧、地方戏曲等各种形式的文艺作品,这些作品表达着中国人民对阿拉伯人民反帝斗争的普遍支持和对帝国主义全球侵略的愤怒。而体现万隆精神的国际"文化合作"则早在万隆会议之后,便以电影节和对电影节活动的新闻报道的形式,存在于中国人的日常文化生活中。20世纪50年代,人们可以从报纸上读到包括世界青年联欢节(1955)、大马士革国际博览会(1955)、埃及电影周及埃及电影代表团访问(1957)、亚洲电影周(1957)、伊拉克共和国电影周(1959)、突尼斯中国电影周(1962)、伊拉克中国电影周(1962)、亚非电影节(1964)、阿拉伯联合共和国电影周(1965)等一系列文化体育交流活动的新闻。人民政府强调,通过电影促进"亚洲各国人民相互了解,友好和团结",是为"维护亚洲和世界的和平"进行的努力。[87]这类电影周一般首先会在北京、上海、天津等主要城市集中举办,随后还会有部分电影被送往全国各大中型城市进行放映。例如,在"亚非会议所创导的文化合作精神"下,1957年中华人民共和国文化部举办了"埃及共和国电影周"。[88]电影周一共放映了包括《七月的风云》《山谷里的斗争》《我们美好的日子》《生与死》4部故事片,以及《幸福的日子》《英军撤退节》《埃及的石油》《工业复兴》等8部纪录短片。同时,埃及还派遣了一支由国家指导部文艺处处长耶雅·哈基率领的电影工作者代表团访华,其团员便包括了埃及当时著名的女演员法登·哈马玛（Faten Hamama）和她的丈夫、男演员奥玛·薛里夫（Omar Sharif）。[89]

除了看到来自亚非拉国家的电影之外，人们还可以通过阅读中国电影在阿拉伯国家被接受情况的报道，进一步体验这种通过文化交流而建立起的保卫世界和平的认同。1956年，中国电影《鸡毛信》和《智取华山》首次在埃及播放，并"得到埃及人民的热烈欢迎"。这次电影节甚至被认为是"中国人民对埃及人民正义斗争的一种实际支持"。[90] 新华社从开罗发回的报道也进一步使中国读者加强了这种感受。中国读者们看到，"身材魁梧的纳赛尔总统"在1957年9月16日晚上，走进了"按着中国风格装饰"、门口"挂着两盏红灯笼和中埃两国的国旗"的开罗歌剧电影院。从来"没去参加过任何电影节"的纳赛尔，在这一天晚上，不但参加了"中国电影节的开幕式，看了中国电影《祝福》，还"接见了中国电影代表团"。9月20日，纳赛尔夫人还举办了茶话会，招待"电影女演员白杨和秦怡"，并和"她的五个儿女一起"，与中国客人"度过了一个很愉快的晚上"。[91]

这种通过文化交流和新闻建立起的国际主义共时感，还通过群众运动成为一种直接的斗争政治体验。这在本章开头所描述的对1958年伊拉克革命的支持中表现得最为全面。从1958年7月18日《人民日报》刊登"北京五十万人在天安门广场集会，表示全力支持阿拉伯人民的正义斗争"开始，在随后的一个月里，中国各省市各阶层和民族的民众，都在这一支持阿拉伯人民反对帝国主义斗争的主题下被调动了起来。这种社会调动与当时的社会主义建设总路线相结合，强调工人、农民、学生等社会各阶层劳动者不但应当在劳动间隙或者下班后进行学习与抗议集会，而且更应当以支援中东人民斗争为目标，抓紧生产建设。我们看到马鞍山钢铁厂的工人们提出"多产钢和铁，打击侵略狼!"，全椒县机械厂职工"在集会抗议英美帝国主义侵略中东的罪行后"，不但贴出许多大字报，表示"以实际行动支持中东人民的正义斗争"，而且还"连夜投入生产"。来自铜川市的抗议大会上，"采煤工人和钻井工人们一致表示，中国工人誓作阿拉伯工人的后盾"。同样的增产运动也出现在各地的农业合作社中。渭南县隐乡村"在举行了声讨美帝罪行大会后，全乡农民当晚就深翻挖地一百多亩"。来自新民县的三千多名社员，在抗议大会之后，"连夜苦战干旱"，"以增强祖国保卫世界和平的力量，声援阿拉伯人民的正义斗争"。[92] 同样的故事，在这个时期里不断得到报道。[93] 在一些工人群众的新诗歌中，支援伊拉克人民的热情和对美英帝国主义的愤怒成为促进"大跃进"生产的精神动力。来自国棉二十一厂的缪文心在《文汇报》上发表了一首题为《工人的愤怒》的短诗，其中结尾处写道：

> 原来秀英她在想：
> 美帝侵黎为哪椿？
> 坏纱好比美国狼，
> 坚决把它消灭光![94]

第五章 国际主义 *247*

上海国毛一厂的秋漪也表达了同样的心情,并描述了一幅仿佛是在战争环境下,作为后方的中国工人以生产运动来支援处于前线的阿拉伯人民武装斗争的景象。

> 跃进跃进再跃进,
> ……
> 东一声捷报西一个喜讯,
> 声声化做尖刀利刃,
> 射向那侵略者的魔爪,
> 要叫那美帝国主义胆战心惊。[95]

可以看到,群众文艺作品在构建这场国际主义共同体的行动中扮演了重要作用。围绕着阿拉伯人民反帝斗争,特别是那个曾经出现在《人民日报》上的"黎巴嫩小孩"形象而创作的文艺作品也出现在《人民日报》和中国各大主要报刊上。这些文艺作品的主旨基本都将对阿拉伯人民的支持与中国抗美援朝的经历,以及美国对中国台湾问题的干涉联系起来。这种共时感形成了当时中国人一种来自被压迫民族与国家反抗帝国主义的国际主义体验。

这类作品包括诗歌[96]、游记[97]、音乐、短篇小说[98]、儿童剧[99]、活报剧[100]、京剧[101]、地方戏曲[102]、宣传画与漫画[103]等形式。配合着当时经济建设"大跃进",这种以反对帝国主义为基础,用"写诗当武器,唱歌当战鼓"来支援"阿拉伯兄弟的斗争"的形式,也体现了当时在"学哲学、用哲学"运动中进行的旨在树立社会主义新人、实现"文化翻身"的目标,[104] 可以被视为一种"文艺大跃进"的表现。人民文学出版社、作家出版社、通俗文艺出版社、北京出版社、新文艺出版社、贵州人民出版社等出版社也出版了不少阿拉伯文学作品、诗文画集。据笔者粗略地统计,仅在1958年,中国各地各类出版社出版的与中东,特别是伊拉克、黎巴嫩、约旦等地相关的文学、政论、历史及宗教知识相关的图书就将近一百种。其中来自通俗文艺出版社的"文艺快书号外"系列还以极为通俗的语言,"及时供应各地群众反对英美侵略阿拉伯的宣传材料"。以出版扫盲教材和群众宣传资料见长的北京出版社还出版了《消灭美国狼》等工人诗集小册子,并以活页形式出版了诸如《坚决消灭侵略者》等群众文艺资料,收录了快板、山东快书、相声、小演唱、京剧等内容。这些材料则为"街头宣传和晚会演出"提供了素材。[105]

这一时期出现的文学作品以新诗为主。这类支援阿拉伯人民、声讨帝国主义暴行的诗歌从语言上来看,大量采用口头语,其形式上也接近民歌。这与"大跃进"时期鼓励以民间文艺形式歌唱社会主义建设进程和成就的社会文化风气密切结合,也体现了"大跃进"时期对"神州六亿皆尧舜"这种文化平等的理想。在这一文艺大众化运动的过程中,国际主义理想被"新民歌"这种朴素的形式编织进普通劳动人民的日常生活中。同时,劳动人民创作的这类诗歌也同当时的重要作家、诗人的作品平等地出现在《人民日报》《文汇报》以及各类诗歌选集与文艺特刊中，无论从形式、语言还是更具文化象征意义的发表媒介来看，都充分体现了这种平等主义的理想。1959年初，诗人田间从昌黎采风回来之后表示，这种新民歌运动标志着中国古典诗歌、民歌与新诗发展脉络的一个新阶段，并为新诗的发展开辟了一条新道路。这些来自普通工人、农民、劳动生产英模的新民歌不仅仅是他们"自己的决心书"，也是人民"思想上的号角"。真正体现了"万笔齐挥大跃进，英雄高唱英雄歌"的人民主体精神。这类"大跃进"中产生的新民歌不单单在语言和表达形式上融合了汉族地方俗语、地方知识以及古典诗歌的精髓，同时也融合了兄弟民族和外国诗歌中丰富多彩的内容与形式。[106] 在1958年支援伊拉克人民的浪潮中产生的一系列大众新民歌以及翻译自阿拉伯诗人的作品，则都成为这一文化平等实践中的重要组成部分。

就在伊拉克革命9天之后，人民文学出版社便迅速组织翻译并出版了一本伊拉克诗人的选集《明天的世界》。在序言中，选集的编辑者们明确表示，伊拉克文学的产生"是20世纪初，随着反土耳其的民族解放运动的兴起而发展起来的"。在其发展过程中，"反对英国占领和国内反动统治"成为第一次世界大战之后伊拉克诗歌兴起的一个重要因素。因此，伊拉克的诗歌是"战斗的诗歌、反抗的诗歌"，并且"充分地反映了伊拉克人民要求解放……反对战争、争取和平的决心"。序言强调了"我们对伊拉克人民的兄弟的感情"这种国际主义精神与树立人民主体意识之间的关系,将"反对殖民主义的主题"作为一种团结全世界人民"战斗的思想感情"的重要主题,并将伊拉克共和国的成立视为"现时代国际上的一个重大事件",标志着"殖民主义已经到了穷途末路","阿拉伯人民历史新时期"已经到来。这使得"我们无比的欢欣和鼓舞"。[107]

在《文学研究》1958年7月独立发行的增刊《我们和阿拉伯人民》中,冯至的献诗又进一步表达了这种在反殖民任务下,通过国际主义联合带来的第三世界人民独立与世界秩序平等的未来,以及大跃进与世界人民大团结之间的精神联系。

……
自从我们把强盗赶走,
我们大跃进整顿山河,
同时向远亲近邻
唱出友好的高歌。

千年前的老朋友
……
重逢在这样的时刻,
正东风压倒西风。
……
我们欢呼你们的成功,

象是庆祝自己的胜利。
……
愿你们自由的旗帜
东风里插遍中东。
那些西方的强盗
是我们共同的敌人；
我们将要并肩作战，
……
为人类幸福的明天，
将来我们要再一度
把新发明传过西海边。[108]

在这次支援伊拉克革命的文化运动中，这种对第三世界反殖民斗争历史的叙述与新中国反英美帝国主义的斗争相结合，进一步加强了英美帝国主义即帝国主义与殖民主义概念的所指这一认识。1958年7月20日《新闻日报》刊载的一则新民歌就将朝鲜战争、埃及塞得港抗击英法入侵以及黎巴嫩抗议美军登陆事件结合起来，视之为对帝国主义的"三次打击"。诗中写道："强大的东风一天更比一天强，……穆斯林解放声浪响四方。六亿中国人民把腰撑，全世界和平力量赛过钢。"[109]

在支持"我们的阿拉伯兄弟"的政治动员和教育活动中，对少数民族以及宗教界人士的动员更能显现出国际主义认同为新中国的政治主体性建构带来的灵活性。1958年7月

18日,在中国各阶层共同支援中东人民的活动中,伊斯兰教协会副主席达浦生发表了讲话,表示"中国穆斯林支持阿拉伯弟兄"。在这一则简短讲话的开始,达浦生表示,"我们中国穆斯林和全国人民一同,热烈祝贺伊拉克人民的伟大胜利"。而"美帝国主义的行为","完全是魔鬼的行为",是对"阿拉伯各国人民的狂妄挑衅",而且"威胁亚非和世界的和平"。随后,达浦生强调"爱护祖国是伊斯兰教信仰的一部分",他引用了《古兰经》中"你们当为主道而抵抗进攻你们的人",证明反对"美帝国主义的侵略"的爱国主义战争,是一种"为主道而战"(2:190)的正义战争。[110]

在这个基础上,我们看到中国穆斯林学者从解读《古兰经》经文出发,叙述了一部漫长的阿拉伯人民反抗压迫的历史,并以此对巴格达条约集团国家提出批评。伊斯兰信仰作为阿拉伯民族的文化根基,在反帝民族独立运动的进程中获得了生机。同时,这种文化共同性又帮助建立起中国穆斯林与阿拉伯人民之间的"弟兄"关系,并与中国革命的国际主义理想取得了一致性。宗教在这个过程中被有机地结合进新中国反帝与人类解放的政治话语里,成为具有国际主义普遍意义的革命现代性叙事的一部分。

在1958年8月3日的《人民日报》上,马坚发表了一篇题为《重读古兰经》的文章,其中将《古兰经》的诞生,作为阿拉伯人文化进步与发展的一个重要标志。并且,由于"我们现代比古人远为优越和丰富的历史经验",需要对"古兰经做出新的解释"。随后,他引用《古兰经》中"你们不要纷争，否则，你们一定胆怯，你们的气势一定消逝"（8：46）一节，来证明"团结就是力量"，并提出阿拉伯世界的历史发展道路，需要建立在一个广泛的团结的基础上。而来自"土耳其、伊朗、巴基斯坦和费萨尔王朝的伊拉克"，由于"甘心做帝国主义侵略中近东国家的工具"，而违背了《古兰经》"你们当为正义和敬畏而互助，不要为罪恶和横暴而互助"（5：2）的教训，背离了作为伊斯兰国家的道德与律法准则。在这里，伊斯兰的大圣战（jihad）观念，被诠释为一种被压迫民族"拿起武器来反抗侵略者"的反帝斗争。这种斗争经验，便是"全世界的三亿七千万穆斯林"与"全世界爱好和平的千千万万人民"一起组成政治共同体的基础，也是中国穆斯林作为中国人民的一部分，"在道义上和物质上支援阿拉伯国家的弟兄们扑灭侵略战争的火焰，保卫世界的持久和平"的基础。[111] 这种讨论也被带入许多的中国伊斯兰社区，在各地清真寺阿訇分别组织的活动中，成为表达中国人民与阿拉伯人民团结以及与帝国主义侵略者斗争决心的话语资源。在这个过程中，曾经前往阿拉伯国家，或者有过朝觐经历的穆斯林，则用这种经验，向群众传达"中东人民对中国人民非常热情"这种团结讯息。北京通州清真寺阿訇杨品三描述着自己曾经看到过的"埃及小学生给中国青年代表团演出的《打英国兵》话剧"，昌平清真寺阿訇陈广元则描述他在叙利亚看到的诸如"兄弟们，被奴役的时代已经过去了！"这类动员性的标语，表示"要全力支援阿拉伯人民的斗争"。[112]

这种"用斗争取得和平"的观念,一方面同中国自身的民族独立经验发生了直接联系,另一方面也被同当时对赫鲁晓夫和平观的批判联系在了一起,[113] 构成了新中国武装"保卫和平"的基本态度。在支持阿拉伯人民反帝斗争的背景下,包括《古兰经》、伊拉克诗人白雅帖(Abdu al-Wahabal Bayati)[114],黎巴嫩"和平战士"诗人萨依德[115],伊拉克、黎巴嫩、埃及电影[116],阿拉伯谚语[117] 等在内的文艺作品,则与阿拉伯历史、国际知识、阿拉伯领导人讲话等政治信息一起,成为当时中国人民国际主义反帝斗争想象与理论讨论中的重要文化资源。

这种轰轰烈烈的群众性支援活动也吸引了阿拉伯世界媒体的注意。在阿拉伯世界的多个新闻报道中,美英的军事行动不仅被看作是对阿拉伯民族独立运动的威胁,也被看作是对和平的威胁以及对国际法和联合国秩序的挑战。[118] 同时,媒体也开始讨论,美国在远东特别是在中国台湾的战略活动与中东世界的事件是密切联系的。[119] 伊拉克的媒体则将革命看作是创造性的人道主义行动(creative humanitarian mission),并强调超越民族国家进行世界大团结的重要性,号召亚非人民要在联合国大会上揭露美国的帝国主义侵略。[120] 位于大马士革的约旦人民电台(Jordanian People's Radio)则号召阿拉伯人针对帝国主义进行圣战。[121] 这种来自阿拉伯世界对中国的支持也被迅速传递给了中国人民。《人民日报》的读者们了解到,在这场"反对美帝国主义的斗争中",自己曾经在"塞得港、黎巴嫩和约旦遭到严重考验的日子里"

第五章 国际主义 *255*

无私支持过的阿拉伯兄弟们,当美国"在台湾海峡地区对中国进行战争挑衅"时,也表达了"极大的愤慨"。来自大马士革的数千名居民向中国总领事馆递交了数封签名信。其中,在一封"长达两公尺半的信件"上,阿拉伯人民表示,"这场斗争不仅仅是中国的斗争,而是全人类在各地粉碎和摧毁以美帝国主义为首的帝国主义,以便把全世界从一场可怖的令人憎恶的恶梦中拯救出来的斗争"。[122]

正是在这种国际主义认同的基础上,新中国对平等的理解才得以超越民族/种族主义的局限,却同时包容民族主义本身所体现出的政治与历史价值。而对于新中国的人民来说,国际主义精神是一个不断被教育的过程。也正是在对国际主义时刻感知并就此不断改造自身认知世界的方式的这一过程中,"中国人民"的主体性,才得以在"国际主义"与"爱国主义"这组辩证观念中逐渐建立。

注　释

[1] 关于伊拉克革命的进程,特别是1958年7月14日政变及其之前的准备过程,参见 Majid Khadduri, *Republican 'Iraq, a Study in 'Iraqi Politics since the Revolution of* 1958, London: Oxford University Press, 1969, pp. 38-46。

[2] 美国对伊拉克革命的最大担忧有三。其一,担忧纳赛尔主义在阿拉伯国家蔓延。其二,担忧美国会失去在中东地区的整体影响力。其三,担忧如果不对伊拉克革命做出反应,则会在世界范围内失去话语权。因此美国决定将驻扎于地中海的第六舰队派往黎巴嫩。按照最初的决定,美军还希望与英国合作"准备好进入整个地区"。参见 *Memorandum for the Record of a Meeting*, Department of State, Washington, July 14, 1958, 9: 30 a.m, 收录在 Louis J. Smith, ed., *Foreign Relations of the United States, 1958 - 1960, Lebanon and Jordan*, Washington: United States Government

Printing Office, 1992, pp. 211-212。此前, 在同年 6 月, 黎巴嫩总统卡米力·夏农 (Camille Chamoun) 向美国要求提供军事援助。国务卿杜勒斯以不符合民族自决原则为由拒绝。参见 *Telegram From the Department of State to the Embassy in Lebanon*, 收录在同上, 第 109—110 页。而英国参与武装干涉的主要原因则是希望保护 "石油英镑" (sterling oil) 在世界经济中的绝对话语权。1958 年 7 月 17 日凌晨, 英国内阁一致同意, 从塞浦路斯向约旦派遣两个营的空降兵。参见 Peter Catterall, ed., *The Macmillan Diaries, Prime Minister and after*, 1957-66, London: MacMillan, 2011, pp. 133-135。

[3] "Damascus Press Comment", 新闻为 1958 年 7 月 17 日格林尼治时间 7 时, 以阿语向叙利亚以及近东地区播出。见 FBIS 档案, 档案号: FBIS-FRB-58-139, Damascus。

[4] 卡西姆本人和他的副手阿卜杜·萨勒姆·阿里夫 (Abd-ul-Salam Arif) 之间从革命之初便存在严重的分歧。阿里夫是个坚定的纳赛尔主义者, 坚持革命后的伊拉克应当立刻加入阿拉伯联合共和国。而在国家民主党 (National Democratic Party) 左翼与伊拉克共产党支持下的卡西姆则倾向于保持伊拉克主权独立, 并与阿拉伯联合共和国建立一种松散的邦联关系。这就在领导革命的民族联合阵线 (The United National Front) 内部形成了几乎难以调和的裂痕。从 1958 年至 1963 年, 卡西姆被复兴党政变推翻, 卡西姆政府执政的五年间, 伊拉克政局极为动荡。关于这段时期里发生在伊拉克共和国内部共产党、复兴党、纳赛尔主义者以及亲共的库尔德人之间的政治冲突, 可以参见 Tareq Y. Ismael, *The Rise and Fall of the Communist Party of Iraq*, Cambridge: Cambridge University Press, 2008, pp. 79-106。关于这一时期伊拉克共和国与阿拉伯世界其他国家, 特别是阿拉伯联合共和国和黎巴嫩的关系, 参见 Adeed Dawisha, *Arab Nationalism in the Twentieth Century: From Triumph to Despair*, New Jersey: Princeton University Press, 2003, pp. 214-251。

[5] 关于对新中国革命外交思想的批评, 参见杨奎松:《新中国的革命外交思想与实践》, 载《史学月刊》2010 年第 2 期, 第 62—74 页。

[6] 毛泽东:《新民主主义论》, 载《毛泽东选集》(第 2 卷), 人民出版社 1991 年版, 第 666 页。

[7] 毛泽东:《论联合政府》, 载《毛泽东选集》(第 3 卷), 人民出版社 1991 年版, 第 1031 页。

〔8〕《六亿人民同中东人民站在一起》，载《人民日报》1958年7月18日，第1版。

〔9〕《中共中央政治局委员、中共北京市委第一书记、北京市市长彭真讲话 中国全力支持伊黎两国人民的正义斗争 美国侵略者必须立即停止战争挑衅，否则将自食其果》，载《人民日报》1958年7月18日，第2版。

〔10〕《一个外国记者眼里的北京人民反侵略示威》，载《人民日报》1958年7月29日，第9版。

〔11〕《中共中央政治局委员、中共北京市委第一书记、北京市市长彭真讲话 中国全力支持伊黎两国人民的正义斗争 美国侵略者必须立即停止战争挑衅，否则将自食其果》，载《人民日报》1958年7月18日，第2版。

〔12〕《中共中央政治局委员、中共北京市委第一书记、北京市市长彭真讲话 中国全力支持伊黎两国人民的正义斗争 美国侵略者必须立即停止战争挑衅，否则将自食其果》，载《人民日报》1958年7月18日，第2版。

〔13〕中共中央文献研究室编：《毛泽东年谱，1949—1976)》（第3卷），北京中央文献出版社2013年版，第441—442页。

〔14〕《中国苏联也门承认伊拉克共和国政府》，载《人民日报》1958年7月17日，第1版。

〔15〕"The Asian-Australasian Trade Union Liaison Bureau（AATULB)"，档案号：FOIA CIA-RDP78-00915R001000170001-1。

〔16〕关于世界工联组织架构的情报，参见"World Federation of Trade Unions, Vienna Headquarters and International Connections"，FOIA CIA-RDP78-02849A000100200001-6。

〔17〕《世界工联在亚洲澳洲国家的活动和它的任务 赛扬在亚澳工会会议上的报告》，载《人民日报》1949年11月18日，第1版。

〔18〕《参加亚澳工会会议 赛扬启程来中国 世界工联各副主席偕行》，载《人民日报》1949年11月3日，第1版。

〔19〕在笔者所看到的CIA对世界工联及亚澳工会的解密档案中，并没有找到关于这名伊朗代表的信息。

〔20〕《亚澳工会会议上伊朗代表阿里·麻莫得·沙德演说》，载《人民日报》1949年11月19日，第1版。当时伊朗的工人运动，受到成立于

1941年的图德党（Tudeh Party, 即人民党）的影响很大。该党的支持者主要集中在知识分子与城市工人中间。1944年，伊朗克尔曼沙赫（Kermanshah）、德黑兰（Tehran）与阿塞拜疆（Azerbaijan）的工会组织与图德党控制下的工人联合会（Council of United Workers）合并，组成了"伊朗工人与劳动者工会联盟中央委员会"（Central Council of the Federated Trade Unions of Iranian Workers and Toilers, CCFTU）。到1946年中旬，CCFTU据称已经联合了伊朗大约75%的产业工人力量。关于这段历史，参见Ervand Abrahamian, *Iran between Two Revolutions*, Princeton: Princeton University Press, 1982, pp. 347-371。

〔21〕柏生：《伊朗人民在英勇斗争——访亚澳工会会议伊朗代表》，载《人民日报》1949年11月22日，第3版。

〔22〕邓颖超：《亚洲妇女为民族独立人民民主与世界和平而斗争》，载《人民日报》1949年12月12日，第1版。

〔23〕《以色列代表罗碧区发言摘要》，载《人民日报》1949年12月13日，第1版。

〔24〕《社论：不可战胜的人民国家》，载《人民日报》1949年10月2日，第1版。

〔25〕《北京各界庆祝亚澳工会会议成功大会上 刘少奇副主席讲话全文》，载《人民日报》1949年11月24日，第1版。

〔26〕《亚澳工会会议新闻片今起在首都放映》，载《人民日报》1949年11月20日，第4版。

〔27〕《努力生产增加国家财富支持国际工人阶级斗争 全国各地热烈庆贺亚澳工会会议》，载《人民日报》1949年11月21日，第6版。

〔28〕蔡畅：《迎接亚洲妇女代表会议——在北京新华广播电台的演讲》，载《人民日报》1949年11月10日，第1版。

〔29〕出席本次会议的代表共来自37个国家。其中包括伊朗、伊拉克、以色列、黎巴嫩、叙利亚、土耳其6个西亚和北非地区国家的代表。

〔30〕马坚：《欢迎亚洲及太平洋区域和平会议》，载《世界知识》1952年第34期，第6—7页。

〔31〕[伊朗]柯拉姆·阿赛因·拉西米安：《关于民族独立问题的补充报告》，载亚洲及太平洋区域和平会议秘书处编：《亚洲及太平洋区域和平会议重要文件集》，亚洲及太平洋区域和平会议秘书处1952年版，第88—90页。

〔32〕［伊拉克］加吉姆·艾尔·萨马威:《关于中东、近东和平运动情况的报告》,同上,第91—96页。

〔33〕廖承志:《中国人民解放战争中的青年运动与今后中国青年的基本任务》,载中央档案馆编:《中共中央文件选集(一九四九年一月—九月)》(第18册),中共中央党校出版社1991年版,第530—531页。

〔34〕《无可奈何的供状——评美国关于中国问题的白皮书》,中央档案馆编:《中共中央文件选集(一九四九年一月—九月)》(第18册),中共中央党校出版社1991年版,第550—557页。

〔35〕《延安新华广播电台四月一日开始播音放送中共中央重要文件等》,载中央人民广播电台研究室、北京广播学院新闻系编:《解放区广播历史资料选编1940—1949》,中国广播电视出版社1985年版,第60页。

〔36〕《庆贺新年 XNCR 的自我介绍》,载中央人民广播电台研究室、北京广播学院新闻系:《解放区广播历史资料选编1940—1949》,中国广播电视出版社1985年版,第67—69页。

〔37〕《介绍 XNCR》,中央人民广播电台研究室、北京广播学院新闻系:《解放区广播历史资料选编1940—1949》,中国广播电视出版社1985年版,第63—66页。

〔38〕《延安广播电台广播口语文字英文》,载中央人民广播电台研究室、北京广播学院新闻系编:《解放区广播历史资料选编1940—1949》,中国广播电视出版社1985年版,第62页。

〔39〕《陕北新华广播电台英语新闻节目开播的话(一九四七年九月十一日)》,载中央人民广播电台研究室、北京广播学院新闻系编:《解放区广播历史资料选编1940—1949》,中国广播电视出版社1985年版,第83页。

〔40〕《亚历山大港骚动 群众怒袭英国俱乐部》,载《人民日报》1946年5月29日,第1版。

〔41〕这类《人民日报》上刊载的新闻包括《加强各民族团结 阿拉伯首领会议开罗》(1946年6月7日,第1版)、《巴勒斯坦形势忽告紧张 英美利益冲突威胁近东和平 苏报主张应由联合国作根本解决》(1946年6月11日,第1版)、《近东八国会议 重申各族人民团结 巴勒斯坦五政党另组新阵线》(1946年6月15日,第1版)、《国际述评》(1946年7月4日,第1版)、《从中东到远东 英美矛盾发展》(1946年12月29日,第1版)等。通过《人民日报》图文数据库的简单检索,从1946年至1949年

10月，这类消息就有一百余条。

〔42〕关于第二次世界大战后各个大国（Great Powers）在中东地区的利益冲突，可以参见 Grant S. McClellan, ed., *The Middle East in the Cold War*, vol. 28, The Reference Shelf, New York: The H. W. Wilson Company, 1956。这是一个着重介绍而非分析的参考书。关于中东地区冲突在当代国际秩序构成过程中的意义，特别是从非西方角度，理解中东地区在英、美、苏、法大国政治博弈过程中的主体性，可以参见 Rashid Khalidi, *Sowing Crisis: The Cold War and American Dominance in the Middle East*, Boston: Beacon Press, 2009。事实上，虽然当时在联合国层面就巴以问题的讨论主要集中在巴勒斯坦和耶路撒冷主权归属以及犹太难民问题，但是已经有一些当时的学者意识到，犹太人与阿拉伯人之间存在的是土地所有权以及阿拉伯地区经济发展落后的问题。例如 George E. Kirk, *A Short History of the Middle East*, *from the Rise of Islam to Modern Times*, London: Methuen & Co. Ltd., 1948。

〔43〕Harry S. Truman, "Executive Order 9735 - Establishing a Cabinet Committee on Palestine and Related Problems", (June 11, 1946), http://www.presidency.ucsb.edu/ws/index.php?pid=78027&st=palestine&st1.

〔44〕参见 Glen Balfour-Paul, *The End of Empire in the Middle East*, *Britain's Relinquishment of Power in Her Last Three Arab Dependencies*, Cambridge: Cambridge University Press, 1994, pp. 8-15; Douglas Little, *American Orientalism, the United States and the Middle East since 1945*, Chapel Hill: The University of North Carolina Press, 2008, pp. 80-103; Hugh Wilford, *America's Great Game: The Cia's Secret Arabists and the Shaping of the Modern Middle East*, New York: Basic Books, 2013; Michael J. Cohen, *Palestine and the Great Powers*, 1945-1948, Princeton: Princeton University Press, 1982, pp. 43-67。

〔45〕《美积极扩张近东势力 设立巴勒斯坦委员会》，载《人民日报》1946年6月16日，第1版。

〔46〕这个栏目的第1期便介绍了"经济上比较落后，经常受美帝国主义的威胁侵略"的拉丁美洲，并列出了拉美二十国的国名。

〔47〕关于第一次中东战争期间在欧洲国家内部就停火条件问题发生的冲突与政治斗争，特别是博纳多特的委任与当时英国代表亚历山大·卡达戈爵士（Sir Alexander Cadogan）之间的关系，以及当时阿以双方对移

民问题的态度,可以参见 Howard M. Sachar, *Europe Leaves the Middle East, 1936-1954*, London: Allen Lane, 1974, pp. 544-579。

[48]《读报辞典》,载《人民日报》1949年1月18日,第3版。

[49]《读报辞典》,载《人民日报》1948年12月25日,第3版。

[50] 这三个概念来自《读报辞典》,载《人民日报》1949年2月25日,第3版。

[51] 这个概念来自《读报辞典》,载《人民日报》1949年2月24日,第3版。

[52]《读报小词典》,载《人民日报》1949年4月4日,第3版。

[53] 关于苏联的意见及其与英美之间的分歧,参见 Golan, *Soviet Policies in the Middle East, from World War Ii to Gorbachev*, pp. 29-43。

[54] 本报资料室:《英美在巴勒斯坦的角逐》,载《人民日报》1946年12月10日,第4版。

[55]《美英独占资本之间 争夺资源暗斗激烈》,载《人民日报》1948年4月19日,第2版。关于苏共对于第二次世界大战期间亲法西斯的阿拉伯民族主义,特别是在伊斯兰主义影响下穆斯林兄弟会的态度,参见 Maxime Rodinson, *Marxism and the Muslim World*, London: Zed Books, 2015, pp. 34-59。

[56]《英美在巴勒斯坦的角逐》,载《人民日报》1946年12月10日,第4版。

[57] Margot Light, "The Evolution of Soviet Policy in the Third World", in *Troubled Friendships, Moscow's Third World Ventures*, ed. Margot Light, London: British Academic Press, 1993, pp. 1-28.

[58] Fred Halliday, *The Middle East in International Relations: Power, Politics and Ideology*, Cambridge: Cambridge University Press, 2005, pp. 99-110. 关于苏联与阿拉伯地区共产主义运动的联系,参见 Tareq Y. Ismael, *The Communist Movement in the Arab World*, London: Routledge Curzon, 2005。

[59]《什么是"近东"和"中东"》,载《人民日报》1957年5月22日,第6版。

[60]《社论:论当前的中东局势》,载《人民日报》1957年9月10日,第1版。

[61] 中共中央文献研究室编:《毛泽东年谱,1949—1976》(第3卷),中央文献出版社2013年版,第251—252页。

〔62〕同上，第370页。

〔63〕同上，第69页。

〔64〕同上，第231—232页。

〔65〕中共中央文献研究室编：《毛泽东年谱，1949—1976》（第4卷），中央文献出版社2013年版，第213—214页。

〔66〕中共中央文献研究室编：《毛泽东年谱，1949—1976》（第3卷），中央文献出版社2013年版，第618—619页。

〔67〕同上，第390页。

〔68〕这首诗是对7月17日《人民日报》一则新闻报道的文学化演绎。1958年7月15日，由于担心伊拉克革命会对亲英美的黎巴嫩卡米尔·夏蒙政权造成威胁，美国总统艾森豪威尔授权进行所谓"蓝蝙蝠行动"（Operation Blue Bat）。以"协助"夏蒙政府打击、抵抗内部反对派，防止来自埃及和叙利亚的威胁为名，派遣美国陆军与海军陆战队的五千余名士兵登陆黎巴嫩。另外，由于毗邻黎巴嫩的约旦，其统治者阿卜杜拉一世国王同伊拉克被推翻的费萨尔二世都为哈希姆家族的成员，因此，约旦王室也担心阿拉伯民族主义浪潮会威胁到自身的统治，并因此也向英美求助。在美军登陆黎巴嫩之后两天，英国也派遣空降兵，进入约旦首都安曼。英美两国的武装干涉，在黎巴嫩、约旦、埃及、叙利亚、伊拉克等中东国家内都激起了群众的强烈不满。新中国的媒体也在第一时间对这一系列事件做了报道。其中7月17日《人民日报》的头版便报道了黎巴嫩人民对美海军陆战队入侵黎巴嫩的反应，其中便提到了"一个穿着橘黄色衬衫的十多岁黎巴嫩小孩……用阿拉伯语发誓说：'我们是阿拉伯人，我们一定把他们打回去。'"。参见《黎巴嫩人民奋起反抗侵略 人民军向卖国政府发起猛烈进攻》，载《人民日报》1958年7月17日，第1版。

〔69〕袁鹰：《黎巴嫩一小孩》，载《人民日报》1958年7月18日，第8版。

〔70〕Ismael, *The Rise and Fall of the Communist Party of Iraq*, pp. 79-102.

〔71〕中共中央文献研究室编：《毛泽东年谱，1949—1976》（第4卷），中央文献出版社2013年版，第391页。

〔72〕这是毛泽东在接见叙利亚共产党中央总书记巴格达什时谈到的一个问题，他也将同样的意见告诉了赫鲁晓夫。参见中共中央文献研究室编：《毛泽东年谱，1949—1976》（第4卷），中央文献出版社2013年版，

第 188—189 页。

[73] 这是 1964 年 6 月 9 日毛泽东在会见阿拉伯也门共和国总统阿卜杜拉·萨拉勒时提到的话。参见中共中央文献研究室编：《毛泽东年谱，1949—1976》（第 5 卷），中央文献出版社 2013 年版，第 360 页。

[74] 这是 1964 年 6 月 18 日毛泽东接见在华工作四年的桑给巴尔专家阿里和夫人时，谈到非洲人民的斗争时讲的一番话。参见同上，第 364 页。

[75] 中共中央文献研究室编：《毛泽东年谱，1949—1976》（第 5 卷），北京中央文献出版社 2013 年版，第 487—488 页。

[76] 中共中央文献研究室编：《毛泽东年谱，1949—1976》（第 6 卷），北京中央文献出版社 2013 年版，第 91 页。有趣的是，凯杜里也表达了类似的观念，在他看来，只有阿拉伯世界超出西方民族主义认同建立联合，可能才是阿拉伯现代化的希望。Elie Kedourie, *Politics in the Middle East*, Oxford: Oxford University Press, 1992.

[77]《毛泽东文集》（第 7 卷），《中国共产党第八次全国代表大会开幕词》。

[78]《毛泽东文集》（第 8 卷），《非洲当前的任务是反对帝国主义，不是反对资本主义》。

[79] 这一点从中国在万隆会议上遇到的压力中便可略见一斑。Lee, *Making a World after Empire: The Bandung Moment and Its Political Afterlives*, pp. 1-42.

[80]《我国伊斯兰教朝觐团已返京 在巴基斯坦受到当地人民热烈欢迎》，载《人民日报》1952 年 10 月 24 日，第 1 版。

[81]《我伊斯兰教朝觐团去沙特阿拉伯麦加朝圣》，载《人民日报》1955 年 7 月 21 日，第 1 版。

[82] 周一良：《中国人民和阿拉伯人民的情深厚谊》，载《人民日报》1958 年 7 月 28 日，第 3 版。

[83]《加强中埃友好合作的步骤》，载《人民日报》1956 年 4 月 18 日，第 4 版。

[84]《为了和平，开展国际贸易!》，载《人民日报》1956 年 5 月 24 日，第 4 版。

[85]《我国收音机开始出口》，载《人民日报》1956 年 5 月 29 日，第 1 版。

〔86〕《给埃及家庭》,载《人民日报》1956年8月14日,第5版。

〔87〕周恩来:《为"亚洲电影周"题词》,载《人民日报》1957年8月9日,第1版。

〔88〕《在"埃及电影周"开幕式上夏衍副部长的讲话》,载《人民日报》1957年9月29日,第4版。

〔89〕在埃及电影周期间,《人民日报》还刊发了一系列参展电影介绍以及埃及电影发展的回顾。参见《促进中埃两国人民的相互了解 埃及电影代表团启程来我国》,载《人民日报》1957年9月24日,第6版。金声:《埃及电影事业的发展》,载《人民日报》1957年9月28日,第3版。

〔90〕《欢迎来自尼罗河畔的客人——祝埃及电影周开幕》,载《人民日报》1957年9月28日,第3版。

〔91〕《开罗的中国电影节开幕 我国电影代表团见到了纳赛尔总统》,载《人民日报》1957年9月18日,第6版。《埃及人欢迎中国电影》,载《人民日报》1957年9月29日,第4版。

〔92〕《多产粮食多出钢 狠狠打击野心狼 安徽陕西辽宁人民以实际行动支援中东人民》,载《人民日报》1958年7月24日,第2版。

〔93〕例如:《美国侵略者赶快滚开 工人代表、石景山钢铁厂工人王才的讲话》《我们恨透美帝的强盗行为 农民代表、黄土岗农业社主任殷维臣的讲话》《我们以实际行动支持你们 工商界代表、北京市工商业联合会主任委员乐松生的讲话》,载《人民日报》1958年7月18日,第2版;《射穿战争贩子的胸膛》,载《人民日报》1958年7月26日,第8版;《福建安徽湖南黑龙江抗议示威运动怒涛汹涌 侵略者如不悬崖勒马定将自食恶果》《北京电池厂提前完成赶制任务 一批干电池运往伊拉克》《愤怒的吼声震撼整个开滦矿山 工人决心多出煤炭打击侵略者》《上海二十万店员痛斥美英侵略罪行》,载《人民日报》1958年7月27日,第2版;《愤怒的口号响遍原野 反侵略意义家喻户晓 五亿农民坚决支援中东兄弟》,载《人民日报》1958年7月28日,第1版;《增加生产,支持阿拉伯兄弟——记北京棉纺织联合厂工人抗议美英侵略中东的活动》,载《人民日报》1958年7月28日,第2版;《千千万万酷爱和平的中国妇女大声疾呼 不许美英海盗蹂躏中东姐妹》,载《人民日报》1958年7月29日,第2版;《警告美英侵略者!》,载《人民日报》1958年8月1日,第8版;《从农村来的抗议》,载《人民日报》1958年8月6日,第8版;等等。

［94］缪文心:《工人的愤怒》,载《抗议的拳头举上天——反对美、英帝国主义侵略黎巴嫩、约旦诗选》,上海文艺出版社1958年版,第76页。

［95］秋潇:《化愤怒为力量》,载《抗议的拳头举上天——反对美、英帝国主义侵略黎巴嫩、约旦诗选》,上海文艺出版社1958年版,第77—79页。

［96］这些诗歌有的来自著名作家,例如,萧三:《打断侵略者的脊梁》,袁水拍:《滚!滚!滚!》,沙鸥:《屠刀挡不住历史的轮子》,马少波:《不准魔鬼乱动!》,袁鹰:《黎巴嫩一小孩》,载《人民日报》1958年7月18日,第8版;李广田:《支持黎巴嫩兄弟》,载《人民日报》1958年7月19日,第8版。也有的来自普通工人、农民与战士,例如541工厂工人李学鉴、北京国棉一厂工人范以本、北京人民印刷厂王杰雄、上海国毛一厂秋潇东、水兵谭积全等,载《人民日报》1958年7月26日,7月27日,第8版。

［97］张铁生:《贝鲁特一瞥》,载《人民日报》1958年7月23日,第8版;杜前:《在黎巴嫩做客的日子里》,载《人民日报》1958年7月26日,第8版。

［98］例如,方曙:《贝鲁特的深夜》,载《人民日报》1958年7月26日,第8版。

［99］例如,陈中宣:《黎巴嫩小孩(儿童剧)》,载《人民日报》1958年7月27日,第8版。

［100］1958年7月19日《人民日报》第8版的《舞台与银幕》专栏报道了这样一个故事:北京人民艺术剧院和中国青年艺术剧院,以战斗的姿态各编演了两出活报剧。他们分别在天安门、百货大楼前等处演出时,在场的观众颇为激动。为使更多的人看到这些富有政治教育意义的活报剧,希望剧院能在剧场演出正式剧目前,加演一个这样的活报剧;就像放映正式的影片前的新闻短片。这样将更扩大这些活报剧的影响,使更多的人受到教育。1958年7月21日,《人民日报》上还刊载了由"中国戏剧家协会宣传队"创作的广场剧《卖国贼的下场》。

［101］例如,马少波:《斩断侵略者的黑手》,载《人民日报》1958年7月23日,第8版。

［102］例如,《支援伊拉克黎巴嫩人民(快板剧)》,载《人民日报》1958年7月20日,第8版;《世界人民同声吼,滚蛋滚蛋快滚蛋!——民

间歌手们的怒火》,载《人民日报》1958年7月21日,第8版;《群兽图(拉洋片)》《打蛇妖(木偶剧)》《艾克苦唱迷魂曲(金钱板)》,载《人民日报》1958年7月24日,第8版;《阿妈妮走亲戚(山东快书)》,载《人民日报》1958年7月27日,第8版。

〔103〕天津美术出版社:《一面大跃进,一面反侵略!》,载《人民日报》1958年7月26日,第8版。

〔104〕关于"学哲学,用哲学"的历史讨论,参见周展安:《哲学的解放与"解放"的哲学——重探20世纪50—70年代的"学哲学,用哲学"运动及其内部逻辑》,载《开放时代》2017年第1期。

〔105〕《写诗当武器,唱歌当战鼓 支援阿拉伯兄弟的斗争》,载《人民日报》1958年7月28日,第8版。

〔106〕田间:《民歌为新诗开辟了道路》,载《人民日报》1959年1月13日,第7版。

〔107〕人民文学出版社编辑部编:《明天的世界——伊拉克诗人诗集》,人民文学出版社1958年版,第1—4页。

〔108〕冯至:《给阿拉伯人民》,载文学研究编辑部编:《我们和阿拉伯人民(文学研究增刊)》,人民文学出版社1958年版,第1—3页。

〔109〕李鼎:《三次打击》,载《抗议的拳头举上天——反对美、英帝国主义侵略黎巴嫩、约旦诗选》,上海文艺出版社1958年版,第55—56页。

〔110〕《中国穆斯林支持阿拉伯弟兄 中国伊斯兰教协会副主任达浦生的讲话》,载《人民日报》1958年7月18日,第2版。

〔111〕马坚:《重读古兰经》,载《人民日报》1958年8月3日,第8版。《古兰经》中体现圣战的"你们在哪里发现他们,就在哪里杀戮他们!"以及"你们当为主道而抵抗进攻你们的人"等经文,也单独出现在1958年7月20日《人民日报》第8版的文艺作品介绍中。

〔112〕《阿拉伯人民的斗争一定胜利,北京天津访问过中东的人士集会抗议英美侵略》,载《人民日报》1958年7月27日,第2版。

〔113〕社论:《站在保卫和平的最前线》,载《人民日报》1958年8月4日,第1版。

〔114〕《人民日报》1958年7月28日第8版上,刊载了马坚、刘连增翻译的伊拉克诗选,其中就包括两首白雅帖的诗。1959年,人民文学出版社依据莫斯科外国文学出版社1958年的版本,翻译出版了白雅帖的

《流亡诗集》。

〔115〕萨依德的《献给和平战士》一诗的译文发表在《人民日报》1958 年 8 月 5 日第 8 版上。1959 年,上海新文艺出版社则出版了一本名为《黎巴嫩和平战士诗选》的小册子,其中收录了这首《献给和平战士》。

〔116〕许薇文:《看伊拉克影片"邻居"》,载《人民日报》1959 年 7 月 14 日,第 8 版。在 1957 年亚洲电影周上展出的由著名黎巴嫩导演乔治·纳赛尔(Georges Nasser)拍摄的电影《向何处去》(*Whither?*),以及 1957 年埃及电影周同时放映的四部电影都成为这段时间里的重要文化资源。

〔117〕当时被引用得最广泛的一句便是"当你进去以前,先想想能不能出来"(الدخول قبل بالخروج فكر)。

〔118〕"U. S. Imperialism Indicted before U. N." 新闻来源为 1958 年 8 月 7 日,埃及国内新闻台(Egyptian Home Service)格林尼治时间下午 5 时 45 分播出。来源:FBIS 档案,档案号:FBIS-FRB-58-154,UAR。

〔119〕"Events in Mideast, Far East Linked." 新闻来源为 1958 年 10 月 7 日,埃及国内新闻台格林尼治时间下午 6 时 30 分播出。来源:FBIS 档案,档案号:FBIS-FRB-58-196,UAR。

〔120〕"Afro-Asians Will Expose U. S. at U. N." 新闻来源为 1958 年 8 月 13 日,伊拉克国内新闻台格林尼治时间下午 1 时播出。来源:FBIS,档案号:FBIS-FRB-58-158,Iraq。

〔121〕"Martyr Must be Example to Jordanians." 新闻来源为 1958 年 7 月 27 日,约旦人民电台格林尼治时间早晨 7 时向约旦的阿语广播。来源:FBIS 档案,档案号:FBIS-FRB-58-147,Area Clandestine Stations。约旦人民电台是在阿拉伯联合共和国境内移动广播的一家电台,受纳赛尔政府资助。在 1958 年 7 月伊拉克革命时期,着力反对哈希米王朝的政治宣传。关于这家电台及其与纳赛尔政府的关系,参见 James P. Jankowski, *Nasser's Egypt, Arab Nationalism, and the United Arab Republic*, Boulder: Lynne Rienner Publishers, 2002, p. 144。

〔122〕《侵略中国就是侵略阿拉伯人 叙利亚地区人民热烈支持我国人民的正义斗争》,载《人民日报》1958 年 9 月 17 日,第 3 版。

余 论

求变的意志亘古不变。

What does not change / is the will to change

——查尔斯·奥尔森《翠鸟》

1955年4月,周恩来总理率领的中国代表团,用《亚非会议最后公报》中的"和平共处五项原则",结束了他们在万隆为期六天的旅程。在他的这段旅程中,怎样的"平等"也同样作为核心问题,传递了刚从战火中走出来的新中国对新世界的理想,以及对旧世界的判断。这种对新世界秩序的理想,其理性的基础则来自中国的政治实践。今天,我们重新去梳理"第三世界国际主义"这个已经被尘封许久且充满着沉重历史包袱的观念,尝试从非西方世界反抗运动的角度出发,重新去理解20世纪秩序的构成历史,实际上是希望能够回应一个21世纪的问题,即在这个时代如何去理解并叙述作为普遍性的世界与作为特殊性的中国之间的关系,并在这个基础上重新梳理我们对于过去世纪的认识,同时想象一切可以用时间衡量的未来。

与冷战时期的政治相比,后冷战时期的新自由主义意识形态本质上强调的是一种去社会化的分裂政治。这种基于庸俗个人主义逻辑的政治意识形态无法为社会共同体政治提供资源。它非但使得国际政治出现了明显的碎片化倾向,甚至在国内政治层面,这种纯粹无政府式的功利主义市场原则也逐渐消解了个人生活的社会性意义。

这种意识形态政治包含了两种内在矛盾。首先,这一原则对一切具有普遍主义特色的政治想象持敌视态度。然而其本身的全球化过程,则体现了以美国为中心的普遍主义霸权政治原则。其次,这种政治意识形态叙述试图以经济发展原则领导甚至取代政治话语及政治行动。由此创造的政治意识形态真空,却恰恰成为民粹主义、宗派主义、宗教极端主义等意识形态,以反霸权主义的姿态,重新浮现出来。出于对这一系列散乱全球的极端主义运动的回应,美国的新自由主义全球霸权政治也逐渐开始收缩,并在奥巴马任期内,开始出现明显的内卷化色彩。反恐战争的退潮与恐怖主义的滋长,则是这种全球政治结构的重要表现。而在阿拉伯地区(美国新自由主义霸权的边缘)以及东欧(前苏联解体后其沙文主义霸权的边缘)各地所产生的政治动荡,则凸显出分裂主义与排他的极端主义的色彩。这愈加显示出后冷战时期全球政治现场中的碎片化特点。这种碎片化,是意识形态分裂与民族/国家政治经济利益对峙的结果,是新冷战时期全球的力量结构与政治问题基础。

1963年9月30日,新中国成立14周年招待会前的几个小时,毛泽东在审阅周恩来当晚国庆招待会上的讲话稿时,加了这么一段话:"我们向全世界一切愿意同我们建立和加强友好关系的国家、政府、党派、团体和个人,表示敬意!"[2] 同时,毛泽东还对讲话最后的祝酒词做出了修改。原文中,周恩来提出要"为亚洲、非洲、拉丁美洲各国的同志和人民的伟大团结干杯"。这呼应了当时在中苏论战日益加剧的情况下,新中国不断向亚非拉等中间地带谋求支持的现状。而毛泽东则在这句话之后,又加上了"为欧洲、北美洲和大洋洲的同志和朋友的伟大团结"的表述。除了外交礼节性的考虑,这个修改同时也体现出新中国从成立到抗美援朝,再到中苏论战的展开以及随着美苏、美欧及美国和中东关系的变化而产生的对于世界和平与解放进程,以及自身社会主义建设诉求这一整体战略眼光的发展变化。同年10月,当毛泽东接见阿尔巴尼亚军事代表团时,他第一次正式提到了"第三世界"的概念。他提到,西方报纸上有两种"第三世界"的说法,一种指亚非拉,另一种是指西欧共同市场。[3] 这与毛泽东1958年在读了宦乡针对西欧自由贸易区谈判破裂问题的报告后做出的"西方世界的破裂"这一判断相结合,突出强调了在争取世界和平的斗争过程中,美国霸权式和平状态的不稳定。[4]

对霸权秩序不稳定的认识,也伴随着新中国希望通过在广大被压迫民族中建立起反抗霸权、寻求平等政治的外交努力。这种外交努力不仅包含了一个新生国家对保障自身生存与发展而进行的现实主义政治选择,也延续了从革命时期便开始的对新世界平等秩序的想象与追求。正如新中国一样,冷战时期,不少新独立的国家也都在进行着这项伟大的工作。他们一方面试图找到一条使自己的国家实现物质现代化的道路,另一方面也在尝试在这个过程中寻找一种对现代世界的描述方式。传统外交史研究很大程度上只关注国与国之间的直接互动,或者审视在国际组织会议中进行的国与国之间的外交活动,这种视角具有严重局限。虽然国与国之间的直接互动构成了国际交往中最稳定也最直接的活动模式,但是,当我们面对一个正在自我创造过程中的国家时,这样的叙事方式便无法承载这一新生时刻所传达的神圣历史重任。同时,在这个国家诞生的新生时刻,一种新的国际秩序也在激烈且富有新意的互动中形成。从冷战时期的外交行动中,我们可以看到一种对世界秩序的整体想象,以及这诸种想象图景之间,通过外交事件体现出的矛盾冲突及其变迁。

如何在政治激荡的变迁过程中,将一个碎片化且充满社会政治多样性的世界整合在一起,并避免霸权的共主式世界帝国(或者康德式的世界共和国)出现,是新中国第三世界视角下的世界新秩序。第三世界民族独立运动潜在的政治理想是,通过国家内部的民族独立行动,刺激并促进社会结构变迁,培养人民政治意识,进而成为世界范畴内人民民主实践的铺路石。强调中国革命经验的特殊性,恰恰从逻辑上奠定了中国第三世界世界观叙事的普遍性基础。这种互相团结、以"自己为主,外国援助为辅"、"要靠人民"的独立经验与对未来世界秩序的理解,也被毛泽东认为是在中国革命实践中总结出来的,一个具有"普遍"意义的经验。[5]

作为新中国对如何达到新世界平等秩序所进行的设想,1955年万隆会议上周恩来讲话中所强调的"求同存异"也可以被看作是中国革命经验中所浮现的一个具有"普遍性"的经验。"求同存异"实际上概括了一个独立与联合之间的辩证关系。20世纪50年代,毛主席在几次接见亚非拉国家代表团时表示,民族解放运动是当前世界政治的重点,但不是其终点。1945年,第二次世界大战结束了,但是战争中那解放的理想仍在继续。今天,无论是从西方右翼民族主义政治的再次兴起,还是从恐怖组织"伊斯兰国"的政治宣传里,我们都能看到一个19世纪的幽灵。这个幽灵将20世纪革命进程中建立起的世界主义理想打碎,将19世纪那种狭隘的自我中心主义请出坟墓,并给它戴上了族裔民族主义与宗教极端主义的面纱。它用反帝、反殖民的语言伪装自己那种虚假的身份政治,带给世界一种毫无止境的碎片化前景。我们必须将这种虚假的"解放"同20世纪革命历史中的"解放"区别开来。

时至今日,那个20世纪的理想仍旧静静地留在天安门城楼上——中华人民共和国万岁,世界人民大团结万岁。仿佛在不断提醒今天与未来的人们,那种我们曾经追求并不懈信仰的、新世界的平等政治理想。

注 释

〔1〕 原话是：Growth and hope—then disillusionment. 转引自 Prashad, *The Darker Nations, a People's History of the Third World*, p. 276。

〔2〕 中共中央文献研究室编：《毛泽东年谱，1949—1976》(第5卷)，中央文献出版社2013年版，第266页。

〔3〕 同上，第268页。

〔4〕 中共中央文献研究室编：《毛泽东年谱，1949—1976》(第3卷)，中央文献出版社2013年版，第530页。

〔5〕 这是毛泽东1970年8月11日会见南也门总统委员会主席鲁巴伊等人时谈到的观点。参见中共中央文献研究室编：《毛泽东年谱，1949—1976》(第6卷)，中央文献出版社2013年版，第316—317页。

参考文献

档案资料

Foreign Broadcast Information Service (FBIS) Daily Reports

Central Intelligence Agency Freedom of Information Act (FOIA) Electronic Reading Room

Digital National Security Archive

The Middle East Record

The New York Times Archive (ProQuest Historical Newspapers)

Guardian and Observer (ProQuest Historical Newspapers)

Times of India (ProQuest Historical Newspapers)

American Presidency Project

Archive.org

Marxists.org

人民日报图文数据库

中文年谱、文集与文献合集

年谱

中共中央文献研究室编撰：《周恩来年谱，1898—1949》，中央文献出版社、人民出版社1998年版。

中共中央文献研究室编：《毛泽东年谱，1949—1976》，1—6卷，中央文献出版社2013年版。

中共中央文献研究室编：《毛泽东年谱，1893—1949》，上、中、下册，中央文献出版社2013年版。

文集

《马克思恩格斯全集》，人民出版社1964年版。

斯大林：《马克思主义与民族、殖民地问题》，人民出版社1953年版。

竹内实监修、毛泽东文献资料研究会编辑：《毛泽东集》，北望社1971年版。

毛泽东：《毛泽东选集》1—4卷，人民出版社1991年版。

中共中央文献研究室编：《毛泽东文集》，人民出版社1993—1999年版。

中共中央文献研究室编：《毛泽东外交文选》，中央文献出版社1994年版。

中华人民共和国外交部、中共中央文献研究室编：《周恩来外交文选》，中央文献出版社1990年版。

中国社科院近代史所编:《孙中山全集》,中华书局1986年版。

梁启超:《梁启超文集点校》,云南教育出版社2001年版。

文献合集

白桃等:《从一个村看解放区的文化建设》,胶东新华书店1947年版。

昌福、叶绪惠编:《川陕苏区报刊资料选编》,四川省科学院出版社1987年版。

湖南省博物馆编:《湖南全省第一次工农代表大会日刊》,湖南人民出版社1979年版。

金城:《延安交际处回忆录》,中国青年出版社1985年版。

刘统编:《亲历长征——来自红军长征者的原始记录》,中央文献出版社2006年版。

刘先照主编:《中国共产党主要领导人论民族问题》,民族出版社1994年版。

太行革命根据地史总编委会:《太行革命根据地史料丛书之七:群众运动》,山西人民出版社1990年版。

赵昆坡、俞建平编:《中国革命根据地案例选》,山西人民出版社1984年版。

中共中央书记处编:《六大以来:党内秘密文件》(上、下册),人民出版社1980年版。

中共中央党史研究室第一研究部编:《联共(布)、共产国际与中国国民革命运动,1920—1925》,北京图书馆出版社 1997 年版。

中共中央统战部编:《民族问题文献汇编,1921.7—1949.9》,中共中央党校出版社 1991 年版。

中国第二历史档案馆编:《中华民国史档案资料汇编》(第 2 辑),江苏古籍出版社 1991 年版。

中国第二历史档案馆编:《中华民国史档案资料汇编》(第 5 辑第 1 编),江苏古籍出版社 1991 年版。

中央档案馆编:《中共中央文件选集》,中共中央党校出版社 1992 年版。

中央统战部、中央档案馆编:《中共中央抗日民族统一战线文件选编》,档案出版社 1984 年版。

中央人民广播电台研究室、北京广播学院新闻系编:《解放区广播历史资料选编 1940—1949》,中国广播电视出版社 1985 年版。

中文参考书目

阿地力·艾尼:《清末边疆建省研究》,黑龙江教育出版社 2012 年版。

本尼迪克特·安德森:《想象的共同体:民族主义的起源与散布》,上海人民出版社 2005 年版。

池田诚编著:《抗日战争与中国民众:中国的民族主义与民主主义》,求实出版社 1989 年版。

杜赞奇著,王宪明译:《从民族国家拯救历史:民族主义话语于中国现代史研究》,社会科学文献出版社 2003 年版。

厄内斯特·盖尔纳著,韩红译:《民族与民族主义》,中央编译出版社2002年版。

菲利普·内莫著，张竝译：《教会法与神圣帝国的兴衰——中世纪政治思想史讲稿》，华东师范大学出版社2011年版。

李资源：《中国近现代少数民族革命史要》，中央民族大学出版社1995年版。

刘禾主编：《世界秩序与文明等级——全球史研究的新路径》，生活·读书·新知三联书店2016年版。

佩里·安德森：《绝对主义国家的系谱》，上海人民出版社2000年版。

佩里·安德森著，李岩译：《原霸：霸权的演变》，当代世界出版社2020年版。

金炳镐主编：《中国民族理论百年发展1900—1999》，辽宁民族出版社2008年版。

牛大勇、沈志华主编：《冷战与中国的周边关系》，世界知识出版社2004年版。

乔万尼·阿瑞吉著，姚乃强、严维明、韩振荣译：《漫长的20世纪》，凤凰出版集团2011年版。

沈志华：《冷战在亚洲：朝鲜战争与中国出兵朝鲜》，九州出版社2013年版。

汪晖：《现代中国思想的兴起》（全4册），生活·读书·新知三联书店2008年版。

汪晖：《东西之间的"西藏问题"（外2篇）》，生活·读书·新知三联书店2011年版。

约翰·刘易斯·加迪斯著，翟强、张静译：《冷战》，社会科学文献出版社2013年版。

章永乐:《旧邦新造,1911—1917》,北京大学出版社2011年版。

英文参考书目

Abdulgani, Roeslan, *Bandung Spirit*, Jakarta: Prapantja, 1964.

Abrahamian, Ervand, *Iran between Two Revolutions*, Princeton: Princeton University Press, 1982.

Adie, W. A. C., "Plo.", *Asian Perspectives*, no. 2 (1975): 5-22.

Alexander, Jeffrey C., "Modern, Anti, Post, and Neo: How Social Theories Have Tried to Understand the New Problems of Our Times", *Zeitschrift für Soziologie* 23 (June 1994): 165-197.

Alison, Archibald. *Lives of Lord Castlereagh and Sir Charles Stewart*, London: J. M. Dent & Sons, 1861.

Amin, Samir, *Re-Reading the Postwar Period: An Intellectual Itinerary*, New York: Monthly Review Press, 1994.

Anderson, Perry, "Internationalism: A Breviary", *New Left Review* 14 (March-April 2002).

Andrews, Geoff, *The Shadow Man: At the Heart of the Cambridge Spy Circle*, London: I. B. Tauris, 2015.

"Anglo-Egyptian Dispute before Security Council: The Sudan's History and Future", *The Manchester Guardian*, Aug 12, 1947.

Armitage, David, *The Ideological Origins of the British Em-*

pire, Cambridge: Cambridge University Press, 2004.

Aydin, Cemil, *Politics of Anti-Westernism in Asia: Visions of World Order in Pan-Islamic and Pan-Asian Thought*, New York: Columbia University Press, 2007.

Balandier, Georges, "Le Tiers-Monde. Sous-Développement Et Développement", *Population (French Edition)* 11, no. 4 (1956): 737-741.

Balfour-Paul, Glen, *The End of Empire in the Middle East, Britain's Relinquishment of Power in Her Last Three Arab Dependencies*, Cambridge: Cambridge University Press, 1994.

Barron, Bryton, ed., *Foreign Relations of the United States: Diplomatic Papers, Conferences at Malta and Yalta*, Edited by William M. Franklin and G. Bernard Noble, Washington: United States Government Printing Office, 1955.

Behbehani, Hashim S. H., *China's Foreign Policy in the Arab World, 1955-1975: Three Case Studies*, London, Boston, Melbourne and Henley: KPI, 1981.

Beinin, Joel, *Was the Red Flag Flying There? Marxist Politics and the Arab-Israeli Conflict in Egypt and Israel, 1948-1965*, Berkeley: University of California Press, 1990.

Benner, Erica, *Really Existing Nationalisms, a Post-Communist View from Marx and Engels*, Oxford: Clarendon Press Oxford, 1995.

Bianco, Lucien, *Peasants without the Party: Grass-Roots Movements in Twentieth-Century China*, Armonk, NY: M. E. Sharpe, 2001.

Black, C. E. , *The Dynamics of Modernization: A Study in Comparative History*, New York: Harper and Row, 1966.

Brandenberger, David, *National Bolshevism: Stalinist Mass Culture and the Formation of Modern Russian National Identity, 1931-1956*, Cambridge, MA: Harvard University Press, 2002.

Bridge, Roy, "Allied Diplomacy in Peacetime: The Failure of the Congress 'system', 1815-23", In *Europe's Balance of Power 1815-1848*, edited by Alan Sked, London: The Macmillan Press Ltd. , 1979.

Buchanan, Tom, *East Wind: China and the British Left, 1925-1976*, Oxford: Oxford University Press, 2012.

Butlin, Robin A. , *Geographies of Empire, European Empires and Colonies C. 1880-1960*, Cambridge: Cambridge University Press, 2009.

Byrne, Jeffery James, *Mecca of Revolution, Algeria, Decolonization, and the Third World Order*, Oxford: Oxford University Press, 2016.

Calabrese, John, *China's Changing Relations with the Middle East*, London: Pinter Publishers, 1991.

Cammack, Paul, David Pool, and William Tordoff, *Third World Politics, a Comparative Introduction*, 2 ed. , London: The Macmillan Press Ltd, 1993.

Catterall, Peter, ed. , *The Macmillan Diaries, Prime Minister and after, 1957-66*, London: MacMillan, 2011.

Chatterjee, Partha, *Nationalist Thought and the Colonial World: A Derivative Discourse*, London: Zed Books Ltd. , 1986.

Chen, Jian, *Mao's China and the Cold War*, Chapel Hill: The University of North Carolina Press, 2001.

Chesneaux, Jean, "L'histoire De La Chine Aux Xixe Et Xxe Siècles: Programme D'études Et D'interprétation", *Annales, Histoire, Sciences Sociales* 10, no. 1 (1955): 95-98.

Choi, Sung-Eun, *Decolonization and the French of Algeria, Bringing the Settler Colony Home*, New York: Palgrave Macmillan, 2016.

Cobban, Helena, *The Palestinian Liberation Organisation: People, Power and Politics*, Cambridge: Cambridge University Press, 1984.

Cohen, Michael J., *Palestine and the Great Powers, 1945-1948*. Princeton: Princeton University Press, 1982.

Connelly, Matthew, "Taking Off the Cold War Lens: Visions of North-South Conflict During the Algerian War for Independence", *The American Historical Review* 105, no. 3 (Jun. 2000): 739-769.

Cumings, Bruce, *The Korean War: A History*, New York: Modern Library, 2010.

———. "Revising Postrevisionism: Or the Poverty of Theory", *Diplomatic History* 17 (Fall 1993): 539-569.

Curtin, Philip D., ed., *Imperialism*, New York: Harper & Row, Publishers, 1971.

Daly, M. W., ed., *The Cambridge History of Egypt*, vol. 2, Cambridge: Cambridge University Press, 1998.

Davidson, Christopher, "Persian Gulf-Pacific Asia Linkages in the 21st Century: A Marriage of Convenience?", In *Kuwait Programme on Development, Governance and Globalisation in the Gulf States*, London: The Centre for the Study of Global Governance, LSE, 2010.

Dawisha, Adeed, *Arab Nationalism in the Twentieth Century: From Triumph to Despair*, New Jersey: Princeton University Press, 2003.

Debeche, Ismail, "The Role of China in International Relations: The Impact of Ideology on Foreign Policy with Special Reference to Sino-African Relations (1949–1986)", University of York, 1987.

Diener, Alexander C., and Joshua Hagen, eds., *Borderlines and Borerlands: Political Oddities at the Edge of the Nation-State*, New York: Rowman & Littlefield Publishers, INC., 2010.

Dirlik, Arif, *Culture and History of Postrevolutionary China: The Perspective of Global Modernity*, Hong Kong: Chinese University Press, 2011.

———. *The Postcolonial Aura, Third World Criticism in the Age of Global Capitalism*, Oxford: Westview Press, 1997.

Eley, Geoff, and Ronald Grigor Suny, eds., *Becoming National: A Reader*, New York and Oxford: Oxford University Press, 1996.

Engerman, David C., "Ideology and the Origins of the Cold War, 1917–1962", In *The Cambridge History of Cold War*, edited by Melvyn P. Leffler and Odd Arne Westad, 20–43, Cambridge: Cambridge University Press, 2010.

Evans, Martin, *Algeria, France's Undeclared War*, Oxford: Oxford University Press, 2012.

"Final Communiqué of the Asian – African Conference of Bandung", In *Asia-Africa Speak from Bandung*, 161-169, Djakarta: The Ministry of Foreign Affairs, Republic of Indonesia, 1955.

Frazier, Robeson Taj, *The East Is Black: Cold War China in the Black Radical Imagination*, Durham: Duke University Press, 2015.

Friedman, Jeremy, *Shadow Cold War, the Sino-Soviet Competition for the Third World*, Chapel Hill: The University of North Carolina Press, 2015.

Gaddis, John Lewis, *The Cold War: A New History*, New York: Penguin Press, 2005.

———. *We Now Know: Rethinking Cold War History*, Oxford: Oxford University Press, 1997.

Gallagher, John, and Ronald Robinson, "The Imperialism of Free Trade", *The Economic History Review*, New Series 6, no. 1 (1953): 1-15.

Gellner, Ernest, *Nations and Nationalism*, 2 ed., Oxford: Blackwell Publishing, 2006.

Glendon, Mary Ann, "The Forgotten Crucible: The Latin American Influence on the Universal Human Rights Idea", *Harvard Human Rights Journal* 16 (2003).

Golan, Galia, *Soviet Policies in the Middle East, from World War Ii to Gorbachev*, Cambridge: Cambridge University Press,

1990.

Gramsci, Antonio, *Antonio Gramsci: Selections from Political Writings* 1910-1920, London: Lawrence and Wishart, 1977.

——. *Selections from the Prison Notebooks*, London: Lawrence and Wishart, 1971.

Grotius, Hugo, *The Right of War and Peace*, 3 vols., vol. 1, Indianapolis: Liberty Fund, 2005.

Hafner, D. L., "Castlereagh, the Balance of Power, and 'Non-Intervention'", *Australian Journal of Politics & History* 26, no. 1 (1980).

Halim, Hala, "Afro-Asian Third-Worldism into Global South: The Case of Lotus Journal", *Global South Studies: A Collective Publication with The Global South* (November 22, 2017).

Halliday, Fred, *Cold War, Third World: An Essay on Soviet-Us Relations*, London: Hutchinson Radius, 1989.

——. *The Middle East in International Relations: Power, Politics and Ideology*, Cambridge: Cambridge University Press, 2005.

Hamilton, Thomas J., "Egypt Asks U. N. To Order British to Quit the Country", *The New York Times*, Aug 6 1947.

Harris, Lillian Craig, "China's Relations with the Plo", *Journal of Palestine Studies*, no. Autumn (1977): 123-154.

——. *China Considers the Middle East*, London: I. B. Tauris & Co Ltd. Publishers, 1993.

Hinde, Wendy, *George Canning*, London: Collins, 1973.

Hobsbawm, Eric, *Nations and Nationalism since 1780, Pro-*

gramme, *Myth*, *Reality*, 2 ed, Cambridge: Cambridge University Press, 1990.

Hobsbawm, Eric, and Terence Ranger, ed., *The Invention of Tradition*, Cambridge: Cambridge University Press, 2012.

Huntington, Samuel P., *We Are We? The Challenges to America's National Identity*, New York: Simon and Schuster, 2004.

Huwaidin, Mohamed Bin, *China's Relations with Arabia and the Gulf 1949-1999*, London: Routledge, 2002.

Irby C. Nichols, Jr., *The European Pentarchy and the Congress of Verona*, 1822, Hague: Martinus Nijhoff, 1971.

Iriye, Akira, *Cultural Internationalism and World Order*, Baltimore: The Johns Hopkins University Press, 1997.

Ismael, Tareq Y., *The Communist Movement in the Arab World*, London: Routledge Curzon, 2005.

———. *The Rise and Fall of the Communist Party of Iraq*, Cambridge: Cambridge University Press, 2008.

Israeli, Raphael, "The People's Republic of China and the Plo", In *The International Relations of the Palestine Liberation Organisation*, edited by Augustus Richard Norton and Martin H. Greenberg, Carbondale and Edwardsville, IL: Southern Illinois University Press, 1989.

James, Leslie, and Elisabeth Leake, eds., *Decolonization and the Cold War*, *Negotiating Independence*, London: Bloomsbury Academic, 2015.

Jankowski, James P., *Nasser's Egypt*, *Arab Nationalism*,

and the United Arab Republic, Boulder: Lynne Rienner Publishers, 2002.

Jarrett, Mark, The Congress of Vienna and Its Legacy: War and Great Power Diplomacy after Napoleon, London: I. B. Tauris, 2014.

Jervis, Robert, "Security Regimes", In International Regimes, edited by Stephen D. Krasner, Ithaca: Cornell University Press, 1983.

Kalman, Samuel, French Colonial Fascism, the Extreme Right in Algeria, 1919–1939, New York: Palgrave Macmillan, 2013.

Kayaoğlu, Turan, Legal Imperialism: Sovereignty and Extraterritoriality in Japan, the Ottoman Empire, and China, Cambridge: Cambridge University Press, 2010.

Kedourie, Eile, England and the Middle East: The Destruction of the Ottoman Empire 1914–1921, Hassocks, Sussex: The Harvester Press, 1978.

———. Nationalism, London: Hutchinson & Co. Publishers Ltd., 1961.

———. Politics in the Middle East, Oxford: Oxford University Press, 1992.

Keene, Edward, Beyond the Anarchical Society, Cambridge: Cambridge University Press, 2002.

Kelly, John D., and Martha Kaplan, Represented Communities: Fiji and World Decolonization, Chicago: University of Chicago Press, 2001.

Khadduri, Majid, *Republican 'Iraq, a Study in 'Iraqi Politics since the Revolution of 1958*, London: Oxford University Press, 1969.

Khalidi, Rashid, *Sowing Crisis: The Cold War and American Dominance in the Middle East*, Boston: Beacon Press, 2009.

Ki-Zerbo, J., ed., *General History of Africa I: Methodology and African Prehistory*, Paris: United Nations Educational, Scientific and Cultural Organization, 1981.

Kirk, George E., *A Short History of the Middle East, from the Rise of Islam to Modern Times*, London: Methuen & Co. Ltd., 1948.

Kissinger, Henry, *Diplomacy*, New York: Simon & Schuster, 1994.

Knutsen, Torbjorn L., *A History of International Relations Theory.*, 3 ed., Manchester: Manchester University Press, 2016.

Laski, Harold, "China and Democracy", In *China Body & Soul*, edited by Ernest Richard Hughes, London: Secker and Warburg, 1938.

Lauesen, Torkil, *The Global Perspective, Reflections on Imperialism and Resistance*, Montreal: Kersplebedeb, 2018.

Lee, Christopher J., ed., *Making a World after Empire: The Bandung Moment and Its Political Afterlives*, Athens, Ohio: Ohio University Press, 2010.

Lenin, V. I., "Critical Remarks on the National Question", Translated by Bernard Isaacs and Joe Fineberg, In *V. I. Lenin Collected Works*, edited by Julius Katzer, Moscow: Progress

Publishers, 1964.

———. *Imperialism, the Highet Stage of Capitalism, a Popular Outline*, Peking: Foreign Languages Press, 1970.

———. "The Right of Nations to Self-Determination", Translated by Bernard Isaacs and Joe Fineberg, In *V. I. Lenin Collected Works*, edited by Julius Katzer, Moscow: Progress Publishers, 1964.

———. "The Socialist Revolution and the Right of Nations to Self-Determination (Theses)", In *V. I. Lenin Collected Works*. Moscow: Progress Publishers, 1964.

Li, Huaiyin, *Reinventing Modern China: Imagination and Authenticity in Chinese Historical Writing*, Honolulu: University of Hawai'i Press, 2013.

Light, Margot, "The Evolution of Soviet Policy in the Third World", In *Troubled Friendships, Moscow's Third World Ventures*, edited by Margot Light, London: British Academic Press, 1993.

Little, Douglas, *American Orientalism, the United States and the Middle East since 1945*, Chapel Hill: The University of North Carolina Press, 2008.

Livingstone, D., "Climate's Moral Economy: Science, Race and Place in Post-Darwinian British and American Geography", In *Geography and Empire*, edited by A. Godlewska and Neil Smith, 132–154, London: Blackwell, 1994.

Luxemburg, Rosa, "The National Question and Autonomy", In *The National Question – Selected Writings by Rosa Luxemburg*, edited by Horace B. Davis, New York: Monthly Review Press, 1976.

MacFarlane, S. Neil, *Superpower Rivalry and 3rd World Radicalism: The Idea of National Liberation*, London: Croom Helm, 1985.

Mackie, Jamie, *Bandung 1955: Non-Alignment and Afro-Asian Solidarity*, Singapore: Editions Didier Millet, 2005.

Mazower, Mark, *Governing the World: The History of an Idea*, London: Allen Lane, 2012.

McAdam, Doug, Sidney Tarrow, and Charles Tilly. *Dynamics of Contention*, Cambridge: Cambridge University Press, 2004.

McClellan, Grant S., ed., *The Middle East in the Cold War*, vol. 28, The Reference Shelf, New York: The H. W. Wilson Company, 1956.

McEnaney, Laura, "Cold War Mobilization and Domestic Politics: The United States", In *The Cambridge History of the Cold War*, edited by Melvyn P. Leffler and Odd Arne Westad, Cambridge: Cambridge University Press, 2010.

Mearsheimer, John J, "The False Promise of International Institutions", *International Security* 19, no. 3 (Winter 1994/5): 5-49.

Mehta, Uday Singh, *Liberalism and Empire, a Study in Nineteenth-Century British Liberal Thought*, Chicago and London: The University of Chicago Press, 1999.

Neuhauser, Charles, *Third World Politics: China and the Afro-Asian People's Solidarity Organization, 1957-1967*, Cambridge, Mass: East Asian Research Center, Harvard University, 1970.

Nye, Joseph S. , *Soft Power: The Means to Success in World Politics.* , New York: PublicAffairs, 2004.

Olimat, Muhamad S. , *China and the Middle East, from Silk Road to Arab Spring*, London and New York: Routledge, 2013.

Osterhammel, Jürgen, "Semi-Colonialism and Informal Empire in Twentieth-Century China: Towards a Framework of Analysis", In *Imperialism and After: Continuities and Discontinuities*, edited by Wolfgan Mommsen and Jürgen Osterhammel London: Allen and Unwin, 1986.

Pahuja, Sundhya *Decolonising International Law: Development, Economic Growth and the Politics of Universality* Cambridge: Cambridge University Press, 2011.

Pels, Peter, "The Anthropology of Colonialism: Culture, History, and the Emergence of Western Governmentality", *Annual Review of Anthropology* 26 (1997): 163-183.

Perkins, E. Ralph, S. Everett Gleason, John G. Reid, Velma Hastings Cassidy, Ralph R. Goodwin, Herbert A. Fine, Gustave A. Nuermberger, and Francis C. Prescott, eds. , *Foreign Relations of the United States: Diplomatic Papers, 1944 China*, vol. VI. , Washington: United States Government Printing Office, 1967.

Perry, Elizabeth J. , *Anyuan: Mining China's Revolutionary Tradition*, Berkeley: University of California Press, 2012.

Platt, Desmond Christopher St. Martin, ed. , *Business Impe-*

rialism, 1840-1930: An Inquiry Based on British Experience in Latin America, Oxford: Oxford University Press, 1977.

Plesch, Dan, "How the United Nations Beat Hitler and Prepared the Peace", *Global Society* 22, no. 1 (January 2008): 137-58.

Prashad, Vijay, *The Darker Nations, a People's History of the Third World*, New York: The New Press, 2007.

Rajagopal, B., *International Law from Below: Development, Social Movements, and Third World Resistance*, Cambridge: Cambridge University Press, 2003.

Ranger, T. O., ed., *Emerging Themes of African History, Proceedings of the International Congress of African Historians Held at University College, Dar Es Salaam*, Portsmouth: Heinemann Educational Books, 1965.

Raza, Ali, Franziska Roy, and Benjamin Zachariah, eds., *The Internationalist Moment, South Asia, Worlds, and World Views, 1917-1939*, New Delhi, California, and London: Sage Publications, 2015.

Renan, Ernest, *Qu'est-Ce Q'une Nation?*, Paris: Mille et une nuits, 1997.

Rodinson, Maxime, *Marxism and the Muslim World*, London: Zed Books, 2015.

Roosevelt, Elliott, *As He Saw It*, New York: Duell, Sloan and Pearce, 1946.

Sachar, Howard M., *Europe Leaves the Middle East, 1936-1954*, London: Allen Lane, 1974.

Sauvy, Alfred, "Trois Mondes, Une Planète", *L'Observateur*, no. 118 (14 August 1952): 14.

Service, John Stewart, *Lost Chance in China: The World War Ii Despatches of John S. Service*, New York: Random House, 1974.

Shichor, Yitzhak, *The Middle East in China's Foreign Policy, 1949-1977*, Cambridge: Cambridge University Press, 1979.

Shin, Gi-Wook, and Daniel C. Sneider, eds. , *History Textbooks and the War in Asia: Divided Memories*, London: Routledge, 2011.

Sieff, Martin, "Isaiah Berlin and Elie Kedourie: Recollections of Two Giants", *Convenant* 1, no. 1 (November 2006).

Smith, Louis J. , ed. , *Foreign Relations of the United States, 1958-1960, Lebanon and Jordan*, Edited by John P. Glennon. Washington: United States Government Printing Office, 1992.

Smith, Tony, "New Bottles for New Wine: A Pericentric Framework for the Study of the Cold War", *Diplomatic History* 24, no. 4 (Fall 2000): 567-591.

Stavrianos, L. S. , *Global Rift, the Third World Comes of Age*, New York: William Morrow and Company, Inc. , 1981.

Szulc, Tad, *The Winds of Revolution: Latin America Today and Tomorrow*, Westport: Praeger Publishers, 1964.

Taborsky, Edward, *Communist Penetration of the Third World*, New York: Robert Speller & Sons Publishers, Inc. , 1973.

Tan, See Seng, and Amitav Acharya, eds., *Bandung Revisited, the Legacy of the 1955 Asian-African Conference for International Order*, Singapore: NUS Press, 2008.

Truman, Harry S., "Executive Order 9735 – Establishing a Cabinet Committee on Palestine and Related Problems", June 11 1946.

Ungor, Cagdas, "Reaching the Distant Comrade: Chinese Communist Propaganda Abroad (1949-1976)", Binghamton University, State University of New York, 2009.

Vincent, R. J., "Edmund Burke and the Theory of International Relations", *Review of International Studies* 10, no. 3 (July 1984): 205-18.

Wallerstein, Immanuel, *The Modern World System: Capitalist Agriculture and the Origins of the European World Economy in the Sixteenth Century*, vol. I, New York: Academic Press, 1974.

Waltz, Kenneth, *Theory of International Politics*, Reading, MA: Addison-Wesley, 1979.

Warf, Barney, and Santa Arias, eds, *The Spatial Turn, Interdisciplinary Perspectives*, vol. 2009, London: Routledge, 2009.

Welsh, Jennifer M., *Edmund Burke and International Relations, the Commonwealth of Europe and the Crusade against the French Revolution*, New York: St. Martin's Press, Inc., 1995.

Westad, Odd Arne, *The Global Cold War: Third World Interventions and the Making of Our Times*, Cambridge and New York: Cambridge University Press, 2007.

Whetten, Lawrence L., *The Canal War: Four-Power Con-

flict in the Middle East, Cambridge, MA: The MIT Press, 1974.

Wilford, Hugh, *America's Great Game: The Cia's Secret Arabists and the Shaping of the Modern Middle East*, New York: Basic Books, 2013.

Willetts, Peter, *The Non-Aligned Movement, the Origins of a Third World Alliance*, London & New York: Frances Pinter Ltd. & Nichols Publishing Co., 1978.

Wright, Richard, *The Colour Curtain, a Report on the Bandung Conference*, London: Dennis Dobson, 1955.

Yin, Zhiguang, "Heavenly Principles? The Translation of International Law in 19th-Century China and the Constitution of Universality", *European Journal of International Law* 27, no. 4 (November 1, 2016): 1005-1023.

Zinn, Howard, *A People's History of the United States, 1492-Present*, New York: Harper Perennial, 1980.

后 记

这本小书仅仅是一个漫长探索的开始。

本书的写作构思开始于 2011 年。当时笔者正在阿联酋任教,阿拉伯世界也正在经历着一场冷战之后的巨大变局。事件随后的发展出乎所有观察者乃至参与者的预料。积极推动空袭利比亚、推翻卡扎菲的法国政府也许并未想到,使一个国家乃至地区四分五裂的霸权主义政策造成的连锁反应,竟然将整个欧洲推到了一场汹涌的难民危机之中。作为回应,打着保卫西方文明、保卫民族国家的白人至上主义思潮开始在诸多欧洲国家中变成了政治运动。在公共媒体、政治演说乃至学术讨论中,这种思潮被暧昧地称为"右翼民粹主义"。然而,就在 2017 年本书初稿完成的时候,一场发生在美国弗吉尼亚州夏洛特镇的惨案则彻底撕开了这一面纱。这场名为"联合右翼"(Unite the Right)的活动被纳粹主义网站"每日冲锋"(Daily Stormer)无耻地称为"我们的啤酒馆暴动"。到了 2020 年,本书书稿再次修订时,美国因黑人乔治·弗洛伊德被明尼阿波利斯警察暴力虐杀而引起的反种族歧视抗议已经进行了两个多月。这场运动也蔓延到了欧洲，并在英国、法国等曾经的殖民帝国主义国家内引发了清算殖民遗产的抗议。这种西方世界内部的矛盾也让世人看到了种族主义在欧美世界中根深蒂固的影响。

今天西方不少种族主义霸权话语将自己隐藏在捍卫西方文明的幌子下面。这一现象提醒我们人类曾共同抵抗的纳粹主义幽灵至今仍在世间游荡。助长今天西方世界敌意的另一因素来自西方世界秩序观中对单极霸权的追求。在像塞缪尔·亨廷顿和基辛格这样信奉现实主义外交理念的坚定的保守主义者的写作中，我们可以清楚地看到其字里行间流露出的对美国第二次世界大战后世界霸权背后道德基础的追求。而今天重新探索中国革命的意义，特别是在这一过程中民族主义与国际主义的辩证关系，则是从历史角度探索一种超越霸权主义政治叙事的可能。

具体来说，本书对一段几乎已被遗忘的冷战历史的讨论，事实上是在尝试追问一个"何为新中国"的问题。在"新中国"这个表述里，既包含了与"旧"中国的矛盾关系，也包含了对"中国"这一概念的延续。最初，对于成长于20世纪末东部沿海城市的笔者来说，中国何以为"新"是一个难于理解的概念。或者说，"新中国"这一偏正短语中的修饰词"新"几乎像是冗余。这种个人对世界现实的感知与对历史和政治叙事的认识之间产生的断裂是驱使本书问题意识构成的源泉。在构思阶段，笔者的一个简单想法是尝试梳理那些经历了1949年新旧中国交替时刻的人们对这一历史时刻的理解与记忆。然而，随着档案研究的推进，笔者愈发感到，如果将视野局限在一国一民内部对革命建国历史的追溯中，那么便无法真正理解这种新旧交替的神圣体验。革命本身的历史价值也会沦落为一般意义上的王朝更迭，进而使得一切围绕着革命的历史梳理都容易成为霍布斯鲍姆所讲的"细碎"（trivial）叙事。换句话说，新中国，既不可能是一个简单的"改朝换代"的故事，也不可能是西方兰克历史学中以"民族国家"为中心的叙事。只有在"创造新世界"与"解放全人类"这个普遍主义理想的主题下，我们才能真正发现"新中国"这一命题与20世纪人类历史变迁的深层次联系，也只有在这个主题下，创造"新中国"的进程才能成为一场神圣的"革命"，觉醒的"人民"也才能真正成为这一神圣历程的缔造者。

在本书成书的过程中，笔者受益于许许多多师友同仁的启发、帮助与批评。当然，本书中的所有疏漏与错误自然是由笔者一人负责。

首先，笔者对第三世界问题的思考，除了受到在阿拉伯世界工作时所见所感的影响之外，思想上的基础来自于汪晖教授的鼓励与引导。汪晖老师从2008年开始，以西藏为切入点，对民族区域自治问题进行的深入思考，无论是从问题意识上，还是从研究与论述方法上，都对本书有着巨大的影响。同时，在写作过程中，汪晖老师还对本书各阶段的草稿提出了细致入微、鞭辟入里的批评意见，正是他的悉心指正与鼓励，才使本书得以最终成形。

其次，影响本书问题意识构成的另一个重要环境是经略研究院这一集体。2011 年，就在笔者赴阿联酋工作之后不久，在李广益的介绍下，笔者参与到当时刚刚成立不久的"经略"这一群体的工作之中。在与"经略"广大同仁的交流互动中，笔者不但获得了更为宽广的理论视野，也得以在远离故土的条件下，持续保持与当下中国社会的血脉联系。

在这个有机的知识共同体中，章永乐对康有为"大同"理想的深入考察，直接影响到笔者在本书中对作为政治理想与世界观的"国际主义"的分析。同时，李广益对第三世界文学及翻译运动的研究、萧武对少数民族问题的认识、欧树军对亨廷顿与美国保守主义政治的分析、陈颀对法律与文学进行的阐发、唐杰对当代中国政治的理解、丁耘对儒法思想传统的梳理、刘晗对批判法学思潮的介绍、魏磊杰对法律东方主义的讨论、白钢对宗教与文明问题的批评、吕德文对中国农村及地方社会的深刻见解，都从不同角度深刻地启发了笔者。

再次，在写作的过程中，笔者还在清华大学国际关系学系、北京大学战略传播研究院、中南财经政法大学法学院、上海外国语大学中东研究所、北京外国语大学阿拉伯语系、北京第二外国语大学阿拉伯研究中心、艾克赛特大学（University of Exeter）历史系、新加坡南洋理工大学、黎巴嫩贝鲁特阿拉伯团结研究中心（Centre for Arab Unity Studies）等多个机构发表了阶段性成果。借此机会，也希望向史志钦、阎学通、王维佳、王洪喆、王锁劳、廉超群、陈柏峰、孙德刚、刘中民、包澄章、刘欣路、侯宇翔、Tim Niblock、刘禾、刘宏等师友表示感谢。此外，还需要特别感谢北京大学中文系的黄锐杰博士，他帮助笔者寻找到了不少20世纪50年代新中国出版的文献资料，这也丰富了本书第四章的内容。

最后，笔者也从艾克赛特大学政治系达里奥·卡斯特里奥（Dario Castiglione）、伊安·汉普歇尔（Iain Hampsher-Monk）、罗斯·卡罗尔（Ross Carroll）举办的政治理论读书小组、艾克赛特大学历史系詹姆斯·马克（James Mark）的社会主义全球化研究小组的各类活动中受益匪浅。笔者在本书中的一些理论探讨部分也受到了上述四位同事的启发。最后，从2015年起，笔者便在任教的英国艾克赛特大学开设了一门名为"中国与第三世界"（China and the Third World）的课程。本书的一些核心内容便是在教授这门课程的过程中不断打磨成形的。在此也向选课的历史系、政治系及现代语言系的学生们表示感谢。

作为思考进程的一个阶段性总结，本书的一些内容也在2014—2017年间以论文的形式发表过。第一章中对于朝鲜战争的讨论刊载于《文化纵横》2014年第2期（在此向《文化纵横》的副主编陶庆梅女士、余盛峰先生致以谢意）。第二章中对民族及民族自治观念，以及第四章对国际主义的讨论，核心观点及大部分历史材料的梳理分别发于《开放时代》2016年第2期与2017年第4期（在此向匿名评审的意见以及责任编辑皮莉莉和刘琼对两篇文章进行的精细校订表示诚挚的感谢）。另外，第二章主体部分的研究工作得到了

后记 301

中信改革发展研究基金会的支持（笔者也希望借此机会向辛勤支持年轻学人的基金会工作人员和领导表示敬意）。

2017年全书初稿完成之后，笔者开始对18世纪至19世纪的霸权者——"帝国主义"产生兴趣，并希望尝试梳理这种政治、经济与文化霸权形成的机理。因此，对本书的修订也就搁置了下来。在此之后，世界大变。

2020年7月，在"新冠"第二波疫情席卷英国时，笔者在英国家中开始了对本书的修订。在过去的一年里，塔克拉玛干沙漠在千千万万普通中国人的努力下悄悄变绿。在这一年里，我们的世界经历了席卷亚马孙和澳大利亚的大火、蔓延全球的"新冠"疫情、拉美的政治动荡、从非洲到南亚的蝗灾；在这一年里，我们也目睹了美国总统选举的闹剧、欧美"发达国家"在"新冠"疫情面前的荒诞举措，以及英国脱欧、美国退群等事件。也是在这一年里，"天问"奔向了火星。在这一年里，"经略"知识共同体中痛失了一位同志——张晓波。晓波逝于21世纪的开头。他走之前看到了嫦娥四号探测器在月球暗面软着陆，他与这个时代的亿万人一起，成为人类历史上第一批目睹黑洞真容的人。他见到的从宇宙深处传来的光，在时间里已经行走了5500万年。

晓波未能看到一场更浩大的浪潮。2020年1月23日，"新冠"疫情暴发之后，武汉封城。在此之后，武汉人民乃至整个中国与整个世界都目睹并经历了一场英雄主义的宏大壮举。从全国乃至世界各地赶来的人员与物资，特别是每一位普通的医护人员、一线劳动者、维持社会正常运行的基层工作人员，都奋不顾身地加入到了一场轰轰烈烈的饱和救援行动中。这种集体的行动展现了中国传统中愚公移山、精卫填海式的互助与集体主义逻辑。创造这一集体壮举的，则是每一个壮烈神圣却又无比普通、走在第一线与命运抢人的医护人员与劳动者，是每一个把自己关在家里却又无比乐观的百姓，是方舱与重症监护室里努力生存下来的病人，也是那些许许多多不幸逝去的普通人。

在今天的世界局面下，重新回顾20世纪"新世界"诞生的历史，回顾作为"新世界"主体的人民的觉醒，具有重要的意义。重提国际主义的政治理想，不仅是对历史的回顾，也是为了对未来国际秩序进行新的想象。

旧世界行将逝去，新世界正在到来。

2017年12月3日初稿毕
2020年7月30日修订

图书在版编目（CIP）数据

新世界：亚非团结的中国实践与渊源／殷之光著. -- 北京：当代世界出版社，2022.1（2023.2 重印）
ISBN 978-7-5090-1633-6

Ⅰ.①新… Ⅱ.①殷… Ⅲ.①中外关系-国际关系史-亚洲-现代②中外关系-国际关系史-非洲-现代 Ⅳ.①D829.3②D829.4

中国版本图书馆 CIP 数据核字（2021）第 197150 号

书　　名：新世界：亚非团结的中国实践与渊源
出版发行：当代世界出版社
地　　址：北京市东城区地安门东大街 70-9 号
邮　　箱：ddsjchubanshe@163.com
编务电话：（010）83907528
发行电话：（010）83908410
经　　销：新华书店
印　　刷：北京一鑫印务有限责任公司
开　　本：889 毫米×1092 毫米　1/32
印　　张：10
字　　数：205 千字
版　　次：2022 年 1 月第 1 版
印　　次：2023 年 2 月第 2 次
书　　号：978-7-5090-1633-6
定　　价：59.00 元

如发现印装质量问题，请与承印厂联系调换。
版权所有，翻印必究；未经许可，不得转载！